DIE INDIANER

Die verlorene Welt der Ureinwohner Nordamerikas

KARL MÜLLER VERLAG

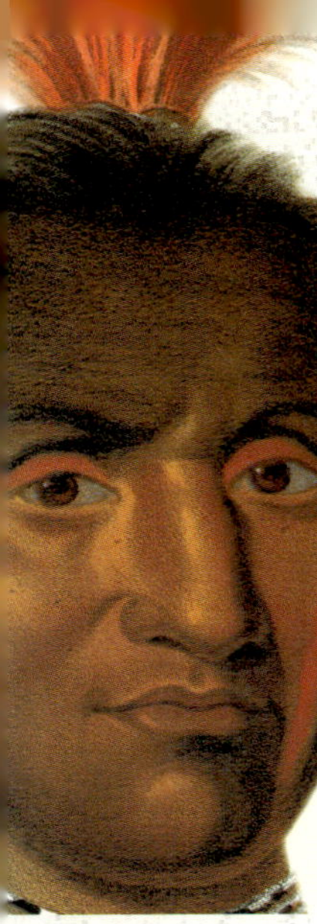

DIE INDIANER

Die verlorene Welt der Ureinwohner Nordamerikas

INHALT

Text
Robert J. Moore

Redaktion
Valeria Manferto De Fabianis
Laura Accomazzo

Grafik
Patrizia Balocco Lovisetti
Clara Zanotti

Der Herausgeber bedankt sich bei Mario Lane, Bernard Shapero und Achille Castelli für ihre Unterstützung.

2-3 *Während seines ganzen Lebens vermochte Bodmer niemals mehr an die Leistungen seiner indianischen Porträts und Alltagsszenen heranzukommen.*

4-5 Büffeltanz und Okipa-Zeremonie der Mandan *1832 malte George Catlin diese Okipa-Zeremonie, die jedes Jahr zur Erinnerung an die Schöpfung der Erde zelebriert wurde.*

6-7 Ein junger Omaha, War Eagle, Little Missouri und zwei Pawnee *Charles Bird King malte dieses Gruppenbild von fünf indianischen Führern.*

Übertragung aus dem Englischen:
Sabine Bartsch
Lektorat: Sabine Raab

ISBN 3-86070-647-0

1 2 3 4 5 01 00 99 98 97

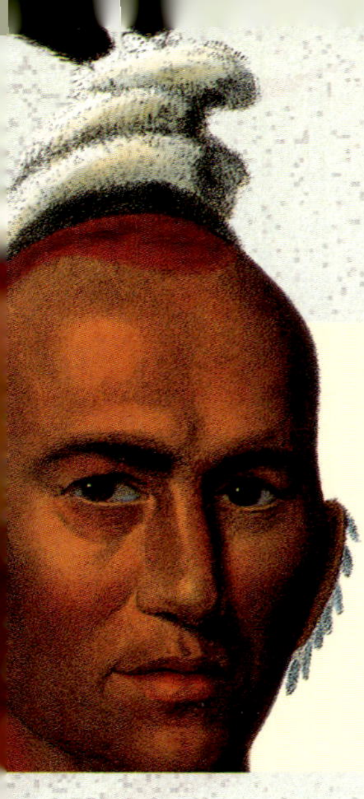

VORWORT

8-9 Zwei Blackfeet, Lithografie nach einer Vorlage Karl Bodmers *Die stolzen Blackfeet Indianer übten auf Bodmer eine enorme Faszination aus. Die Blackfeet Indianer waren ein mächtiger Stamm, der in den Plains im nördlichen Montana und im südlichen Alberta lebte und dessen Lebensgrundlage die Büffeljagd war. Die Blackfeet waren ebenso wie ihre Feinde, die Crow, besonders prächtig gekleidet.*

Dieses Buch möchte dem Leser eine kurze Phase der Geschichte der Indianer Nordamerikas näher bringen. Im Gegensatz zu vielen anderen Büchern über die Ureinwohner Amerikas berichtet dieses Buch ausschließlich über die Zeit nach den ersten Kontakten mit den Europäern. Spezielles Augenmerk wird dabei auf die Zeitspanne zwischen 1820 und 1840 gelegt, in der sich die Euro-Amerikaner extrem schnell auf dem neuen Kontinent ausbreiteten. Vielleicht war dieser Prozess unvermeidlich; zwischen 1820 und 1840 ist jedoch der Wendepunkt anzusetzen, an dem die Besiedlung durch die Weißen in ungeheuer schnellem Tempo voranging. Der zweite Schwerpunkt dieses Buches ist die Kunst. Der Zeitraum der Kunstgeschichte, der in diesem Buch behandelt wird, ist ebenfalls begrenzt.

Das Buch diskutiert das Projekt dreier Künstler innerhalb von zwei Jahrzehnten: Sie hatten sich vorgenommen, Chroniken über Lebensformen und Kulturen der verschiedenen Indianerstämme zu erstellen. Sie schufen damit Zeugnisse der Zeit vor der Endphase der Eroberung, bevor die Kulturen der Indianerstämme dramatischen Veränderungen unterworfen waren. Die Bräuche vieler Indianerstämme hatten sich zwar schon vor dem Kontakt mit Europäern immer wieder verändert, nie jedoch in diesem Ausmaß und Tempo. Seit dem Zeitpunkt des Aufeinandertreffens dieser beiden Kulturen gingen Veränderungen vor sich, die an Tempo und Vehemenz alles bisher Dagewesene übertrafen: Die Indianer wurden mit der europäischen Technologie konfrontiert und die Europäer entdeckten im Gegenzug die Vorzüge der ungeheuren Weite des neuen Kontinents. Ab 1840 waren diese Veränderungen nicht mehr aufzuhalten.

In diesem Buch werden nun die drei Künstler vorgestellt, die diesen Zeitraum bildlich festgehalten haben. Historiker, Ethnologen und Anthropologen halten ihre Bilder für die besten Darstellungen, die jemals von Indianern gemacht worden sind; gleichzeitig zählen sie zu den schönsten Zeugnissen der vorfotografischen Zeit.

Imp. de Bougeard.

Durch die Vorstellung aller drei Künstler, Charles Bird King, George Catlin und Karl Bodmer erhält man einen umfassenden Eindruck über die Indianer. Die Indianer, die sie besuchten, lebten vorwiegend im heutigen Nordamerika zwischen Florida und New York und zwischen Virginia und Idaho. Die Bilder der Künstler zeigen uns die Lebensweise der wichtigsten Stämme zwischen 1820 und 1830. Es fehlen jedoch die Indianer des pazifischen Nordwestens, Kaliforniens, des Großen Beckens und die Puebloindianer des Südwestens. Auch die Navajo, Apachen, Inuit (Eskimo) oder mexikanischen Stämme sind nicht repräsentiert. Trotzdem ist die Arbeit, die jeder einzelne Künstler leistete, enorm; fasst man wie in diesem Buch alle drei Künstler zusammen, erhält man einen umfassenden Eindruck. In dem vorliegenden Buch sind alle Lithografien aus *McKenney and Hall's Indian Tribes of North America* und Reproduktionen vieler Originalbilder von Charles Bird King enthalten; zusätzlich werden die wichtigsten Bilder von George Catlin und eine Auswahl der Aquarelle von Karl Bodmer, einschließlich seiner schönsten Porträts vorgestellt. Es gibt zwar schon Bücher über das künstlerische Werk jedes einzelnen Künstlers, aber noch keines, in dem alle drei in einem Band besprochen sind. Zusätzlich werden auch noch die geschichtlichen Ereignisse, die zu diesem Zeitpunkt stattgefunden haben, mit einbezogen: Die Umsiedlungspolitik, die zur eigentlichen Besetzung des amerikanischen Kontinents führte, wird ebenso wie die kulturellen Einflüsse der Europäer auf die Indianer detailliert beschrieben. Dies untermauern zusätzlich authentische Berichte von Thomas McKenney, George Catlin, Prinz Maximilian von Wied zu Neuwied, von amerikanischen Präsidenten und Indianern. Werfen Sie einen Blick zurück in die Zeit, in der die Kultur der Indianer noch ursprünglich war und über 50, 100 oder sogar 200 Jahre stabil blieb. Lernen Sie durch Wort und Bild die Welt der Ureinwohner Amerikas vor den drastischen Veränderungen kennen: ihre sozialen Strukturen, Kriegsführung, Nahrungsbeschaffung, Wohnungen, Hobbys, Humor, Wertvorstellungen und Reli-

10-11 Tanz der Mandan, Lithografie nach einem Aquarell von Karl Bodmer *Der Stamm der Mandan lebte von der Jagd und vom Ackerbau am Oberlauf des Missouri im heutigen Nord-Dakota. Sie bauten kegelförmige Häuser aus Holz und Lehm. Die Mandan waren sehr gastfreundlich und ermöglichten durch ihre Offenheit europäischen Besuchern, wie z. B. Karl Bodmer, einen Einblick in ihre Kultur zu erhalten und dies auch bildlich festzuhalten.*

11 unten Bärentanz, Lithografie nach Catlin *Diese Lithografie entstand nach einem Gemälde, das George Catlin 1832 unterwegs begann und 1835 fertig stellte. Dargestellt ist ein bedeutender Tanz der Lakota- oder auch Teton-Sioux. Catlin schrieb dazu: „Die Sioux und alle anderen westlichen Stämme lieben Bärenfleisch und müssen gute Lagermöglichkeiten für Bärenfett haben, mit dem sie ihr langes und glänzendes Haar einfetten ebenso wie ihren ganzen Körper. Alle gehen gerne der Bärenjagd nach und nehmen an der Bärentanz-Zeremonie teil, die mehrere Tage dauert." Catlin beschrieb die Art und Weise, wie durch den Tanz ein Kontakt zum Geist des Bären hergestellt werden sollte. Die Tänzer trugen dabei zum Teil Bärenmasken und ahmten die Bewegungen des gejagten Bären nach.*

gionen. Verfolgen Sie aus der Sicht der Indianer und Euro-Amerikaner, wie grausam und zerstörerisch Menschen sein können. Lassen Sie sich trösten durch den Blick in die Zukunft und die Tatsache, dass trotz der Massaker des 19. und 20. Jahrhunderts Indianer und ihre vielfältigen Kulturen bis auf den heutigen Tag überlebt haben.

EINLEITUNG: DREI KÜNSTLER IM AMERIKANISCHEN WESTEN

Seit ihrem ersten Zusammentreffen mit den Ureinwohnern Amerikas übte dieses bis dahin unbekannte Volk eine große Faszination auf viele Europäer aus. Und so wollten Europäer und später euro-amerikanische Einwanderer mehr über die irrtümlicherweise „Indianer" genannte Bevölkerung erfahren. Als Hauptquellen dienten seit dem 16. und 17. Jahrhundert mündliche Beschreibungen, Skizzen und Porträts, die Künstler entweder in Amerika angefertigt hatten oder während der Europareisen von einigen Indianern entstanden waren. Nur wenige dieser Darstellungen waren präzise oder der fremden Kultur der Ureinwohner gegenüber wohlwollend eingestellt. Man bemühte sich außerdem nicht, die kulturellen Unterschiede zwischen den einzelnen Stämmen herauszuarbeiten. Trotzdem herrschte ein reger Handel mit Drucken und Bildern, die „Indianer" in ihrer natürlichen Umgebung darstellten. Die meisten Darstellungen der indianischen Bevölkerung trugen der Tatsache auch nicht Rechnung, dass das Zusammentreffen mit den Europäern fatale Folgen für die indianische Kultur hatte und die einheimische Bevölkerung durch Krankheit und Kriege stark dezimierte.

Einige sehr weit vorausblickende Männer begannen ab 1820 zu realisieren, dass die Ureinwohner Amerikas und deren Lebensweise sich in einer nicht mehr rückgängig zu machenden Art

12 links Selbstporträt von Charles Bird King *Dieses Bild entstand 1855, als King 70 Jahre alt war, lange nachdem er indianische Häuptlinge und Krieger porträtiert hatte. Er stellt sich auf diesem Gemälde als vermögenden Mann und kultiviertes Mitglied der amerikanischen Künstlerkreise dar.*

12 rechts Porträt von Thomas Lorraine McKenney *Diese Lithografie entstand um 1837 und wurde von Albert Newsam angefertigt, dem Mann, der die meisten indianischen Drucke für McKenneys und Halls Buch über die Indianerstämme Nordamerikas anfertigte und war Titelblatt von McKenneys Memoiren. Im Hintergrund kann man Indianer erkennen; es geht jedoch nicht hervor, ob es sich um Charles Bird Kings Porträts oder tatsächlich um Indianer handelt. McKenneys Charakteristika waren seine Größe, militärische Haltung und sein frühzeitig ergrautes Haar. Als Leiter für indianische Angelegenheiten lernte er viele Indianer kennen und respektieren; so wurde er im Lauf der Jahre zum Fürsprecher ihrer Sache bei ihren Treffen mit der Regierung.*

und Weise zu verändern begannen. In der Zeit zwischen 1820 und 1840, vor der Erfindung der Fotografie, erstellten drei Künstler, George Catlin, Karl Bodmer und Charles Bird King eine Chronik über die amerikanischen Indianer und deren Lebensweise. Diese drei Künstler waren von sehr unterschiedlicher Herkunft und pflegten einen extrem gegensätzlichen Lebensstil. Thomas L. McKenney, erster Leiter des Amtes für indianische Angelegenheiten in der U. S. Regierung, übernahm die Schirmherrschaft über diese Chronik und wurde so zum Zeugen der raschen und tiefgreifenden Veränderungen im Leben der Indianer. McKenney gab Charles Bird King den Auftrag, Indianer zu porträtieren und verwendete seine Position in der Regierung dazu, die Führer der Indianerstämme zu einem Treffen mit dem Präsidenten nach Washington einzuladen. Der junge Künstler George Catlin, der in den Westen reisen wollte, um Indianer zu malen, suchte McKenney auf, um Ratschläge und einführende Informationen zu erhalten. Auch der Künstler Karl Bodmer, der Prinz Maximilian zu Wied-Neuwied auf seiner ersten Amerikareise von 1832–1834 begleitete, nahm Kontakt mit McKenney auf und sah dabei erstmals Lithografien von Charles Bird King in Philadelphia. Obwohl sich diese drei Künstler niemals begegnet sind, waren sie doch mit dem Werk der anderen vertraut.
Während der 20er und frühen 30er Jahre des 19. Jahrhunderts wurden die Leistungen dieser Männer jedoch wenig geschätzt; das Interesse des gerade erblühenden Amerika galt in erster Linie dem industriellen und wirtschaftlichen Wachstum und nicht den Ureinwohnern und deren Kultur, die vielmehr dadurch verdrängt werden sollten. Sie waren nicht die ersten Künstler im Westen, wohl aber die ersten, die die amerikanischen Indianer darstellten. Die Bedeutung ihrer Arbeit liegt vor allem in der Präzision, im Umfang und dem dahinter stehenden Konzept. McKenney, King, Catlin und Bodmer erkannten lange vor ihren Zeitgenossen, dass sich das Leben der Indianer schnell ändern und bald beendet sein würde. Diese Männer leisteten Bedeutendes, indem sie so viel wie möglich von der untergehenden indianischen Kultur bildlich festhielten. Während einer von ihnen dies nur als kleinen Auftrag ansah, der nach kurzer Zeit für ihn beendet war, wurden andere von dieser Arbeit völlig vereinnahmt. Die deprimierende Gewissheit über den

13 links Selbstporträt George Catlins aus dem Jahr 1824 *Auf diesem Bildnis stellte sich der idealistische, junge Künstler zu Anfang seiner Karriere dar, noch bevor er den Entschluss gefasst hatte, die verschiedenen nordamerikanischen Stämme dokumentarisch festzuhalten, bevor dies nicht mehr möglich sein würde. Das Bild zeigt ihn als gutaussehenden, selbstbewussten Mann. Catlin bereiste weite Teile des amerikanischen Kontinents und hatte nie ernsthafte Probleme mit Indianern. Catlin konnte die Indianer, die seinen künstlerischen Fähigkeiten zunächst misstrauisch gegenüberstanden, dazu überreden, ihm Modell zu stehen, ihm einen Einblick in ihre Bräuche und Zeremonien zu gewähren, ihn zu festlichen Anlässen, religiösen Riten und zur Büffeljagd mitzunehmen.*

13 rechts Porträt Karl Bodmers von Loys Delteil *Dieses Bild zeigt Bodmer am Ende seines Lebens. Als junger Künstler fertigte Bodmer während seiner Amerikareise zwischen 1832 und 1834 eine Vielzahl von fantastischen Bildern der Landschaften Amerikas und von Indianern an, die zu den präzisesten und schönsten zählen, die jemals gemacht worden sind.*

14 oben Porträt Thomas Jeffersons
Thomas Jefferson war der dritte Präsident der Vereinigten Staaten. Er hatte die Vision, dass der amerikanische Kontinent eines Tages mit Bauern bevölkert sein würde, die ihr Land friedlich mit den sich anpassenden Indianern teilen würden. 1803 kaufte Jefferson Louisiana von Frankreich, ein Gebiet, das sich vom Mississippi im Osten bis zu den Rocky Mountains im Westen erstreckte. Dieser 15 Millionen Dollar teure Kauf verdoppelte die Größe der Vereinigten Staaten und sollte für die „nächsten tausend Generationen“ die Möglichkeit schaffen, sich im Westen anzusiedeln. Aber die eigentlichen Pächter dieses Gebietes waren weder Franzosen noch Anglo-Amerikaner, sondern die Ureinwohner Amerikas. Und so sollte die Frage der Landverteilung zwischen Euro-Amerikanern und Ureinwohnern zum Hauptthema des 19. Jahrhunderts in Nordamerika werden.

gigantischen Umfang dieser Aufgabe, verbunden mit der Ignoranz der aus Europa stammenden Bevölkerung gegenüber den tatsächlichen Problemen der Indianer, sollte das weitere Leben von Thomas McKenney und George Catlin bestimmen.
Als Präsident Thomas Jefferson 1803 den Kauf von Louisiana bewilligte und damit die Größe der Vereinigten Staaten verdoppelte, glaubte er, das neue Gebiet würde für die Siedler Land bis in die tausendste Generation zur Verfügung stellen. Aber schon in den frühen 30er Jahren, nur eine Generation später, drängten Amerikaner über diese neuen Grenzen hinaus in die von Mexiko und Großbritannien beanspruchten Gebiete. Jefferson hielt es für möglich, dass sich die Vereinigten Staaten eines Tages über den ganzen Kontinent, vom Atlantik bis zum Pazifik, erstrecken würden. Obwohl er als sehr weitblickend galt, sah er doch das Tempo nicht vorher, in dem die Besiedlung voranschreiten sollte. Die Geschwindigkeit und Beharrlichkeit, vor allem aber auch die Rücksichtslosigkeit, mit der die Vereinigten Staaten in den Westen expandierten, waren einzigartig in der Weltgeschichte. Im Zuge der Siedlungsgeschichte gingen hunderte verschiedener kultureller Gruppen der aus über 500 Stämmen bestehenden einheimischen Volksgruppen zugrunde, die die ersten europäischen Forscher irrtümlicherweise „Indianer“ nannten.
1890 war die Eroberung vorüber. Der junge Historiker Frederick Jackson Turner notierte nach seiner Einsicht in den U. S. Census Bericht dieses Jahres, dass die Besiedlung der Vereinigten Staaten durch die europäischen Amerikaner auch die früher nicht besiedelten Landstriche erreicht hatte, die früher „Grenzland“ genannt wurden.
Diese „Grenzlinie“, hinter der die Anzahl der Einwohner weniger als zwei Personen pro Quadrat-Meile betrug, existierte nicht mehr. Turner machte die amerikanische Öffentlichkeit auf das Ende der Grenzlinie in einem Aufsatz aufmerksam, den er 1893 während

14 unten Fotografie von Frederick Jackson Turner *Turner war der „Vater" der wissenschaftlichen Studien über den Westen Amerikas; er hob die Bedeutung des U.S. Census Berichts von 1890 hervor, in dem festgestellt wurde, dass das „Grenzgebiet" nicht mehr existierte. Als einer der ersten Historiker entwickelte er eine Theorie über die Bedeutung des Westens für die Amerikaner. Turner wurde 1862 geboren, war Professor für Geschichte an der Universität von Wisconsin und später in Harvard. Turners „Grenzland-Theorie" blieb ein eindringliches Argument in jeder Diskussion über den amerikanischen Westen.*

14-15 Lithografie von Fort Union nach einem Aquarell von Karl Bodmer *Die Pelzhandelsstation Fort Union wurde 1829 am Missouri in Mündungsnähe des Yellowstone erbaut. Als Bodmer und Prinz Maximilian dieses Fort 1833 besuchten, gehörte es zu den westlichsten Stützpunkten der euro-amerikanischen Kultur und war Handelszentrum für die Stämme in dieser Gegend, hauptsächlich der Blackfeet und Assiniboin.*

der Columbianischen Weltausstellung in Chicago veröffentlichte. „Die Bedeutung des Grenzlandes in der amerikanischen Geschichte" war womöglich eines der treffendsten Referate, das einer größeren Menge vorgetragen wurde, bedenkt man, dass der Anlass der Columbianischen Ausstellung die Landung von Christoph Columbus 400 Jahre zuvor war. Amerika hatte sich über das Grenzgebiet, bis es verschwunden war, weiter keine Gedanken gemacht. Wie würde das Land ohne Grenzgebiet aussehen? Würde das Fehlen von Jeffersons Siedlern den amerikanischen Pioniergeist und die demokratischen Ideale auslöschen? Würde die Nation ihre Nahrungsmittelproduktion steigern können? All diese Fragen beschworen eine Krise herauf. Seit dem Zeitpunkt der Besiedlung durch die Europäer galt Amerika als Land von nicht enden wollender Größe und unerschöpflichen Bodenschätzen. Noch immer hatte es hinter der Grenze der Zivilisation Platz gege-

15 rechts Aquarell der Bellevue Agency Post von Karl Bodmer *Maximilian und Bodmer kamen am 3. Mai 1833 in der Bellevue Agency an. Diese Handelsstation war nicht befestigt und bestand aus einer Kirche und einem Hufschmied. Handel wurde in erster Linie mit den Omaha getrieben, nach denen man die Stadt Omaha im heutigen Nebraska benannte, die in der Nähe der damaligen Handelsstation entstand.*

15 unten Der Jäger Russell. Aquarell von Karl Bodmer *Diese in Wasserfarben gemalte Skizze veranschaulicht Bodmers Fähigkeit charakterliche Eigenschaften in Skizzen zum Ausdruck zu bringen.*
Sie gehört zu den wenigen Bildern von Nicht-Indianern, die Bodmer während seines Amerikaaufenthaltes anfertigte. Das Bild entstand am 18. Februar, während des Aufenthaltes von Prinz Maximilian und Bodmer in New Harmony im Staat Indiana.

ben, um sich dort auszubreiten und auf guter, ertragreicher Erde ein besseres Leben aufzubauen; es war frei verfügbar für jeden, der es besitzen, bearbeiten und nutzen wollte. Jetzt aber glaubten viele, dass das Abenteuer eines amerikanischen Lebens vorüber sei. Es gab kein freies Land mehr, in das man sich flüchten konnte; die Zukunft würde in den sich ständig ausbreitenden Städten liegen, in denen die Einwohner geschäftig in Fabriken arbeiten und der Natur ihren Rücken zuwenden würden.

Der Verlust des Grenzlandes bedeutete aber auch, dass die amerikanischen Indianer aus dem Bewusstsein der europäischen Amerikaner verschwanden. Da der Begriff Indianer immer gleichbedeutend mit dem Begriff Grenzland verwendet, das Grenzland 1890 aber als nicht mehr existent angesehen wurde, war offensichtlich die letzte Schlacht der indianischen Kriege geschlagen. Die Schlacht, oder vielmehr das Massaker am „Wounded Knee Creek“ wurde zum Symbol für den Untergang des indianischen Erbes. Die grausigen Fotografien des im Schnee gefrorenen Häuptlings Big Foot versinnbildlichten das Ende der amerikanischen Ureinwohner auf ihrem Kontinent. 1–2 Millionen Indianer lebten während ihres ersten Kontaktes mit den Europäern im Jahr 1492 in Nordamerika; 1890 war der Großteil der Bevölkerung ausgelöscht, nur 240 000 hatten überlebt. Es war nur eine Frage der Zeit, bis die Restlichen entweder sterben oder sich der europäisch-amerikanischen Lebensweise anpassen würden.

Mit dem Verschwinden der Indianer aus dem Bewusstsein der Amerikaner entstand das stereotype Bild des „edlen roten Mannes“, der einen Kopfschmuck aus Adlerfedern trug. Die lange Hakennase und die dunkle Haut kennzeichneten ihn als Indianer und wiesen auf seine Vergangenheit als Wilder hin. Dieses Bild prägte sich in den Gedanken der meisten Amerikaner tief ein. Seit die wirklichen Indianer zusammen mit dem Grenzland verschwunden waren, stand die indianische Bildersprache symbolisch für die verschwundene Wildnis. Die Merkmale des Grenzlandes, die die Euro-Amerikaner so priesen und begehrten, hatten sie selbst durch Übervölkerung und Industrialisierung zerstört. All das gipfelte später darin, dass Indianer zu Reklamezwecken verwendet wurden. Indianische Gesichter erschienen auf Magazinen, an Tankstellen, auf Litfasssäulen, vor Zigarettenläden, auf Eisenbahnen, auf Autos und Motorrädern und sogar auf Sporttrikots. In Hollywoodfilmen wurden Indianer zum Lieblingsthema, obwohl nur wenige von gebürtigen Indianern gespielt wurden. In diesen Filmen wurde den Euro-Amerikanern das Bild von wilden, rücksichtslosen und primitiven Wilden vermittelt. Um 1970 machten die noch lebenden Indianer auf ihre Situation aufmerksam, auf Verfall und Vernachlässigung ihrer Reservationen, in denen schlechte Ernährung, Alkoholmissbrauch, Arbeitslosigkeit und hohe Säuglingssterblichkeit herrschten. Viele Amerikaner waren schockiert, als sie von den schlechten Bedingungen in den Reservationen erfuhren, aber auch darüber, wie viele Indianer noch am Leben waren! Sie hatten nicht bemerkt, dass die indianische Bevölkerung seit Beginn des 20. Jahrhunderts zum ersten Mal seit 1492 wieder angestiegen war.

Die Indianer fingen nicht nur an, sich wieder zu vermehren, sondern auch eine Brücke zu bauen zwischen den zwei Welten, worin sie zu leben gezwungen waren. Hier die heutige euro-amerikanischen Gesellschaft und

16 links Lewis' und Clarks Porträts von Charles Wilson Peale *Lewis und Clark waren die ersten Forscher der Vereinigten Staaten, die den Kontinent durchquerten. Ihre Expedition ließ den großen Traum von Jefferson wahr werden und fiel zufälligerweise mit dem Kauf von Louisiana zusammen. Zu ihrer Expeditionsgruppe gehörten 29 Soldaten, eine Indianerin und ein afroamerikanischer Sklave. Ihre Route führte sie zwischen 1804 und 1805 entlang des Missouri bis in die Rocky Mountains, später segelten sie entlang des Snake und Columbia bis zum Pazifik. 1806 kehrten sie nach St. Louis zurück. Sie knüpften erste Kontakte mit indianischen Stämmen und leisteten Entscheidendes für die Entstehung eines Pelzhandelszentrums in St. Louis.*

16 rechts Lewis und Clark treffen Indianer am Unterlauf des Columbia. Gemälde von Charles Russell, 1905 *Obwohl Russell 100 Jahre nach der Lewis-Clark Expedition lebte, gehören seine Bilder von dieser Entdeckungsreise zu den besten, die darüber geschaffen worden sind.*

17 Pet-A-Le-Shar-Ro, ein Pawnee Häuptling *Diese Lithografie nach einem Gemälde von King ist ein Beispiel für die romantisierende Darstellung von Indianern.*

18 Po-Ca-Hon-Tas *Pocahontas ist eine der berühmtesten Indianerinnen; ihre Legende gehört allerdings eher in die amerikanische Volkskunde als zu den geschichtlichen Ereignissen. Sie war ein junges Mädchen, das in der Gemeinschaft der Powhatan lebte, einer Gemeinde im heutigen Staat Virginia, zu der mindestens 200 Dörfer gehörten. Die Legende von der Rettung Captain John Smiths erschien erstmals 1624 in den Geschichtsbüchern; Smith jedoch notierte dieses Ereignis nicht in einem von ihm veröffentlichten Buch. Nach der Legende sollte Smith, ein Gefangener der Powhatan, exekutiert werden. Die Häuptlingstochter Pocahontas stellte sich jedoch zwischen den Weißen und die Axt und rettete so sein Leben. Pocahontas soll zu diesem Zeitpunkt 13 Jahre alt gewesen sein. Ihr korrekter Name war Matowaka, ihr Vater nannte sie jedoch Pakahantes, was so viel wie „meine Lieblingstochter" bedeutet. Die Legende mag wahr sein oder nicht, fest steht, dass Pocahontas ein verspieltes Mädchen war, das seine Zeit am liebsten in der Nähe des Forts auf der Insel Jamestown verbrachte. 1612 wurde sie von den Engländern gekidnappt und sollte gegen Gefangene der Powhatan ausgetauscht werden. Im Fort verliebte sie sich jedoch in John Rolfe, einen „ehrbaren Gentleman", konvertierte zum christlichen Glauben und nahm den Namen Rebecca an. Die Ehe mit Rolfe war ein Glück für die Kolonialisten, da die Powhatan bis zu seinem Tod trotz vieler Provokationen Frieden hielten. 1616 segelte Pocahontas mit ihrem Mann nach England und wurde am Hof von James I. vorgestellt. Als sie wieder nach Amerika aufbrechen wollten, erkrankte sie an Pocken und starb in Gravesend, wo sie begraben wurde. Sie wurde nur 22 Jahre alt. Ihr in England geborener Sohn Thomas Rolfe kehrte mit seinem Vater nach Amerika zurück und wurde zu einem der reichsten und mächtigsten Männer der Kolonie. Rolfe wurde der Ahn einer Dynastie zu der einige sehr berühmte Familien in Virginia zählen. Die Romanze der „indianischen Prinzessin", die in eine berühmte euro-amerikanische Familie einheiratet, ist auch heute noch bekannt. Dieser Druck wurde nach einem Porträt von R. M. Sully angefertigt. 1820 wurde eine Kopie von einem vom Zerfall bedrohten Bild angefertigt, das Lady Rebecca 1616 bei ihrer Ankunft in England zeigen soll. Ein wesentlich berühmteres und zudem gut erhaltenes Bild zeigt Lady Rebecca gekleidet in der damaligen englischen Mode.*

dort die traditionelle Welt ihrer eigenen Kultur. Einige wurden erfolgreiche Geschäftsleute, andere wurden Beamte oder kümmerten sich um Stammesangelegenheiten, wieder andere wurden berühmte Künstler. Einige lebten weiterhin in Reservationen, während es andere vorzogen, mit den Amerikanern in Städten zu leben. Aber trotz ihres Erfolges hielten die Indianer lange Zeit an ihrer individuellen Kultur fest, im Gegensatz zu den meisten Emigranten, die aus Europa, Afrika oder Asien gekommen waren und die ihr kulturelles Erbe über zwei, vielleicht sogar drei Generationen pflegten, sich dann aber allmählich anpassten.
Der Mythos vom „edlen Wilden" wollte einfach nicht aussterben. Heute haben die meisten Amerikaner Probleme damit, sich Indianer fernab der ihnen vertrauten Stereotypen vorzustellen, ob als Geschäftsmänner im Anzug, als Bauarbeiter oder Lehrer, als Förster oder Senatoren. Die Kultur der Indianer ist für einen Großteil der Bevölkerung schwer zu verstehen. Daher können es die meisten Amerikaner nicht nachvollziehen, dass viele Indianer die Lebensregeln, wie sie vor dem Kontakt mit den Europäern bestanden, auch heute noch als grundlegend ansehen.
Immer noch haben zahlreiche Amerikaner ein klischeehaftes Bild von den Indianern und nur wenige kennen Indianer persönlich oder haben gar indianische Freunde. Der Indianer symbolisiert auch heute noch für einen Großteil der Bevölkerung den Verlust der letzten unberührten Landschaften. Die Zahl der Amerikaner, die behaupten, dass sie indianischer Abstammung seien, erhöht sich beständig. Laut Statistik waren es 1980 etwa 1,5 Millionen, 1990 fast schon 2 Millionen Indianer, eine 40 %ige Erhöhung in nur zehn Jahren! Das statistische Bundesamt der USA gab dazu folgende Erklärung ab: Jemand, der sich selbst für einen Indianer hält, ist in den Augen des statistischen Bundesamtes ein Indianer. Es ist nicht nötig, eine offizielle Stammeszugehörigkeit nachzuweisen. Einige Stämme wie Cherokee und Pequot fragen nach, ob ein Stammesmitglied mehr indianisches als anderes Blut hat. Mittlerweile ist der Verdacht aufgekommen, dass viele Amerikaner bei Volkszählungen ein indianisches Erbe angeben, obwohl sie es nie schaffen würden, in einen offiziell anerkannten indianischen Stamm aufgenommen zu werden. Es sieht so aus, als ob es in Mode gekommen wäre, sich einer indianischen Vergangenheit zu brüsten.
Im 20. Jahrhundert wurde der Wunsch der Amerikaner, die Wahrheit über die Indianer und ihre eigene kulturelle und religiöse Identität herauszufinden, zur fixen Idee. Viele Gruppen haben sich zum Hobby gemacht, Kleidung, Kunsthandwerk, Traditionen nachzuahmen und sogar die Sprache einiger Indianerstämme zu erlernen, Powows abzuhalten und „indianisch" zu werden.
Viele Indianer finden keinen Gefallen an der zur Zeit entstehenden Popularität ihrer Kultur. Die Zugehörigkeit zum Volk der Indianer war in Amerika nicht immer so populär. Wer heute sehnlichst wünscht, Indianer zu sein, wäre sicherlich nicht gerne den „Trail of Tears" von 1838 gegangen, 1862 in Mankato am Galgen gehangen oder gar 1890 in der Schlacht am Wounded Knee Creek dabei gewesen.
Obwohl die heute lebenden Amerikaner mehr über das indianische Volk wissen wollen, sind einige Stereotypen

19 Tah-Ro-Hon, ein Iowa Krieger Auch mit Tahrohon unterhielt sich Thomas McKenney während seiner Amtszeit als Leiter für indianische Angelegenheiten zwischen 1820 und 1830 und genoss dabei dessen Humor. Nach einer langen Unterhaltung über Schlachten und Angriffe auf Pferden erzählte Tahrohon eine Anekdote über einen Angriff auf die Sioux. Der Wildbestand auf den Plains war außergewöhnlich knapp und die Gruppe hatte nicht genügend Nahrungsmittel für die zwei Tage dabei, die es dauerte, die Sioux zu erreichen. Ganz früh am Morgen kroch Tahrohon durch das Gras in das Lager der Feinde. Dort glaubte er zwei Säcke Weizen oder Mais ausgemacht zu haben. Im diffusen Licht hob er diese auf, obwohl sie ihm sehr schwer erschienen. Jetzt erkannte er, dass es sich nicht um Säcke mit Lebensmitteln, sondern um die Hosenbeine einer alten Frau handelte, die draußen schlief! Hier ist eine Lithografie nach einem Porträt von Charles Bird King zu sehen, das 1837 in Washington D. C. angefertigt wurde.

***20 oben* James Fenimore Cooper** *Sein Name steht in Verbindung mit Cooperstown, einem Dorf im nördlichen Staat New York, das sein Vater gegründet hatte. Er selbst wurde 1789 in New Jersey geboren, wuchs in Cooperstown auf, wo er Erzählungen über Indianer und in der Wildnis lebende Männer hörte. Cooper diente viele Jahre in der Marine und unternahm ausgedehnte Reisen nach Europa. Zwischen 1823 und 1841 schrieb er den „Lederstrumpf", ein außerordentlich einflussreiches Buch über Natty Bumpoo, den „Lederstrumpf", einen Helden im Grenzgebiet. Obwohl er auch Bücher über andere Themen schrieb, war er doch ausschließlich für seine Geschichten aus der freien Wildnis berühmt, in denen er die tragische Rolle der Indianer mit der der klassischen antiken Helden verglich. Cooper war der erste amerikanische Autor, der das Grenzland als Rahmen für fiktive Geschichten verwendete. Seine Indianer agierten in diesen Geschichten als idealisierte Helden und nicht als Wilde.*
Er war der erste Autor, der der Tatsache Rechnung trug, dass die Kultur der Indianer dem Untergang geweiht war. Er starb 1851.

und Mythen einfach nicht auszurotten. Eines der größten Missverständnisse ist der Irrglaube, dass alle Indianer einem Volksstamm angehören. Es ist vollkommen falsch, dass Indianer nur eine Kultur und Identität haben und käme der Behauptung gleich, alle Europäer hätten die gleiche Kultur. Einem Vergleich zwischen Navajo und Lakota käme ein Vergleich zwischen einem Schweden und Spanier gleich.
In ganz Amerika wird die indianische Lebensweise stereotyp dargestellt: Der „Plains-Indianer" lebt in Tipis, führt ein halb nomadisches Dasein und jagt Bisons. Und obwohl dies nur für einen Teil der Ureinwohner zutraf, setzte sich diese Darstellungsweise durch. Auch Charles Bird King, George Catlin und Karl Bodmer bildeten in den Plains lebende Indianer ab. Die freie, ungebundene, aber auch primitiv erscheinende Lebensweise der in den Plains lebenden Bevölkerung übte auf die Euro-Amerikaner eine große Faszination aus. Ein weiterer Grund, dass sich das Bild des in Zelten lebenden Indianers durchsetzte, war die Tatsache, dass diese kulturelle Gruppe als letzte gezwungen war, in Reservationen zu leben, lange nachdem andere Künstler, Fotografen und Filmemacher die Arbeiten von King, Catlin und Bodmer kopierten und fortsetzten. Da King, Catlin und Bodmer die ersten Künstler waren, die die Plains-Indianer im Bild festhielten, waren sie weit entfernt von der stereotypen Darstellungsweise des 19. und 20. Jahrhunderts. Das Thema der im Flachland lebenden Bevölkerung war für sie brandneu und faszinierend. Beeinflusst durch das Weltbild des 19. Jahrhunderts und Jean Jacques Rousseaus Philosophie, die die Vorzüge der Wildnis und die schlechten Bedingungen in den Städten hervorhob, romantisierten und verherrlichten Catlin, Bodmer und King, wie viele ihrer Zeitgenossen, jedoch das Bild vom Indianer als „edlen Wilden". Thomas Jefferson war der Ansicht, dass in Amerika im Gegensatz zu Europa tausende von Quadratmeilen freien Landes darauf warteten, Generationen von Siedlern zu beherbergen. Ehrliche Bauern, denen all ihr Boden selber gehören würde, sollten dieses Land bestellen und dadurch eine mächtigere und gesündere Nation bilden als irgendeine in Europa. Autoren wie James Fenimore Cooper in „Lederstrumpf" romantisierten das Grenzland. Coopers Held war der Mann, der der Welle der Zivilisation vorauseilte, um die Reinheit der Wildnis wiederzuentdecken. Obwohl die Bevölkerung des 19. Jahrhunderts die Wildnis und die damit verbundene Freiheit bewunderte, sog die Zivilisation und deren schlechter Einfluss diese Wildnis auf. Für Philosophen und Autoren des frühen 19. Jahrhunderts war es klar, dass die Indianer, die ihr ganzes Leben in der unverdorbenen Wildnis verbracht hatten, die wildesten und unzivilisiertesten, gleichzeitig aber auch die edelsten und am wenigsten bestechlichen

Menschen auf der Erde waren. Coopers Indianer waren vornehm, stoisch und hatten eine mythische Haltung wie die antiken griechischen Götter; dies verdeutlicht vor allem sein Buch „Der letzte Mohikaner" (1826).
Skulpturen der damaligen Zeit stellten die Indianer in den Posen der klassischen griechischen und römischen Statuen dar und Maler wie Thomas Cole platzierten griechische Tempel in die amerikanischen Wälder. Nachdem George Catlin Indianer im Westen getroffen und gemalt hatte, schrieb er, dass er lange Zeit der Meinung gewesen war, die Wildnis unseres Landes würde Modelle erfordern, die den unnachahmlichen griechischen Marmorskulpturen ähnelten.
Kultureller Hintergrund, persönliche Lebensweise und Erfahrung der drei

20 unten Zwei Ballspieler, Lithografie nach einem Original von Catlin *Das Ballspiel der Choctaws übte auf Catlin eine große Faszination aus, seit er es 1834 erstmals beobachtet hatte. Es entstanden viele Skizzen von Ballspielen und Porträts von den Spielern. Das Spiel, das dem „la crosse" ähnelte, wurde mit hunderten von Teilnehmern auf einem weiten Feld ohne viele Regeln und ohne Schiedsrichter gespielt.*

20-21 Büffeljagd im Gebiet der Hidatsa, 1822–1823 *Dargestellt ist eine spezielle Technik der Büffeljagd. Hidatsa Jäger greifen die Büffelherde von zwei verschiedenen Seiten an und engen diese immer mehr ein. Sobald die Herde den Geruch ihrer Verfolger bemerkt hatte, „floh sie in wildem Durcheinander; eine Staubwolke wurde aufgewirbelt, durch die die Reiterscharen verdeckt wurden. Pfeile schwirrten. Die Jäger konnten ihre langen Lanzen in die Herzen der edlen Tierę stoßen, die sich im Todeskampf wild aufbäumten, die Pferde angriffen, ihnen teilweise einen Todesstoß in die Lunge versetzten und ihre Reiter zwangen um ihr Leben zu rennen..." Diese Szene beobachtete, malte und beschrieb Catlin aus der Entfernung.*

22 oben *Dieser Stich von 1875 stellt eine typische Szene im Frühling dar: Angriff von einigen Indianern auf ein mit Pelzen beladenes Boot*

22 unten 1837: Treffen der Trapper von Alfred Jacob Miller *Alfred Jacob Miller malte dieses wichtige, jährlich stattfindende Ereignis. Während Siedler weiter in den mittleren Westen (damals noch östlich des Mississippi) zogen, stießen Trapper und Händler weiter in den noch unbekannten Westen vor und rotteten dort den Biber fast vollständig aus. Einige Indianer, vor allem die, die bereits den Osten bereist hatten, realisierten bereits, dass dies nur eine Vorhut der Siedler sein würde. Diese Männer erforschten und kartografierten die Flüsse und Ströme der Rocky Mountains und notierten die Pässe, über die später die Wagen der Farmer bis zur Pazifikküste fahren könnten. Da die Biberbestände immer weiter schwanden und der Biber nur mehr weit entfernt von Siedlungen und Transportrouten zu stellen war, organisierte die Pelzgesellschaft von St. Louis ein jährliches Treffen für die Pelzhändler in den Rocky Mountains. Die Trapper hatten während dieses Treffens die Gelegenheit mit den Pelzen zu handeln und im Gegenzug Waren von den Händlern aus St. Louis einzutauschen, die eigens zu diesem Platz entlang der Plate River Road gekommen waren. Dieses Treffen galt als bedeutender Handelstreffpunkt, gab aber darüber hinaus auch Gelegenheit zu wilden, haltlosen Spielen, Rennen und Wettkämpfen, bei denen große Mengen Alkohol konsumiert wurden.*

23 unten Auf dem Weg zum Chimney Rock von William H. Jackson *Anfang 1840 war eine neue Ära angebrochen. Euroamerikanische Siedler begannen in das Gebiet der Rocky Mountains vorzustoßen und sich an der Pazifikküste anzusiedeln. Zwischen 1846 und 1848 herrschte Krieg zwischen Mexiko und den Vereinigten Staaten. 1848 wurde in Kalifornien Gold entdeckt. Diese Ereignisse verstärkten die Abwanderung in den Westen in solchem Maße, dass bis 1866 bereits über 300 000 Euro-Amerikaner in den Westen gezogen waren und damit die Lebensgrundlage zahlloser Stämme zerstörten. Zwischen 1850 und 1860 waren die meisten Indianer in Kalifornien entweder durch Krankheit oder Kriege verschwunden. Die Indianer standen vor einem einschneidenden kulturellen Wechsel.*

22-23 Washinga Sahba's Grab auf den Blackbird Hills *Am 7. Mai 1833 kamen Maximilian und Bodmer am Grab von Washinga Sahba am Missouri vorbei. In seinem Reisebericht zitiert Maximilian den Forscher Stephen Long, der berichtete, dass Washinga Sahba das Volk der Omaha mit Zauberei und durch Vergiftung seiner Feinde regierte. „Eine Pockenepidemie raffte ihn und einen Großteil seines Volkes im Jahr 1802 dahin. Er wurde aufrecht auf einem Maultier sitzend auf einem Hügel am Wakonda Bach begraben. Als er im Sterben lag, gab er Befehl, dass er auf diesem Hügel, sein Gesicht in Richtung des weißen Mannes blickend, begraben werden solle." „Maximilian notierte zusätzlich, dass „seine Leute ihn offensichtlich so fürchteten, dass niemand wagte ihn zu wecken, wenn er schlief." Solche Berichte aus zweiter Hand belegen, dass Maximilian und Bodmer Informationen aus erster Hand von Indianern über Dolmetscher, und Informationen aus zweiter Hand von Pelzhändlern, die französisch oder englisch sprachen, erhielten. Da es aber enorme Sprachbarrieren gab, sollten alle nicht-indianischen Berichte kritisch hinterfragt werden, obwohl Maximilian und Bodmer die kulturellen Differenzen sicher differenzierter betrachteten als viele ihrer Zeitgenossen.*

Künstler King, Catlin und Bodmer spielten bei ihren Indianerporträts eine wichtige Rolle. Ihr persönlicher Hintergrund beeinflusste auch die Art und Weise, wie sie mit Indianern umgingen und später über sie schrieben. Alle sahen in ihnen edle, einfache, von der euro-amerikanischen Kultur nicht beeinflusste Menschen. Alle drei sahen sich dem Druck ausgesetzt, über deren Kultur und Lebensweise zu berichten, bevor sie für immer verloren gehen würde. Sie glaubten aus der Perspektive der 20er und 30er Jahre des 19. Jahrhunderts heraus, dass die Indianer sich während des erbarmungslosen Vormarsches der euro-amerikanischen „Zivilisation" entweder anpassen oder sterben würden. Neue wissenschaftliche Erkenntnisse der Jahre 1820 bis 1830 unterstrichen diese Vermutung. Archäologen hatten nämlich herausgefunden, dass sich kulturelles Leben unter bestimmten Umständen entwickeln, zu großer Bedeutung entfalten, aber auch zugrunde gehen konnte. Anfang des 19. Jahrhunderts wurden auf der ganzen Erde die Fossilien der Urlebewesen ausgegraben und ließen Zweifel an der wörtlichen Interpretation des Buches Genesis in der Bibel aufkommen; führende Wissenschaftler dachten außerdem darüber nach, ob es vor der Entstehung des Menschen ein mittlerweile ausgelöschtes Ökosystem von Lebewesen gegeben habe. In den Jah-

ren nach 1830 wurde der Begriff „Dinosaurier" geprägt, um einige der Echsenarten zu beschreiben, die in England gefunden worden waren, während King, Catlin und Bodmer das Mastodonskelett im Museum von Philadelphia besichtigten, das Willson Peale ausgegraben hatte. King, Catlin und Bodmer fassten das als Botschaft auf: Auch für menschliche Rassen und Kulturen wie für Tiere gab es Entwicklungsmöglichkeiten, aber auch die Gefahr ausgelöscht zu werden. Das bedeutete, dass es dringend nötig war, das Leben der Ureinwohner auf Bildern und durch Beschreibungen festzuhalten.

Ein Teil ihrer Mission basierte allerdings auf einem Irrtum. Die Wahrheit war, dass King, Catlin und Bodmer Indianer niemals im ursprünglichen Zustand, unbeeinflusst von den Euro-Amerikanern sahen. Zu dem Zeitpunkt als King Indianer in seinem Studio in Washington malte und Catlin und Bodmer in den Westen reisten, hatten bereits alle amerikanischen Indianer Kontakt mit Europäern gehabt. Obwohl die Stämme am Oberlauf des Missouri und in den Great Plains weniger von diesem Kontakt betroffen waren als andere Gruppen, hatten sich doch ihre Lebensgewohnheiten in den letzten 200 Jahren stark geändert. Die Europäer hatten das Pferd eingeführt, das den Indianern der Plains die Möglichkeit gab, das beengende Leben in den Dörfern hinter sich

zu lassen und während der Jagd und bei Überfällen weite Strecken zurückzulegen. Einige Stämme wurden vollkommen nomadisch. Eiserne Werkzeuge, Waffen und Kochgeschirr veränderten das Leben der Indianer ebenso wie das Gewehr. Viele Indianer beschafften sich diese Dinge im Handel mit anderen Stämmen, aber auch der Handel mit Weißen war um 1830 im Westen üblich. Obwohl es stimmt, dass Catlin und Bodmer Chroniken über Stämme anlegten, die relativ unberührt von europäischen Einflüssen waren, so sollte trotzdem bedacht werden, dass das Leben der Indianer auch vor dem Kontakt mit den Europäern niemals statisch oder isoliert war. Man kann etwas präziser sagen, dass Catlin und Bodmer über die Lebensweise vieler Stämme um 1830 eine Chronik anlegten, die wir jetzt fast 200 Jahre später studieren können.

Es ist leider eine traurige Tatsache, dass die in den Chroniken dokumentierte Lebensweise sich durch den Kontakt mit den Europäern radikal verändert hat. Nur drei Jahre nach dem Besuch

24 oben Totengerüst eines Häuptlings der Sioux *Die Bräuche der verschiedenen Indianerstämme übten auf Karl Bodmer einen großen Reiz aus. Diese hielt er bildlich für Maximilian und die Nachwelt fest. Dieses Bild zeigt ein typisches Beerdigungsritual vieler Stämme der Plains: Der Tote wurde mit seinem weltlichen Besitz auf ein Totengerüst gelegt. Diese Stätte durfte auf keinen Fall gestört werden.*

24-25 Skalp-Tanz der Minatarees *Dieser Druck wurde nach einem Aquarell Karl Bodmers aus dem Jahr 1834 angefertigt und stellt eine Szene dar, der der Künstler beiwohnen durfte: Frauen der Minataree (zum Stamm der Hidatsa gehörend) feierten in Männerkleidern die Heldentaten ihrer Männer auf dem Schlachtfeld.*

25 oben Lager der Piegan (Blackfeet) *Dieses Panorama entstand in Europa an Hand mehrerer Aquarelle, die Bodmer 1833 in Amerika angefertigt hatte. Die verschiedenen Gruppen hatte er einzeln skizziert und porträtiert. Das Bild veranschaulicht eindrucksvoll das Lager der Blackfeet, zu dem viele eindrucksvolle Persönlichkeiten, schöne Pferde und immer wachsame Hunde gehörten. Man kann auch deutlich erkennen, dass die Tipis unterschiedliche Größen hatten und nicht regelmäßig aufgestellt waren.*

der Künstler brach in verschiedenen Stämmen, hauptsächlich bei den Mandan und Hidatsa, eine verheerende Seuche aus, die beide Stämme praktisch auslöschte. Obwohl einige Traditionen, Bräuche und Religionen erhalten blieben, kam es doch nie mehr zu einem Stammesleben, wie es bis zum Jahr 1837 existiert hatte.

Die Künstler lagen mit ihrer Annahme richtig, dass es zwischen 1820 und 1830 eine große Veränderung für die indianische Bevölkerung in Amerika geben würde; immer schneller veränderte sich das Leben in jedem Winkel Nordamerikas. Der treibende Keil für die raschen Veränderungen war die Expansion der amerikanischen Bevölkerung. Bessere Lebensbedingungen waren für viele nach Amerika einwandernden Europäer der Hauptgrund für ihre Übersiedlung in die Vereinigten Staaten. Ein verführerisches politisches Klima, das seit 1830 mit dem Wahlrecht für alle weißen Männer prahlte, gekoppelt an eine staatlich garantierte Religionsfreiheit, ließ Amerika zu einem offenen, attraktiven Ziel für viele Europäer werden. Die immer mehr expandierende Bevölkerung zog weiterhin nach Westen, wo sie sich Grund und Boden einfach durch Besetzen zu Eigen machen konnte. Im Jahre 1862 legalisierte das „Siedlungsgesetz" (Homestead Act) die bis dahin tolerierten Landbesetzungen im Grenzgebiet. Ein „squatter" war jemand, der bis an die Grenze des sich im Privatbesitz befindlichen Landes vorstieß und sich im noch nicht vermessenen Bundesland ansiedelte. Den „squatters" (Landbesetzern) wurde es häufig erlaubt, ihr Land zu behalten, wenn ein neues Siedlungsgebiet eröffnet wurde. Diese Gebiete wurden durch Verträge vor den India-

25 unten Lager der Ponca am Ufer des Missouri *Während ihrer Reise entlang des Missouri im Jahr 1833 gingen die Ponca an Bord der „Yellow Stone" und reisten mit ihnen bis in ihr Lager, das aus Tipis bestand. Die Ponca waren ein kleiner Stamm, der in enger Verbindung mit den Omaha stand. Diese lebten jedoch in festen Dörfern, betrieben Ackerbau und gingen saisonal der Büffeljagd nach.*

nern geschützt, die um 1830 vornehmlich nach den Belangen der Landbesetzer oder der Regierung gerichtet waren. Die Bevölkerung wuchs rasch und die rastlosen Leute verlangten nach mehr „Ellenbogenfreiheit", man betrachtete die Indianer als überflüssigen Faktor in der Gleichung.
Nicht nur Rassismus, Hass und Habgier spielten dabei eine Rolle, sondern vor allem das völlig andere Weltbild der Euro-Amerikaner. Im übervölkerten Europa lautete das oberste Gebot der Landbesitzer: Sinnvolle Bewirtschaftung. Land, das nicht ertragreich bestellt wurde, galt als verschwendetes Land. Ackerland sollte in erster Linie die Bevölkerung ernähren, Export und Handel steigern, aber auch Vorräte für Hungersnöte und Kriege bereitstellen. In Europa umzäunten Barone weite Landstriche nur für ihr Jagdvergnügen, riesige Wälder wurden abgeholzt, bevor man etwas über Aufforstung und sinnvolle Nutzung des Waldes gelernt hatte. Aber in Amerika gab es schier unerschöpfliche Waldgebiete und keine Barone, die diese eigennützig beschlagnahmten. Die englische Landgesetzgebung stellte sicher, dass sogar Landbesetzer, die einen entsprechenden Antrag stellten, ihr Land behalten durften.
Vor diesem Hintergrund reagierten die Euro-Amerikaner entsetzt, als sie die Art und Weise sahen, wie die Indianer mit ihrem Land umgingen. Nach europäischen Maßstäben wurde das Land nicht produktiv bestellt und die Menge an Land verglichen mit der Bevölkerungsdichte schrie zum Himmel. Viele Euro-Amerikaner zogen für sich daraus den Schluss, weiter in das Gebiet der Indianer vordringen zu dürfen. Aber es gab noch mehr verwirrende Aspekte in den Beziehungen zwischen Indianern und Weißen. Sie fühlten sich nicht nur ihnen überlegen, sondern glaubten auch, dass ihr Weg der richtige sei. Dies war die Philosophie, die ihnen die Wirtschaft, das kapitalistische System und die christliche Religion vermittelt hatten. Auch wurde von einem guten Christen erwartet, missionarisch tätig zu sein.
Im Allgemeinen erhob die euro-amerikanische Kultur den Anspruch, die besten Ideale zu haben; Nicht-Gläubige wollte man deshalb zwingen, Wirtschaft, Religion, demokratische Politik und Methoden des Ackerbaues anzunehmen. Wer das nicht tat, war zum Untergang verdammt.
Im Gegensatz dazu verfügten die Indianer über sehr anpassungsfähige Kulturen: Sie waren gewillt, die positiven Aspekte anderer Kulturen anzunehmen, während sie gleichzeitig an ihren alten Traditionen festhielten. Wenn die überkommene mit der neuen Möglichkeit in Konflikt stand, wählten sie, was ihnen sinnvoller erschien. Für die Indianer war es durchaus nicht außergewöhnlich, die christliche Lehre zu akzeptieren und gleichzeitig ihren alten Glauben und ihr religiöses System beizubehalten. Dieser kulturelle Unterschied verursachte unzählige Missverständnisse, einzelne Personen betreffend, bis hin zu Stammes- und Regierungsangelegenheiten. Sicherlich betraf dies auch die allgemeine Beziehung sowie die Politik der Vereinigten Staa-

ten gegenüber den Indianern. Während des 19. Jahrhunderts gab es drei überlappende und manchmal im Konflikt stehende Programme der Regierung, die die Belange der Ureinwohner Amerikas betrafen. Vereinfacht können die Programmpunkte mit den Begriffen Verhandlung, Eingliederung, Umsiedlung umrissen werden. Nach dem Unabhängigkeitskrieg begannen die Vereinigten Staaten ein eigenes Ressort für Indianer einzurichten und versprachen diesen hoch und heilig, dass sie ihr Land behalten könnten: „Es soll immer höchstes Vertrauen gegenüber den Indianern herrschen, ihr Land und Eigentum soll niemals ohne ihr Einverständnis von ihnen genommen werden; und innerhalb ihres Eigentums sollen ihre Rechte und ihre Freiheit niemals gestört oder angegriffen werden, außer in gerechter und gesetzmäßiger Weise und durch den Kongress autorisiert", stellte die Northwest Ordinance 1787 fest. Während dieser frühen Periode wurden Indianerstämme als selbstständige Nationen behandelt, auch weil viele Stämme noch in der Lage waren, das Militär herauszufordern. Man verhandelte mit den Stämmen, solange man glaubte, dass sie in der Lage wären, die Vereinigten Staaten auf dem Schlachtfeld zu schlagen oder zumindest einen Krieg zu

26 Die Braut des Trappers von Alfred Jacob Miller *Alfred Jacob Miller reiste 1837 mit dem schottischen Adeligen William Drummond Stewart in den Westen und lebte das Leben eines „mountainman". Auf Millers Bildern ist die Lebensweise dieser einsamen Abenteurer am Ende der legendären Ära des Pelzhandels dargestellt. Viele dieser Trapper heirateten Indianerinnen und bezahlten dafür mit Pferden oder anderer Handelsware. Eine indianische Ehefrau war für den Pelzhandel wichtig und vertrieb zusätzlich noch die Einsamkeit. Als die Pelzhandelsära zu Ende ging, ließen viele Trapper ihre Frauen zurück, wenn sie wieder in die Zivilisation zurückkehrten.*

27 oben Die Taufe von Pocahontas in Jamestown, Virginia 1613 *Im Rundbau des Kapitolgebäudes der Vereinigten Staaten in Washington D. C. repräsentieren acht Gemälde die amerikanische Geschichte: Vier Bilder haben den Unabhängigkeitskrieg mit Großbritannien als Thema; weitere vier stellen die Erforschung Amerikas dar. Die Taufe Pocahontas ist das einzige Bild, in dem ein Indianer im Mittelpunkt des Geschehens steht. Auf diesem Bild aus dem Jahr 1840 konvertiert die „heidnische Wilde“ zum christlichen Glauben. Diese Taufe darf symbolisch als Unterwerfung der Indianer unter die Vorherrschaft der Weißen verstanden werden und repräsentiert den Mythos der amerikanischen Geschichte. Laut dieses Mythos' verschmolz die indianische mit der höher gestellten europäischen Kultur und erfuhr dadurch eine entscheidende Aufwertung. Der Austausch von bedeutenden Erkenntnissen und religiösem Gedankengut gegen das Land der Indianer erschien den weißen Siedlern mehr als gerechtfertigt. Es dauerte mehrere hundert Jahre, bis die Amerikaner begriffen, dass die Indianer dies durchaus anders sahen.*

27 Mitte links Lehrer der Mohawk
Nach der Unabhängigkeit von Großbritannien war eines der Hauptziele der Vereinigten Staaten, die Indianer zu christianisieren, zu „zivilisieren“ und sie dadurch von ihrer Abhängigkeit von großen Gebieten loszulösen und damit Platz für die ständig wachsende euro-amerikanische Bevölkerung zu schaffen. Deshalb wurde ein „Zivilisations-Fond“ von der Regierung bereitgestellt, der die Errichtung von Schulen finanzieren sollte. Der Stamm der Mohawk gehörte zu den ersten, die in intensiven Kontakt mit den Weißen kamen, viele ihrer Stammesangehörigen wurden europäisch geschult und machten sogar Abschlüsse an europäisch-amerikanischen Schulen. Diese Männer wieder hielten in ihrem Stamm Unterricht.

27 unten Stirnseite von Eliot's Bibel
Eliot übersetzte die Bibel 1663 in den Dialekt der Massachusetts, um dadurch das Lesen und Schreiben zu erleichtern. Sie wurde am Harvard College unter der Schirmherrschaft der englischen Gemeinde gedruckt, um das Evangelium unter den Indianern in New England zu verbreiten. Eliots Bibel war die erste Bibel, die im Westen gedruckt wurde.

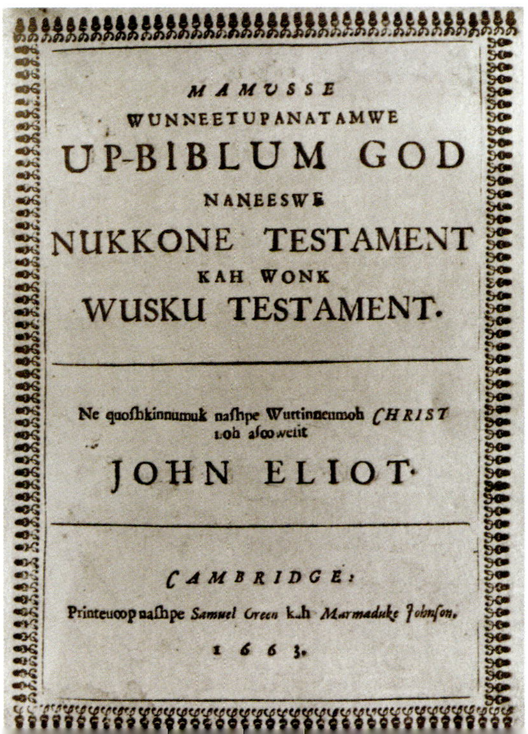

MAMUSSE
WUNNEETUPANATAMWE
UP-BIBLUM GOD
NANEESWE
NUKKONE TESTAMENT
KAH WONK
WUSKU TESTAMENT.

Ne quoshkinnumuk nashpe Wuttinneumoh CHRIST
noh asoowesit
JOHN ELIOT.

CAMBRIDGE:
Printeucop nashpe Samuel Green kah Marmaduke Johnson.
1663.

28 links Porträt William Henry Harrisons von Rembrandt Peale, 1814 *William Henry Harrisons Kampagnen gegen die Indianer halfen ihm, 1840 zum Präsidenten der Vereinigten Staaten gewählt zu werden, trotz aller herausragenden Leistungen, die Tecumseh und Tenskwatawa vollbracht hatten. Mit dem Slogan „Tippecanoe and Tyler Too" gelang Harrison mit seinem Vizepräsidentschaftskandidaten John Tyler ein überlegener Sieg über den amtierenden Präsidenten Martin Van Buren. Harrison war jedoch schon 68 Jahre und etwas schwächlich. Nach seiner langen Antrittsrede erkältete er sich und starb im April 1841, nur einen Monat nach seinem Amtsantritt. Harrison hatte die Indianer fast im Alleingang aus den nordwestlichen Gebieten entweder mit Verträgen, durch Nötigung oder Waffengewalt vertrieben. Harrison hatte Medizin studiert, bevor er in die Armee eintrat und unter Anthony Wayne im Grenzgebiet kämpfte. Er wurde Politiker und schließlich im Jahr 1800 Gouverneur im Gebiet von Indiana und begann die Auseinandersetzungen mit Tecumseh und „Prophet" Tenskwatawah.*

provozieren, der die Regierung um viel Geld bringen würde. Meistens verhandelte die Regierung wegen Landabtretungen mit den Indianern und versuchte diese mit Tand und einer Rente in Form von Lebensmitteln, Kleidung und anderen Waren zu beschwichtigen.

Nach der Revolution wurden insgesamt 370 verschiedene Verträge mit indianischen Stämmen ausgehandelt, bis die Regierung 1871 von der Praxis abkam, mit den Indianern zu verhandeln.

Neben Verhandlungen nahmen die Europäer auch noch in anderer Form Kontakt zur indianischen Bevölkerung auf. 1819 stellte der Kongress einen jährlichen „Zivilisierungs Fond" von 100 000 Dollar zur Verfügung, um die Indianer in Landwirtschaft, Lesen, Schreiben und Rechnen zu unterrichten, in der Hoffnung, sie würden auf diese Weise das Gesellschaftssystem der Weißen annehmen. Man war der Meinung, dass die Indianer entweder sich anpassen müssten oder bei weiterer Ausbreitung der „Zivilisation" weiter nach Westen abgedrängt werden sollten.

Nach dem Kauf von Louisiana im Jahr 1803 entwickelte Präsident Thomas Jefferson eine dritte Alternative, um dem Indianerproblem Herr zu werden. Dieses Umsiedlungskonzept erschien den in geordneten Bahnen Denkenden des 18. Jahrhunderts völlig logisch: Nachdem das Land westlich des Mississippi ausschließlich von Indianern bewohnt wurde und es etliche Generationen in Anspruch nehmen würde, bis die Siedler das Land östlich des Mississippi besiedelt hätten, warum sollte man da nicht alle nicht anpassungswilligen Indianer in den Westen umsiedeln? Es machte für sie keinen Unterschied, dass östlich des Mississippi Indianer mit ganz anderer Kultur und Lebensweise wohnten als westlich des Flusses. Die Umsiedlung könnte aber auch in Form einer Strafe abgewickelt werden, um ein Exempel für andere Stämme zu statuieren, schlug Präsident Jefferson 1803 in einem Brief an William Henry Harrison, den Gouverneur des nordwestlichen Territoriums, vor: „Sollte irgendein Stamm so tollkühn sein und das Kriegsbeil zu irgendeinem Zeitpunkt ausgraben, würden wir das gesamte Land dieses Stammes beschlagnahmen und ihn über den Mississippi treiben; dies wäre unsere alleinige Friedensbedingung, würde allen anderen Stämmen eine Lehre sein und letztlich einer endgültigen Zusammenlegung nützen...". Seit Mitte des 19. Jahrhunderts konzentrierte sich die Politik der Regierung auf die Entfernung der Ureinwohner aus den Gebieten ihrer Vorfahren, zunächst auf freiwilliger Basis, später aber unter Einsatz des Militärs. Allen drei Vorgehensweisen, Verhandlung, Eingliederung und Umsiedlung, lag eine Hauptmotivation zu Grunde: das Land. Landbesitz galt als Schlüssel für den amerikanischen Wohlstand. Ohne Land für die immer weiter wachsende Bevölkerung würde Amerika auf eine wirtschaftliche und kulturelle Krise zusteuern.

Deswegen verhandelte die Regierung mit den Indianern und versuchte, diese zur Anpassung zu bewegen, damit diese nicht mehr auf große Jagdgebiete angewiesen wären.

Schließlich begann man damit, sie westlich des Mississippi anzusiedeln, um mehr Platz für die euro-amerikanischen Bauern zu schaffen.

29 Nordamerikanische Indianer; Lithografie von George Catlin *Diese Gruppe Indianer aus dem unteren Missouritaal entstand anhand von drei verschiedenen Porträts. Der Mann auf der linken Seite trägt ein Büffelfell, auf dem seine Leistungen bei Schlachten dargestellt sind. Das Bild der Indianerin gehört zu den wenigen Dokumenten, auf denen eine Frau in voller Körpergröße dargestellt ist. Zu sehen ist ihre einfache Kleidung, ihr wunderschön bemalter Umhang und die darunter getragenen Hosen.*

30 oben Landkarte von Nordamerika *Diese Landkarte zeigt die Vereinigten Staaten zur Zeit von Präsident John Quincy Adams. Die anglo-amerikanische Bevölkerung drängte zunehmend in indianische Gebiete, die früher bereits von Frankreich und Spanien beansprucht wurden, bis sie schließlich den Vereinigten Staaten zufielen. Zu den neuen Staaten gehörten Louisiana (1812), Indiana (1816), Mississippi (1817), Illinois (1818), Alabama (1819), und Missouri (1821). Die Revolution in Mexiko brachte 1821 die Befreiung von den Spaniern und die Gründung des Staates Mexiko, zu dem damals noch Texas, Neu Mexiko, Nevada, Colorado, Arizona und Kalifornien gehörten. Mexiko hatte enge Handelsbeziehungen zu den Vereinigten Staaten. Der pazifische Nordwesten war gemeinsames Gebiet der Vereinigten Staaten und Großbritanniens. Mit dem stetigen Wachstum der Vereinigten Staaten entstanden aber immer mehr Probleme. Es gab Tendenzen, die Sklaverei zu verbieten. Der Staat Missouri erhob aber eine eigene Staatsverfassung, mit der er die Sklaverei innerhalb des Staates tolerierte. Viele Gegner der Sklaverei wollten jedoch verhindern, dass die Sklaverei auch in den westlichen Gebieten Einzug hielt. 1820 fand man schließlich zu dem Kompromiss, dass Maine der Union als sklavenfreier Staat und Missouri als Staat mit Sklaverei beitreten konnten. Dieser Konflikt bestand bis zum Bürgerkrieg von 1861 bis 1865.*

30 unten James Monroe *James Monroe war der fünfte Präsident der Vereinigten Staaten zwischen 1817 und 1825. Monroe legte die Grenzauseinandersetzungen mit den Spaniern um Florida und Louisiana und mit England um die Oregon-Frage und um die kanadische Grenze bei. Er verfasste die berühmte „Monroe Doktrin", in der er erklärte, dass sich die europäischen Nationen nicht in die Angelegenheiten der amerikanischen Staaten einmischen sollten. Monroes Haltung gegenüber den Indianern war gänzlich anders als die von Jefferson. Er hielt nichts von einer allmählichen Anpassung der Indianer, sondern wollte notfalls mit Gewalt die Umsiedlung aller östlichen Indianerstämme erzwingen. Monroes Umsiedlungspolitik wurde allerdings erst 1830 unter Präsident Andrew Jackson durch den „Removal Act" durchgesetzt.*

31 links William Clarks Friedensvertrag von 1816 mit den Indianern *Anlässlich des Friedensvertrages von 1816 verlieh William Clark, der Leiter für indianische Angelegenheiten, den Häuptlingen Friedensmedaillen und Urkunden wie diese. Weniger wichtige Stammesmitglieder erhielten silberne Arm- und Halsbänder oder Militärmäntel. Zusätzlich wurden ihnen Flaggen der Vereinigten Staaten, allerdings mit dem Adler und nicht mit den Sternen, überreicht, die über ihren Dörfern wehen sollten. Nachdem sie den Indianern ihre Geschenke überreicht hatten, beschlagnahmten sie jedoch im Gegenzug die Geschenke der Spanier und Briten.*

Anfang 1825 verlas Präsident James Monroe im Kongress eine Nachricht, dass die jetzt noch östlich des Mississippi lebenden Indianer umgesiedelt werden würden. Diejenigen, die noch in New York, Ohio, Indiana, Illinois und Michigan lebten, würden westlich des Lake Michigan bzw. nördlich von Illinois angesiedelt. Aber der Kongress nahm Monroes Vorschlag nicht an und so dauerte es bis zur Regierungszeit von Andrew Jackson, bis diese Aktion durchgeführt wurde. Jackson war der Überzeugung, dass die Indianer nicht länger in Stämmen als autonome Staaten zusammenleben sollten, sondern dass sie unter die Autorität der Regierung desjenigen Bundesstaates fallen sollten, in dem sie lebten. Jackson glaubte, dass die Indianer zur Anpassung überhaupt nicht in der Lage seien. Darum trat er für das 1825 von Monroe verfasste Programm im Kongress ein. Das Umsiedlungsprogramm wurde vom Kongress angenommen und trat am 8. Mai 1830 als Gesetz in Kraft. Die tragischen Konsequenzen dieses Gesetzes konnten Charles Bird King, George Catlin und Karl Bodmer in den folgenden Jahren beobachten. Die Indianer ergaben sich nicht ohne weiteres und blieben auch nach Erlass dieses Gesetzes in ihrem Land. Einige kämpften mit Waffen, einige mit den Gesetzen der Vereinigten Staaten, andere setzten die öffentliche Meinung zu ihren Gunsten ein. Als wirkungsvollste Taktik stellte sich jedoch das Verstecken vor den Verfolgern heraus. Das Programm betraf die Stämme der Sauk und Fox, die in Illinois, im östlichen Missouri und Wisconsin lebten. Diese hatten 1804 einen Vertrag mit der Regierung unterzeichnet, in dem sie große Teile ihres Landes östlich des Mississippi für eine Rente von 1000 $ abtraten. Der Vertrag hatte zur Auflage, dass die Indianer im Land leben und bleiben durften, solange es in Staatsbesitz war. Um 1820 begannen jedoch Landbesetzer in dieses Gebiet einzudringen und steckten Territorien in der Nähe des Haupt-Sauk-Dorfes an einem Fluss ab. Diese Landbesetzer zäunten sogar die Maisfelder der Sauk ein und schlugen die Frauen, die über die Zäune klettern und ihre Felder bestellen wollten. Die Weißen errichteten Grenzen und sobald die Kinder der Sauk diese überschritten, peitschten sie diese aus. Die Indianer wurden des Diebstahls beschuldigt und als Strafe dafür steckten die Euro-Amerikaner ihre Wohnungen in Brand. Ein Sauk namens Black Hawk ging eines Tages auf Jagd und stieß dabei auf drei Weiße. „Sie beschuldigten mich der Tötung ihrer Schweine, ich stritt dies ab, aber sie hörten nicht auf mich. Einer nahm mir mein Gewehr ab und feuerte es leer. Danach zog er seine Flinte, gab mir mein Gewehr

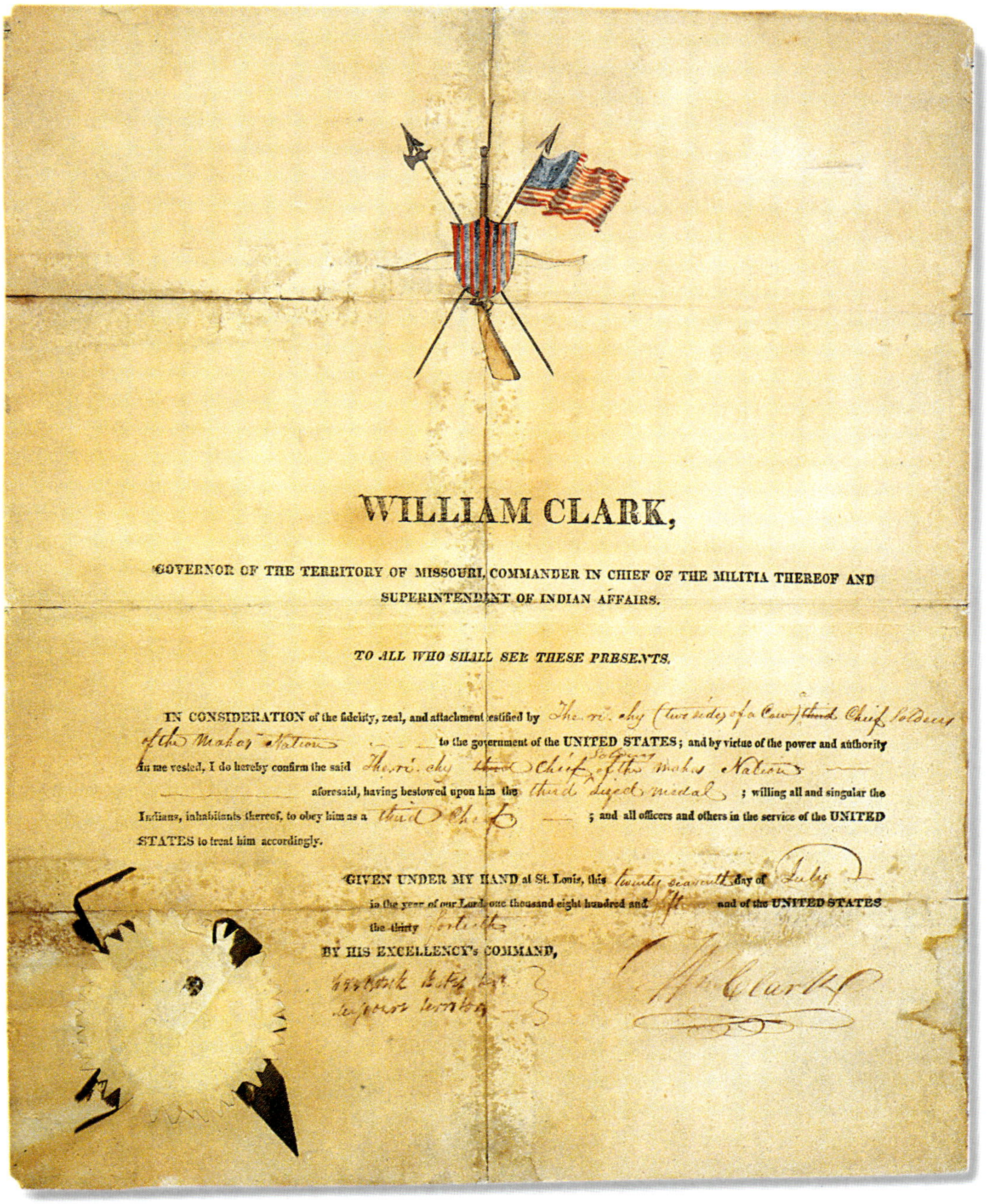

WILLIAM CLARK,

GOVERNOR OF THE TERRITORY OF MISSOURI, COMMANDER IN CHIEF OF THE MILITIA THEREOF AND SUPERINTENDENT OF INDIAN AFFAIRS.

TO ALL WHO SHALL SEE THESE PRESENTS.

IN CONSIDERATION of the fidelity, zeal, and attachment testified by The-ri-chy (two sides of a Cow) third Chief Soldiers of the Mahas Nation to the government of the UNITED STATES; and by virtue of the power and authority in me vested, I do hereby confirm the said The-ri-chy ~~third~~ Chief Soldier of the Mahas Nation aforesaid, having bestowed upon him the third Legd medal; willing all and singular the Indians, inhabitants thereof, to obey him as a third Chief; and all officers and others in the service of the UNITED STATES to treat him accordingly.

GIVEN UNDER MY HAND at St. Louis, this twenty seventh day of July in the year of our Lord one thousand eight hundred and fifty and of the UNITED STATES the ~~thirty~~ fortieth

BY HIS EXCELLENCY's COMMAND,

Wm Clark

31 rechts ***Andrew Jackson von Ralph Earl*** *Jackson wurde 1767 zwischen Süd- und Nord-Carolina geboren und zog 1788 nach Tennessee. Er war Rechtsanwalt und Politiker, wurde jedoch vor allem als Führer der Truppen gegen die Indianer und Briten berühmt. Am 30. August 1813 leitete der Indianer William Weatherford eine Attacke auf Fort Mims in Alabama und löste damit den „Creek War" aus. Jackson ritt daraufhin mit einer Armee in den Süden, trug jedoch Siege und Niederlagen davon. Am 27. März 1814 konnte Jackson einen entscheidenden Sieg in der Schlacht von „Horseshoe Bend" über die Creek davontragen. Am 1. August 1814 mussten die Creek einen Vertrag unterschreiben, durch den sie sich verpflichteten für die Kriegskosten aufzukommen. Bezahlt werden sollte mit Grund und Boden,*

insgesamt 23 Millionen Morgen, d.h. weite Teile von Alabama und Georgia.
Während des Krieges von 1812 errang Jackson bedeutende Siege über die Briten in Pensacola (Florida) und New Orleans (Louisiana). 1818 begann er den Seminolen-Krieg mit dem spanischen Florida, der dazu führte, dass die Vereinigten Staaten 1819 Florida von den Spaniern abkauften. Damit begann der 40 Jahre andauernde Guerilla-Krieg mit den dort lebenden Indianern. Als Jackson 1828 zum Präsidenten der Vereinigten Staaten gewählt worden war, unterstützte er den „Indian Removal Bill" von 1830, da er der Meinung war, dass Indianer und Weiße niemals Seite an Seite miteinander leben könnten. Jackson, den die Indianer „Sharp Knife" nannten, starb 1845.

zurück, begann mich mit Stöcken zu schlagen und verjagte mich. Ich war so voller blauer Flecken, dass ich nächtelang nicht schlafen konnte“, schrieb er in seiner Autobiografie.

Black Hawk kehrte in sein Dorf, den Hauptwohnsitz der Sauk zurück. Er war ein kleiner, schlanker Mann, nach seinen eigenen Berechnungen um die 65 Jahre alt, war Führer seines Stammes während des Krieges und in seinem Volk wegen seines weisen und fairen Verhaltens sehr angesehen. Während des Krieges von 1812 standen Black Hawk und sein Volk auf der Seite der Briten, da sie den Amerikanern wegen des Vertrages von 1804 weiterhin grollten. Neapope, der Anführer der Sauk riet zum Krieg mit den Weißen ebenso wie Prophet, ein Halb-Sauk und Halb-Winnebago, der von sich glaubte, er habe mystische Kräfte.

Black Hawk hielt nichts von dieser Maßnahme, aber im Sommer 1831 kam auch bei ihm Ärger über die Weißen auf, da diese darauf bestanden, Whiskey an seine Leute zu verkaufen. Größtenteils waren den Indianern alkoholische Getränke vor der Ankunft der Europäer unbekannt. Bald fanden die Europäer heraus, dass die Indianer weder trinkfest noch zur Selbstkontrolle im mäßigen Umgang mit Alkohol in der Lage waren. Viele Weiße nutzten diese Situation zu ihrem Vorteil, indem sie die Indianer betrunken machten und anschließend übervorteilten. Sie ließen die Indianer Verträge unterzeichnen, wodurch sie ihr Land verloren, oder sie wickelten unfaire Geschäfte mit ihnen ab, beispielsweise beim Pelzhandel. Black Hawk zerbrach etliche Fässer Whiskey und warnte die Weißen, wenn sie nicht sein Land verließen, würde er sie notfalls mit Gewalt daraus vertreiben. Black Hawks Ultimatum löste eine Panik unter den Siedlern aus, die daraufhin John Reynolds, den Gouverneur von Illinois um Schutz baten. Eine Aushebung von Truppen wurde daraufhin ausgerufen, wodurch die Weißen eine Streitmacht von 1600 Freiwilligen und 1000 Mann aus Regierungstruppen zusammenstellen konnten. Nachdem sich diese Streitmacht in der Nähe des Sauk Dorfes aufgestellt hatte, kam Hawk zu der Überzeugung, dass dieser Fall hoffnungslos sei und so wanderte der ganze Stamm an diesem Abend westwärts über den Mississippi nach Iowa. Black Hawk war gezwungen einen Friedensvertrag zu unterzeichnen, der dem Vertrag von 1804 in einem Punkt widersprach: Er verbot den Sauk, auf die Ostseite des Flusses zurückzukehren. Sie kamen so spät im Jahr in Iowa an, dass sie keine neue Maissaat mehr ausbringen konnten und im Winter 1832 fast verhungert wären.

Kulturelle Unterschiede zwischen Weißen und Indianern traten im Frühjahr 1832 ganz offensichtlich zu Tage, als eine kriegerische Gesandtschaft der Sauk und Fox den Mississippi stromaufwärts nach Prärie du Chien reiste, um den Mord an einigen ihrer Leute durch die Menomiee zu rächen. Als die Sauk und Fox 28 Menominee bei ihrem Überfall töteten, forderten die Amerikaner, dass die Mörder ihnen zur Bestrafung ausgeliefert werden sollten. Black Hawk weigerte sich und so begann die Regierung Truppen aufzustellen, um ihn zur Einwilligung zu zwingen. Neapope, Häuptling der Sauk, der die britischen Obrigkeiten in Kanada besucht hatte, benachrichtigte Black Hawk, dass einige Stämme wie die Ottawa, Chippewa, Potawatomi und Winnebago ihn zusammen mit der britischen Armee dabei unterstützen wollten, ursprüngliches Sauk Gebiet wieder zurückzuerobern. Neapopes Plan umfasste auch die Verbündung mit dem Propheten in Illinois. Während des Sommers konnten sie genügend Mais und andere Nahrungsmittel anpflanzen und lagern, um einen Angriff gegen die Landbesetzer zu wagen. Black Hawk war von Neapopes Plan überzeugt und begann Freiwillige auszuheben trotz des Widerstandes von Keokuk, der der Überzeugung war, dass die Weißen zu überlegen wären, um sie zu besiegen.

Black Hawk bemerkte nicht, dass die Siedler in Illinois einen Krieg ebenso-

32 links Ma-Ka-Tai-Me-She-Kia-Kiak oder Black Hawk *Nach seiner Gefangennahme im Jahr 1832 wurde Black Hawk sehr schnell berühmt. Er verbrachte den Winter in den Jefferson Barracks südlich von St. Louis. Dort besuchten ihn der Schriftsteller Washington Irving und der Maler George Catlin, um ihn zu porträtieren. Im Frühjahr 1833 wurde Black Hawk nach Washington gebracht, um Präsident Jackson zu treffen. Danach ging die Reise nach Norfolk, Baltimore, Philadelphia und New York; überall wurde er von einer großen, neugierigen und freundlich gesinnten Menschenmenge begrüßt. Dieses Porträt wurde 1837 von Charles Bird King fertig gestellt.*

32 rechts Tens-Kwau-Ta-Waw. Der Prophet *Tenskwatawa wurde 1775 geboren, war Medizinmann und mystische Figur der Shawnee und der jüngere Bruder des berühmten Tecumseh. Er wurde Augenzeuge der Auflösung und der teilweisen Umsiedlung der Shawnee in den Westen. Als Kind hatte er ein Auge verloren und trug deshalb einen Schal über der leeren Augenhöhle. Das Porträt malte James Otto Lewis 1823 in Detroit. Der Druck für McKenneys und Halls Buch über die verschiedenen Indianerstämme entstand anhand einer Kopie, die Charles Bird King 1829 von Lewis Original angefertigt hatte. Tenskwatawa ließ sich 1832 nach der Umsiedlung der Shawnee an das Südufer des Kansas auch von George Catlin malen. Der Prophet starb im November 1836 und liegt unter der heutigen Stadt Kansas begraben.*

33 Keokuk, Häuptling der Sauk und Fox *Keokuk war der direkte Gegenspieler von Black Hawk im Stamm der Sauk. Im Gegensatz zu Black Hawk war Keokuk ein hervorragender Diplomat und Krieger und der eigentliche Häuptling des Stammes. Keokuk wurde 1783 als Sohn einer Halb-Französin und eines Sauk geboren. Er wurde durch seine kriegerischen und politischen Fähigkeiten zu einer herausragenden Persönlichkeit seines Stammes. Da Keokuk einer Umsiedlung nicht vollkommen ablehnend gegenüberstand, pflegte die amerikanische Regierung bis Anfang 1830 gute Beziehungen zu ihm. Nach Keokuks Niederlage im Jahr 1832 wurde Keokuk zum wichtigsten Häuptling seines Stammes erhoben. 1837 besuchte er als Anführer einer Sauk und Fox Delegation Washington und argumentierte dort vorsichtig gegen die Dakota Sioux, da er ein Gebiet in Iowa bevorzugte. Zu diesem Zeitpunkt entstand das Porträt von Charles Bird King. Keokuk stellt sich dem Maler in voller Pracht, zusammen mit seinem Sohn Moses, der später Baptistenpfarrer wurde. Beide tragen nicht zu identifizierende Friedensmedaillen, wahrscheinlich von Monroes Regierung. Keokuk hält einen reich verzierten Speer in der Hand, sein Sohn sitzt auf einem Schild. Dies ist eines der wenigen Bilder Kings, auf denen Indianer in voller Körpergröße abgebildet sind. Auch Catlin malte Keokuk. Keokuk starb in Kansas; dahin war sein Stamm 1848 gezogen. 1883 wurden seine sterblichen Überreste nach Keokuk in Iowa überführt.*

sehr wie er wünschten. Sie sahen den Krieg als Möglichkeit, sich an den Indianern zu rächen, denn der indianische Widerstand bedeutete, dass sie aus Illinois hätten abziehen müssen. Am 6. April 1832 überquerte Black Hawk mit 500 Kriegern sowie deren Frauen und Kindern den Mississippi und schloss sich mit dem Propheten in Illinois zusammen. Währenddessen marschierte General Henry Atkinson bereits mit einer kleinen Truppe nach Iowa, um Black Hawk wegen der Morde an den Menominee zu stellen, als er die Nachricht erhielt, dass Black Hawk auf der Ostseite des Flusses sei. Daraufhin bat er den Gouverneur John Reynolds um Hilfe, der einmal mehr einen Aufruf zur Rekrutierung von Freiwilligen erließ. Die Siedler flohen in Panik oder zogen in größere, ihnen sicherer erscheinende Ansiedlungen. Black Hawk startete keinen Angriff, als er feststellen musste, dass Neapopes Information nicht genau genug gewesen war. Keine weiteren Indianerstämme und auch keine britischen Truppen standen zu seiner Unterstützung bereit. Er zog sich weiter nach Norden zurück und plante, sich später auf die Westseite des Mississippi abzusetzen, wenn er verfolgt werden würde. Black Hawk sandte drei seiner Männer aus, um mit der Bürgerwehr von Illinois einen Friedensvertrag auszuhandeln, aber die Amateursoldaten reagierten übertrieben und erschossen einen Gesandten, was Black Hawk wiederum veranlasste, mit einer kleinen Truppe anzugreifen. Obwohl die Indianer den Weißen zahlenmäßig 340 zu 40 unterlegen waren, schlugen sie diese in der Schlacht von Stillman's Run. Black Hawk zog nordwärts in das heutige Wisconsin, wo er Potawomi und Winnebago traf, die gerade angefangen hatten, Farmen in Brand zu setzen und Landbesetzer umzubringen. Ein groß angelegter Indianerkrieg stand drohend bevor; und diese Nachricht drang bis nach Washington. Präsident Jackson ordnete daraufhin an, dass an Black Hawk ein Exempel statuiert werden sollte, dass seine Krieger und er entweder gefangen genommen oder getötet werden sollten. Dies alles geschah im Wahljahr und Jacksons grollende Stimme war deshalb überall zu hören. Die Armee begann nun mit einer gnadenlosen Verfolgung von Black Hawks Gruppe, die sich mittlerweile in Richtung Mississippi bewegte. Weil sie schnell vorwärtskommen mussten, ließen sie den größten Teil ihrer Ausrüstung zurück. Schon bald gingen ihnen deswegen die Lebensmittel aus; einige fingen an, die Rinde von den Bäumen zu essen, um dem Hungertod zu entgehen. Andere, die nicht mehr mitkamen, wurden von der Armee in den Wäldern gefunden, sofort erschossen und skalpiert. Die Truppen überraschten die Sauk, während sie den Fluss Wisconsin überquerten, aber die Nachhut von Black Hawk lieferte ein brillantes Gefecht und ermöglichte damit den Frauen und Kindern die Flucht. Bei Anbruch der Nacht waren die meisten nicht Kämpfenden auf einem Floß und trieben den Wisconsin stromabwärts in sicheres Gebiet. Aber die Armee wusste von diesem Fluchtversuch und sandte eine Nachricht nach Fort Crawford, um diesen zu stoppen. Als die Soldaten das Floß auf dem Fluss ausmachten, eröffneten sie das Feuer, töteten viele und nahmen 32 Frauen und Kinder gefangen.
Währenddessen setzte Black Hawks Gruppe ihren Weg in Richtung Mississippi fort. Soldaten fanden später in den Wäldern die Leichen von India-

34 links Die Schlacht von Bad Axe, 1832
Die Lithografie veranschaulicht das Schicksal der Sauk und Fox, die von den U. S. Soldaten in den Mississippi getrieben und dort von dem Dampfschiff „Warrior" aus beschossen wurden. Das Floß in Bildmitte sollte die Flüchtlinge auf die rettende Iowa Seite des Mississippi bringen, als die Schlacht ausbrach.

nern, die entweder verhungert oder ihren Verletzungen erlegen waren. Am ersten August erreichte Black Hawk schließlich den Fluss, aber sie fanden nur drei Kanus zum Übersetzen. Die Sauk begannen, ihre Krieger über den Fluss zu transportieren, als am Nachmittag das Dampfschiff „Warrier" auftauchte. Black Hawk trat mit der Friedensfahne ans Ufer und rief, dass sie sich ergeben würden. Kanonenfeuer kam als Antwort vom Boot. Daraufhin entwickelte sich ein Kampf, der jedoch bei Einbruch der Dunkelheit wieder eingestellt wurde. Als die Sauk am nächsten Morgen ihre Frauen und Kinder ans andere Ufer transportierten, griff die Hauptstreitkraft der Armee an. Die „Battle of Bad Axe" wurde ganz schnell zu einer schweren Niederlage für die zahlenmäßig unterlegenen Indianer, mindestens 150 kamen bei dem Versuch, den Fluss schwimmend zu durchqueren, ums Leben. Weitere 150 wurden von den Soldaten vom Dampfschiff aus getötet. Nur 50 Indianer überlebten und wurden gefangen genommen. Die 300, die ans andere Ufer gelangt waren, wurden von kriegerischen Sioux, die von den Weißen

34 rechts Kai-Pol-E-Quah *Dieser Druck von Charles Bird King aus dem Jahr 1824 zeigt den Häuptling der Oshkosh, des Unterstammes der Sauk und Fox; dem Teilstamm der Kishko stand Keokuk vor. Das Schwert, das Kaipolequa trug, mag ein Zeichen für seine angesehene Stellung gewesen sein.*

35 Ioway, einer der wichtigsten Krieger von Black Hawk aus dem Stamm der Sauk und Fox, 1832 *Ioway wurde 1832 während seiner Gefangenschaft in den Jefferson Barracks gemalt. Die beiden Hände auf seinem Körper könnten bedeuten, dass er seine Feinde in der direkten Auseinandersetzung Mann gegen Mann tötete.*

36 oben und 36-37 Die Schlacht von Tippecanoe, gemalt von P.S. Duval *Tenskwatawa war ungeduldig, weil er glaubte, die Bildung eines indianischen Staatenbündnisses dauere zu lang. Obwohl Tecumseh befohlen hatte, die Weißen nicht anzugreifen, überfiel Tenskwatawa mit den südlichen Stämmen die Truppen von General William Henry Harrison Ende 1811. Sie wurden jedoch von Harrison vernichtend geschlagen; die Schlacht ging unter dem Namen "„Battle of Tippecanoe Creek“ in die Geschichte ein.*

36 unten März 1814: Nach der Schlacht am „Horseshoe Bend“ am Talapoosa Fluss ergibt sich William Weatherford, der Häuptling der Creek, Präsident Andrew Jackson *William Weatherford, der Häuptling der Creek, der 1813 den „Creek War“ initiierte, wurde am 27. März von Präsident Andrew Jackson in der Schlacht am „Horseshoe Bend“ vernichtend geschlagen. Diese Niederlage hatte den Vertrag von „Fort Jackson“ zur Folge, durch den sich die Creek verpflichteten, 23 Millionen Morgen Land als Wiedergutmachung an die weißen Eindringlinge abzutreten.*

dafür bezahlt worden waren, angegriffen und getötet. Insgesamt überlebten diesen sogenannten „Black Hawk Krieg“ nur 150 der 1000 Indianer, die am 4. April in Iowa aufgebrochen waren.

Für ihren Widerstand gegen die Euro-Amerikaner wurden Black Hawks Leute ausgelöscht. Der Stamm der Winnebago hatte sie gegen ein Bestechungsgeld von 20 Pferden und 100 $ verraten und die Armee zu ihnen geleitet. Dies war eine klare Botschaft für die anderen Stämme und so wagte es keiner mehr, gegen die Autorität der Vereinigten Staaten zu rebellieren. Black Hawk gehörte zu den Überlebenden, wurde gefangen genommen und den neugierigen Mengen im Osten vorgeführt. Später kehrte er zurück, um mit den Sauk in der Reservation am Des Moines Fluss in Iowa zu leben, wo er am 3. Oktober 1838 starb. Sein Skelett wurde konserviert und im Büro des Gouverneurs von Iowa ausgestellt.

Black Hawks Geschichte ist aber nur eine von vielen, die die Rücksichtslosigkeit der landhungrigen Euro-Amerikaner um 1830 verdeutlicht. Eine weitere war die Umsiedlung der „fünf zivilisierten Nationen“, der Cherokee, Creek, Choctaw, Chickasaw und Seminolen, denen man wegen ihres hohen Anpassungsgrades hinsichtlich Kleidung, Kultur und Technologie der Euro-Amerikaner diesen Namen gab. Das bemerkenswerteste Beispiel sind sicherlich die Cherokee, die sich über mehr als 100 Jahre hinweg am stärksten der europäischen Lebensweise beispielsweise beim Ackerbau angepasst hatten; einige hielten sich sogar wie ihre weißen Nachbarn Sklaven. Damals lebten die 25 000 Cherokee in 60 Dörfern und verfügten über eine eigene konstitutionelle Regierung, einem Haus von Repräsentanten und einem demokratisch gewählten Führer. Die Cherokee hatten ihre eigenen Schulen und ein Mann namens Sequoyah hatte sogar eine eigene Schriftsprache, eine Silbenschrift unter Verwendung lateinischer Buchstaben und erfundener Zeichen, zusammengestellt.

Es interessierte die Einwohner von Georgia allerdings überhaupt nicht, wie zivilisiert die Cherokee waren, sie wollten an Stelle der Maisfelder Baumwollfelder anlegen. Zu allem Unglück fand man im Boden der Cherokee 1829 auch noch Gold. Der Ruf nach Entfernung der Indianer wurde daraufhin noch lauter, zumal sich die Weißen auch von Seiten des Gesetzes her im Recht sahen. Der Staat Georgia hatte 1802 nämlich mit der Bundesregierung ausgehandelt, dass nach Abtretung aller Ansprüche an die westlich liegenden Länder, den heutigen Staaten Alabama und Mississippi, den Indianern alle Ansprüche auf Land innerhalb Georgias entzogen würden und es Sache der U. S. Regierung sei, diese friedlich in den Westen umzusiedeln.

Tatsächlich waren im Lauf der Jahre bereits etliche Cherokee weggezogen und hatten sich in den heutigen Staaten Missouri, Arkansas und Oklahoma niedergelassen, sehr zum Ärger der bereits dort lebenden weißen Siedler und ortsansässigen Indianer vom Stamm Osage. Die Nachrichten über die schwierige Ansiedlung im Westen bestätigten den anderen Stammesführern, dass eine Umsiedlung nicht in ihrem Interesse sein konnte.

Präsident Jackson verschaffte jedoch durch den „Indian Removal Act“ im Jahr 1830 dem Staat Georgia die Möglichkeit, die Indianer zu vertreiben und

37 oben und Mitte rechts Se-Quo-Yah Er zählt zu den berühmtesten Indianern. Er erfand 1821 das Silbenalphabet der Cherokee, das aus 86 verschiedenen Schriftzeichen bestand, die die Laute der Cherokee-Sprache repräsentierten. Er glaubte, dass es auch den Indianern ein äußerst nützliches Werkzeug sein würde. Am 21. Februar 1828 wurde erstmals das Wochenblatt „Cherokee Phoenix and Indian Advocate" in einer Blockhütte gedruckt. Der Staat Oklahoma stellte ihm zu Ehren eine Statue im Kapitol von Washington auf. Auch die riesigen Redwood-Bäume in Kalifornien wurden nach ihm benannt. Dieses Porträt malte Charles Bird King 1828.

Cherokee Alphabet.

Ꭰ a	Ꭱ e	Ꭲ i	Ꭳ o	Ꭴ u	Ꭵ v
Ꭶ ga Ꭷ ka	Ꭸ ge	Ꭹ gi	Ꭺ go	Ꭻ gu	Ꭼ gv
Ꭽ ha	Ꭾ he	Ꭿ hi	Ꮀ ho	Ꮁ hu	Ꮂ hv
Ꮃ la	Ꮄ le	Ꮅ li	Ꮆ lo	Ꮇ lu	Ꮈ lv
Ꮉ ma	Ꮊ me	Ꮋ mi	Ꮌ mo	Ꮍ mu	
Ꮎ na Ꮏ hna Ꮐ nah	Ꮑ ne	Ꮒ ni	Ꮓ no	Ꮔ nu	Ꮕ nv
Ꮖ qua	Ꮗ que	Ꮘ qui	Ꮙ quo	Ꮚ quu	Ꮛ quv
Ꮜ sa Ꮝ s	Ꮞ se	Ꮟ si	Ꮠ so	Ꮡ su	Ꮢ sv
Ꮣ da Ꮤ ta	Ꮥ de Ꮦ te	Ꮧ di Ꮨ ti	Ꮩ do	Ꮪ du	Ꮫ dv
Ꮬ dla Ꮭ tla	Ꮮ tle	Ꮯ tli	Ꮰ tlo	Ꮱ tlu	Ꮲ tlv
Ꮳ tsa	Ꮴ tse	Ꮵ tsi	Ꮶ tso	Ꮷ tsu	Ꮸ tsv
Ꮹ wa	Ꮺ we	Ꮻ wi	Ꮼ wo	Ꮽ wu	Ꮾ wv
Ꮿ ya	Ᏸ ye	Ᏹ yi	Ᏺ yo	Ᏻ yu	Ᏼ yv

Sounds represented by Vowels

a, as a in father, or short as a in rival
e, as a in hate, or short as e in met
i, as i in pique, or short as i in pit
o, as aw in law, or short as o in not.
u, as oo in fool, or short as u in pull.
v, as u in but, nasalized.

Consonant Sounds

g nearly as in English, but approaching to k. – d nearly as in English but approaching to t. – h.k.l.m.n.q.s.t.w.y. as in English. Syllables beginning with g. except S have sometimes the power of k.A.S.G. are sometimes sounded to, tu, tv. and Syllables written with tl except L sometimes vary to dl.

37 Mitte links McIntosh, Häuptling der Creek McIntosh war der Kriegshäuptling der Creek, der sich vor allem in den Schlachten von Atasi (1813) und am Horseshoe Bend (1814) hervortat. Die Engländer hatten McIntosh's Stamm diesen Namen gegeben, da die Creek ihre Dörfer an waldigen Bächen und Flüssen errichteten. Die Creek waren ein großer Stamm, der sich aus vielen kleineren zusammensetzte, die jedoch alle ähnliche Bräuche hatten. Die Creek wie auch die Cherokee, Choctaw, Chicasaw und Seminolen gehörten zu den fünf „zivilisierten Stämmen", da sie sich eher anzupassen schienen als die anderen indianischen Stämme. Gegen Ende des „Creek War" verstärkte sich der Druck auf McIntosh und so willigte dieser einer Umsiedlung und Gebietsabtretungen in Georgia durch den Vertrag von „Indian Springs" am 12. Februar 1825 zu. Aufgebracht schickten die Creek eine Gruppe los, die McIntosh exekutieren sollte. Am 1. Mai 1825 wurde McIntosh wegen der Unterzeichnung dieses Vertrages umgebracht. Dieses Porträt von McIntosh malte Charles Bird King wahrscheinlich 1825 während dessen Aufenthaltes in Washington zur Unterzeichnung des Vertrages von „Indian Springs".

37 unten Me-Na-Wa, Krieger der Creek McKenney nannte Menawa den „RobRoy" des südlichen Grenzlandes. Er wurde 1814 in der Schlacht am „Horseshoe Bend" sieben Mal verwundet und kämpfte trotzdem weiter, bis er zusammenbrach. Nur 70 der insgesamt 1000 Krieger überlebten diese Schlacht. Durch die Frage der Umsiedlung wurde das Volk der Creek gespalten. Menawa erhielt den Auftrag, McIntosh nach dessen Unterzeichnung des Vertrages von „Indian Springs" zu töten. Menawa reiste 1826 wegen eines Vertrages nach Washington und wurde dort von McKenney überredet, Porträt zu sitzen. Während der Seminolen Kriege entschied sich Menawa dazu, sich auf die Seite der Weißen zu stellen. Metawa versuchte während der Seminolen-Kriege zwischen den Parteien zu vermitteln; als dies aber fehlschlug, kämpfte er auf Seiten der U. S. Armee gegen die Seminolen. Als die kriegerischen Auseinandersetzungen beendet waren, kehrte Menawa nach Hause zurück und fand dort sein Land besetzt. Ihm blieb keine andere Wahl, als seiner Familie in den Westen zu folgen.

verschärfte die ohnehin schlechte Situation für die „fünf zivilisierten Nationen“ im Süden. Jeder Stamm handhabte die bevorstehende Umsiedlung auf eigene Art und Weise und versuchte so lange wie möglich Widerstand zu leisten. Die Ersten, die zur Umsiedlung gezwungen wurden, waren die Choctaw nach der Unterzeichnung des „Dancing Rabbit Creek“-Vertrags im Jahr 1830. 1833 zogen die Choctaw während eines winterlichen Schneesturmes, barfuß und ohne genügend Decken und Verpflegung aus Mississippi ab. 1834 lebten bereits 12 800 Choctaw in der Reservation im heutigen Bundesstaat Oklahoma. Danach kamen die Creek aus Alabama an die Reihe: Obwohl sie gegen die Landbesetzungen der Siedler und die gegen sie gerichtete Gesetzgebung in Alabama protestierten, verschlechterten sich die Lebensbedingungen so sehr, dass sie gezwungen waren, einen Vertrag am 24. März 1832 zu unterzeichnen. Die Regierung sicherte ihnen zu, ihr Land vor weißen Übergriffen zu schützen, hielt sich jedoch nicht an ihr Versprechen und so wurden sie um den größten Teil ihres Eigentums betrogen. Aus Ärger über die Eindringlinge brachen im Frühjahr 1836 Kämpfe mit den U.S. Truppen aus, aber der Widerstand war schon nach kurzer Zeit gebrochen. Die Creek wurden daraufhin im Jahr 1836 umgesiedelt, 2500 von ihnen lagen in Ketten, da sie „feindlich gesinnt“ waren. Auf dem Weg in die Reservation kenterte ein überladenes Dampfschiff, 300 Creek kamen ums Leben. Insgesamt wurden 14 609 Creek in Indianerreservationen angesiedelt. Im Gegensatz zu den Creek und Choctaw war es den in Arkansas und Mississippi lebenden Chickasaw wegen ihrer geringen Zahl nicht möglich, einen wirksamen Widerstand zu bilden. Sie unterzeichneten am 20. Oktober 1832 einen Vertrag und wurden daraufhin 1837 ohne Aufsehen zu erregen in ihrer neuen Heimat angesiedelt. Die Cherokee waren jedoch nicht bereit sich ohne Protest umsiedeln zu lassen. Sie bestanden darauf, in ihrem angestammten Land bleiben zu dürfen, zumal sie das Gesetz auf ihrer Seite sahen. Als sich die Bedingungen verschlechterten, entschloss sich eine kleine Gruppe von Cherokee unter Führung von Major John Ridge den Vertrag von New Echota am 29. Dezember 1835 zu unterzeichnen und damit die Zustimmung zur Emigration des ganzen Stammes und zur Abtretung aller Landansprüche östlich des Mississippi zu erteilen. Der amerikanische Senat ratifizierte diesen Vertrag mit einer Stimme Mehrheit, obwohl er wusste, dass die überwiegende Mehrheit der Cherokee diesem Vertrag nicht zustimmend gegenüberstand. Ein Großteil des Stammes unter Führung von John Ross weigerte sich trotz des Vertrages aufzugeben oder umgesiedelt zu werden. Sie hatten von Tod und Leid anderer Indianer auf dem Weg in deren Reservationen erfahren und so waren sie vor den obersten Gerichtshof gegangen. Dort trat der Staat der Cherokee gegen den Staat Georgia an und überraschenderweise gingen die Cherokee als Sieger hervor: Richter John Marshall bestätigte ihren souveränen Status und ihr „Recht, in dem Land zu bleiben, auf dem sie jetzt lebten.“ Aber Präsident Jackson hatte andere Pläne mit den Cherokee. Jackson widersetzte sich angeblich mit folgendem Statement Marshall's Urteil und besiegelte damit das Schicksal der Cherokee: „Mr. Marshall hat dieses Urteil getroffen, nun lasst ihn für dessen Einhaltung sorgen!“

Im Mai 1838, am Ende der Frist des Vertrages von New Echota waren nur 2000 Cherokee in den Westen gezogen, 15 000 waren dagegen im Süden geblieben. Unter Präsident Van Buren's Befehl umzingelte die Armee die Cherokee und brachte sie in Straflager, behandelte sie dort oft wie Vieh und verschleppte sie schließlich, ohne ihnen Zeit zu geben, ihre Habseligkeiten zusammenzupacken. Sobald die Armee die Indianer weggebracht hatte, verbrannten schadenfrohe weiße Siedler ihre Häuser und Felder. General John Ellis Wool, der an dieser Aktion teilgenommen hatte, beschrieb dies folgendermaßen: „Seit ich in diesem Land bin, ist dies die traurigste Szenerie, die ich gesehen habe...Ich würde morgen jeden Indianer außer Reichweite der Weißen bringen, die wie Geier darauf warten, sich auf ihre Beute zu stürzen und ihnen alles zu nehmen, was sie besitzen...“ Während des heißen Sommers brachen in den

38 „Trail of Tears“, Gemälde von Robert Lindneux *Dieses Bild entstand im 20. Jahrhundert und soll einen Eindruck über das Leid und die Härte der Umsiedlung der Cherokee vermitteln. Es gehört zu den wenigen bildlichen Darstellungen über dieses Ereignis.*

38-39 Karte über die Umsiedlung der Indianer *Nach dem Landkauf Louisianas 1803 von den Franzosen, vertrat Präsident Thomas Jefferson die Meinung, dass die auf der Ostseite des Mississippi lebenden Indianer auf die Westseite des Mississippi ziehen sollten; dadurch sollte ihnen Zeit gegeben werden, sich anzupassen und gleichzeitig Platz für die landhungrigen euro-amerikanischen Bauern geschaffen werden. Unter der Regierungszeit von James Madison und James Monroe wurden die Häuptlinge der Stämme dazu ermutigt, in den Westen zu ziehen. Aber nur wenige waren daran interessiert ihre alten Gebiete aufzugeben und in die nicht vertrauten, unsicheren Gebiete im Westen zu ziehen. Die wenigen Gruppen, die sich zu einer Umsiedlung in den Westen entschlossen hatten, hatten außerdem mit bereits im Westen ansässigen Stämmen Ärger gehabt. 1830 trat jedoch der „Indian Removal Act“ in Kraft. Das bedeutete, dass die Indianer keine andere Wahl mehr hatten und zwangsweise umgesiedelt werden würden. Die Stämme, die in New York, Ohio, Indiana, Illinois und Michigan lebten, sollten westlich des Lake Michigan und im Norden von Illinois angesiedelt werden. Die im Süden lebenden Indianer sollten westlich des Mississippi eine neue Heimat finden. Die massiven Umbrüche im Leben der Indianer durch den „Indian Removal Act“ sind auf dieser Karte festgehalten.*

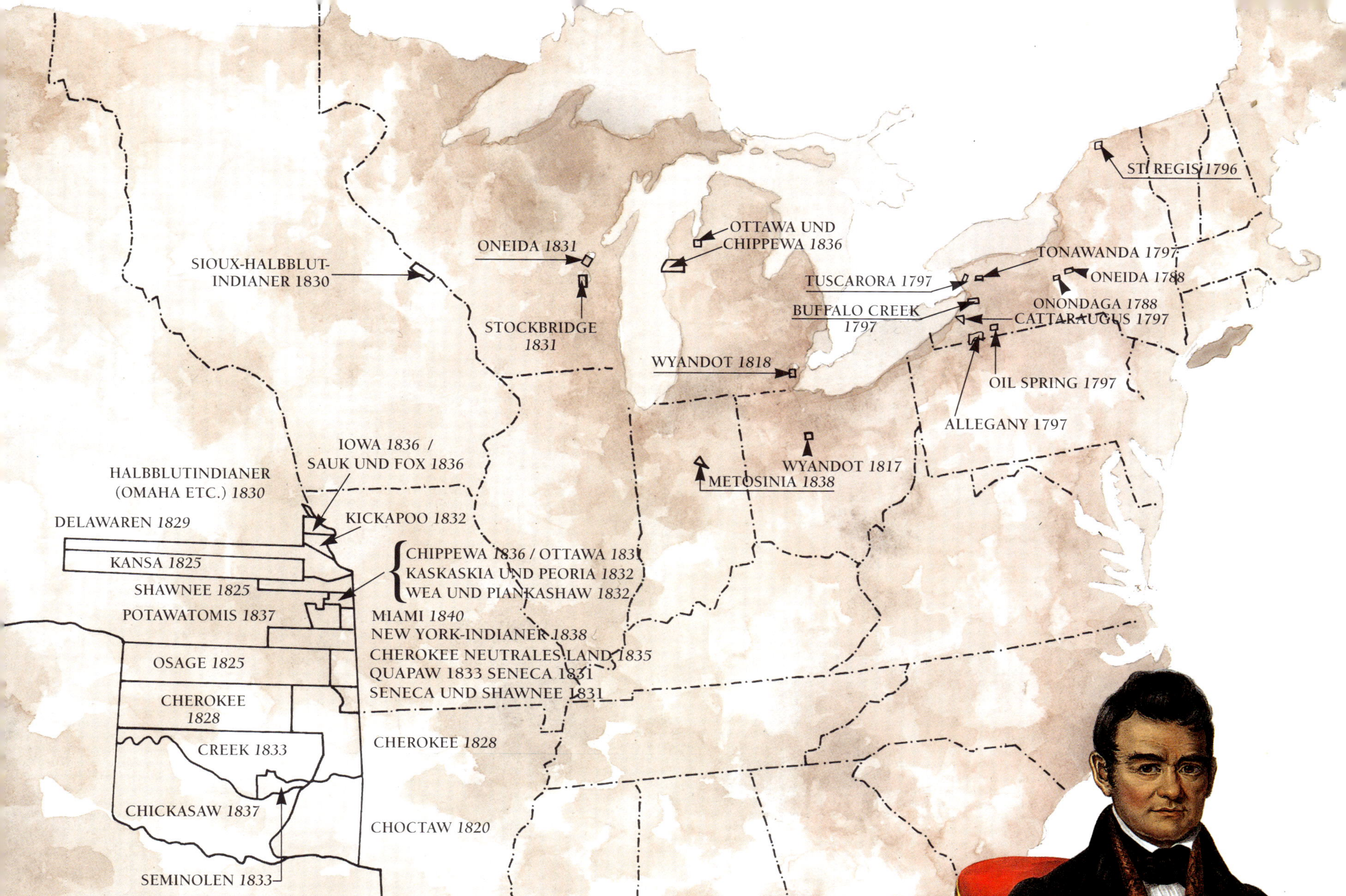

39 oben John Ross, Häuptling der Cherokee *John Ross war ein wortgewandter Redner und brillanter Führer der Cherokee im Widerstand gegen die Umsiedlung. Er wurde 1790 am Cosa in Georgia als Sohn eines schottischen Vaters und einer Halb-Schottin und Halb-Cherokee geboren. 1809 besuchte Ross die Cherokee in Arkansas und sah erstmals den Westen, in den die Weißen die Indianer unbedingt umsiedeln wollten. 1813 heiratete er Quatie, eine fast Vollblut-Cherokee, und gründete Ross-Landing im heutigen Chattanooga (Tennessee). Ross half eine republikanische Regierungsform unter den Cherokee zu schaffen und zog in deren Hauptstadt New Echota in Georgia. Die Entdeckung von Gold auf indianischem Boden machte die Bedeutung der Gesetze und des Obersten Gerichtshofs zunichte. 1838 wurden die Cherokee gezwungen, auf dem „Trail of Tears" in den Westen umzusiedeln. Ross' Frau starb unterwegs. Obwohl er nicht in die Morde an John Ridge, dessen Sohn und Elias Boudinot verwickelt war, verurteilte Ross diese aber auch nicht. 1839 wurde John Ross zum Hauptführer der Cherokee gewählt. Während des Bürgerkriegs unterstützte er die Konföderierten; er starb am 1. August 1866 in Washington D. C. Dieses Porträt von Charles Bird King zeigt John Ross als angepassten Indianer, der sich europäisch kleidete.*

39 unten Major Ridge, Häuptling der Cherokee *Sein eigentlicher Name war Nun-na-dihi oder „He Who Slays the Enemy in the Path". Er wurde 1771 im heutigen Staat Tennessee geboren. Schon als Jugendlicher kämpfte er gegen die weißen Siedler, die über die Berge gekommen waren, bis 1793 ein Vertrag mit den Cherokee in Philadelphia unterzeichnet wurde. Von diesem Zeitpunkt an war er besessen von der Idee, seine Leute zur Anpassung der Euro-amerikanischen Lebensweise zu führen. Er ließ Straßen bauen und wurde ein wichtiges Mitglied im Stammesrat. Als der tyrannische Doublehead wichtig zu werden drohte, wurde Ridge beauftragt, diesen zu ermorden, was er auch tat. Ridge war über lange Zeit hinweg gegen die Umsiedlung, gab jedoch aus Angst vor der völligen Vernichtung seines Stammes dem ungeheuren Druck nach. 1835 unterzeichnete er den Vertrag von New Echota, durch den die Gebiete der Cherokee verkauft wurden gegen Gebiete im Westen. Nachdem Ridge seine Leute in indianisches Territorium umgesiedelt hatte, wurden er, sein Sohn und Elias, der Herausgeber der Zeitschrift „Phoenix" in Cherokee Sprache, 1839 von einer Gruppe von John Ross' Anhängern umgebracht. Charles Bird King malte 1835 dieses Porträt von John Ridge in europäischer Kleidung, aus dem in keinster Weise hervorgeht, dass es sich um einen Indianer handelt.*

schlecht versorgten Lagern Ruhr, Masern und Keuchhusten aus, 2000 Cherokee starben. Da die Armee die Umsiedlung schlecht organisiert durchführte, verhandelte John Ross, der Führer der Cherokee, mit dem General Winfield Scott, um die Erlaubnis zur selbstständigen Umsiedlung der Cherokee zu erhalten. Als Ergebnis dieser Verhandlungen machten sich 15 000 Cherokee auf den Weg, um das 1200 Meilen westwärts gelegene indianische Gebiet zu erreichen: Auf dieser Wanderung, dem „Trail of Tears" (Weg der Tränen) kamen zwischen 1838 und 1839 weitere 2000 Indianer ums Leben, die notdürftig entlang des Weges begraben wurden. Am Ende waren schließlich 4000 Tote zu beklagen, was einem Viertel der Cherokee entsprach.

Der letzte Stamm, der umgesiedelt werden sollte, war der der Seminolen. Diese kämpften jedoch sieben Jahre lang so unerbittlich gegen die Armee, dass ihre Umsiedlung niemals vollständig durchgeführt werden konnte. Die Seminolen fochten unter anderem deswegen so entschlossen, weil ihr Stamm eine Mischung aus Creek Indianern und entflohenen afrikanisch-amerikanischen Sklaven war, die in den Sümpfen Floridas bei den Seminolen Unterschlupf gefunden hatten. Die Sklaven heirateten ein und wurden zu angesehenen Stammesmitgliedern. Es bestand für sie die Gefahr, dass sie im Fall ihrer Gefangennahme wieder in die Sklaverei zurück mussten, obwohl die Regierung abstritt, dass sie im Zuge der Umsiedlung wieder zu ihren ehemaligen Herren gebracht würden. Um die verlorenen Sklaven wieder einzusammeln, wurde ein heimtückischer Vertrag aufgesetzt, in dem suggeriert wurde, die Seminolen wünschten in den Westen zu ziehen. Einige Führer, die allerdings nicht den gesamten Stamm repräsentierten, unterschrieben den Vertrag auch. Als die Regierung versuchte, die Umsiedlung zu erzwingen, brach ein Guerillakrieg aus.

Prominenter Führer des Widerstandes wurde der Seminole Osceola. Er führte einen brillanten Feldzug gegen die Weißen, wurde aber gefangen genommen und starb 1838 in Gefangenschaft; der Krieg aber dauerte an. Viele Seminolen gingen 1841 in Indianerreservationen, andere versteckten sich in den Sümpfen und kämpften weiter. Bis 1858

***40 oben rechts* Der Seminole Foke-Luste-Hajo** *Da die U. S. Regierung unbedingt wollte, dass die Seminolen den Vertrag von „Payne's Landing" unterzeichneten, ermöglichten sie es sieben Häuptlingen, das westliche Gebiet zu begutachten, das die Regierung für sie ausgesucht hatte. Foke-Luste-Hajo gehörte zu den sieben, die den Vertrag unterzeichneten. Präsident Jackson sandte einen Brief, der während der Vertragsverhandlungen verlesen wurde: „Auch wenn ihr das Recht hättet zu bleiben, was hält euch noch dort zu leben, wo ihr jetzt seid? Ihr habt euer ganzes Land verkauft. Euch gehört nicht ein einziges, handtuchgroßes Stückchen Land, auf das ihr euch setzen könntet...." Da Foke-Luste-Hajo die Umsiedlung befürwortete, setzten andere Stammesangehörige ein Kopfgeld auf ihn aus. Während der Seminolenkriege suchte Foke-Luste-Hajo deshalb Schutz bei der U. S. Armee in Fort Brooke. Dieses Porträt malte Charles King 1826.*

***40 oben links* Chittee Yoholo, ein Häuptling der Seminolen** *Chitte Yoholo, ein bedeutender Häuptling während der Kriege, war gegen die Umsiedlung. Er leitete den Angriff auf die leichte Kavallerie und deren Hilfstruppen vom Stamm der Creek in den frühen Morgenstunden des 29. März 1836 und tötete dabei alle bis auf den letzten Mann. Zu guter Letzt musste er sich jedoch bei St. Augustine ergeben. Als die Regierung im Sommer 1842 erklärte, dass der Seminolen-Krieg nun beendet sei, hatte sie 20 Millionen $ für die Unterwerfung der Seminolen ausgegeben und 1500 Mann dabei verloren. Viele der Seminolen blieben trotzdem in Florida; Chittee Yoholo zog jedoch in den Westen. Auf diesem Druck nach einer Vorlage von Charles Bird King aus dem Jahr 1826 trägt Chittee Yoholo einen Jagdumhang, ein weißes Hemd mit hohem Kragen und Krawatte und eine eindrucksvolle, aus fünf silbernen Broschen und einer Silbermedaille bestehende Kette.*

***40 unten* Indianer vom Stamm der Seminolen greifen eine Blockhütte an, Gemälde von 1840** *Fort Brooke wurde 1824 in der Bucht von Tampa errichtet und diente als wichtiger Stützpunkt für die U. S. Armee während der Seminolenkriege. Der erste Seminolenkrieg dauerte von 1816 bis 1821, der zweite von 1835 bis 1842 und der dritte von 1856 bis 1858. Die blutigsten Auseinandersetzungen fanden während des zweiten statt, in dem die Seminolen erbitterten Widerstand gegen ihre Umsiedelung leisteten. Fort Brooke war eines der drei in Florida befindlichen Forts (neben Fort Scott und Fort Clinch), das den Nachschub während des zweiten Seminolenkrieges für die Truppen sichern sollte.*

41 Osceola, ein Häuptling der Seminolen *Osceola beschwor sein Volk, sich den Euro-Amerikanern zu widersetzen und niemals ihr Land aufzugeben. Er wurde 1803 nahe der Grenze von Alabama und Georgia geboren; obwohl viele Quellen behaupten, er sei nur ein Halb-Seminole, behauptete er immer, er sei ein Vollblut-Seminole. Um 1815 zog er mit seiner Mutter nach Florida und kämpfte dort während des ersten Seminolenkrieges (1817–1818) gegen General Andrew Jackson. Am 9. Mai 1832 signierte eine Gruppe von Seminolen den Vertrag von „Payne's Landing" und verpflichtete sich damit ihr Gebiet aufzugeben und innerhalb von drei Jahren in die westlichen Territorien zu ziehen. Alle Seminolen mit afrikanischem Blut sollten laut dieses Vertrages als weggelaufene Sklaven behandelt werden. Osceola entwickelte sich bald zum erbitterten Gegner der Umsiedlungspolitik und schwor, dass er die Seminolen umbringen würde, die sein Volk verkauften. Im April 1835 bereitete sich eine Gruppe Seminolen vor, in den Westen zu ziehen, wohingegen Osceola sich auf einen Kampf vorbereitete, von Stamm zu Stamm reiste und seine Leute dazu drängte, Widerstand zu leisten. Wiley Thompson, mit der Lösung dieser indianischen Angelegenheit beauftragt, zwang im Gegenzug viele Führer der Seminolen dazu, einen neuen Vertrag in Fort King zu unterzeichnen, einschließlich Osceola, den er dazu eigens gefangen nahm, der jedoch in die Wildnis entfliehen konnte. Im November brachten Osceolas Leute Charley Amathla, einen Führer der Seminolen um, da dieser in den Westen ziehen wollte. Für seine Unterstützung der Weißen hatte er Geld erhalten, das sie nach seiner Ermordung über ihm ausschütteten. Am 28. Dezember 1835 brachte eine Gruppe Seminolen im „Dade Massacre" über 100 Soldaten um, währenddessen Osceola mit einer kleinen Gruppe Wiley Thompson auflauerte und diesen mit seinen sechs Begleitern tötete. Zwei Jahre lang organisierte Osceola einen Guerilla Krieg gegen vier nacheinander stationierte Generäle der Armee. Erst als General Thomas Jesup mit 8000 Mann anrückte und ebenfalls eine Guerilla-Taktik anwendete, wandte sich das Blatt gegen die Seminolen. Aber auch Jesup gelang es nicht, den gewieften Osceola zu schlagen oder gefangen zu nehmen. Erst als Osceola verraten wurde, konnte er gefasst werden: Im Oktober 1837 stimmte Osceola zu, unter der Friedensfahne an Friedensverhandlungen in St. Augustine teilzunehmen. Als er ankam, befahl Jesup Osceolas Festnahme und die seiner Leute; ihm wurde ein Schlag auf den Kopf versetzt, anschließend wurde er in Ketten gelegt. Sie wurden nach Fort Moultrie in Süd-Carolina überführt, wo er seine Kriegsbemalung auflegte und sich auf seinen Tod vorbereitete, der am 30. Januar 1838 eintrat. Die sterblichen Überreste von Osceola wurden im Medizin-Museum des Forts aufbewahrt, bis dieses durch ein Feuer zerstört wurde. Dieses Bild Osceolas stammt von einem unbekannten Künstler. Es gehört zu den wenigen Darstellungen in voller Körpergröße in McKenneys und Halls Mappe über die verschiedenen Indianerstämme. Es zeigt Osceola in einem Jagdgewand mit einer gewebten Schärpe und roten Beinlingen. Drei Spangen hängen an einer Kette um seinen Hals. Im Hintergrund sind Tipis abgebildet, obwohl keiner der im Süden lebenden Stämme in Tipis lebte. Auch Catlin malte 1838 ein wunderschönes Bild von Osceola, nur wenige Tage vor dessen Tod.*

42 oben Old Bear, ein Medizinmann, 1832 *Catlin bekam Probleme mit Mahtoheba, dem Medizinmann der Mandan, als er einige Mandan malen wollte. Mahtoheba erzählte seinen Leuten, dass alle, die sich malen lassen würden, in Kürze sterben würden. Daraufhin nahmen die meisten Mandan Abstand davon, sich malen zu lassen. Catlin war gezwungen, schnell zu handeln. Er erzählte Mahtoheba, dass er den Medizinmann seit Tagen beobachtet habe und dass ihm seine Erscheinung sehr gut gefalle. Catlin erzählte Mahtoheba, dass die Porträts, die er bisher angefertigt hatte nur Studien seien, damit er Old Bear richtig treffen würde. Die Schmeichelei des Künstlers verfehlte ihre Wirkung nicht. Mahtoheba setzte sich nieder und beide rauchten eine Zeremonienpfeife. Danach verschwand der Medizinmann, um sich für das Porträt herzurichten. Nach einigen Stunden tauchte Mahtoheba wieder auf, „bemalt und beschmiert mit Bärenfett und Holzkohle in den verschiedensten Farben, mit Medizin-Pfeifen in seinen Händen und Fuchsschwänzen, die an seinen Füßen befestigt waren... Er nahm eine Position in der Mitte des Raumes ein, schwang seine Adlerfedern, sang seine Medizinmann-Lieder... und schaute mir fest in die Augen, bis ich das Bild fertig gestellt hatte“, erinnerte sich Catlin. Später unterstützte Mahtoheba Catlin, wo immer er konnte.*

42 unten Schneeschuh-Tanz nach dem ersten Schneefall, 1835-1837 *Mit den Sioux traf Catlin auch Angehörige der Ojibway (oder Chippewa). Die Ojibway zelebrierten diesen Tanz, um „dem „Großen Geist" für die Wiederkehr des Schnees zu danken. Auf Schneeschuhen können sie jetzt wieder der geliebten Jagd, „dem Spiel Nahrungssuche nachgehen". Catlin konnte diesen Tanz nie wirklich beobachten; vielleicht haben die Ojibway diese Szene nur für ihn nachgestellt oder er hat sie an Hand von Beschreibungen angefertigt.*

42-43 Ojibway umschiffen die Fälle von St. Anthony *Die Fälle von St. Anthony liegen an den heutigen Grenzen von Minneapolis und Minnesota entlang des Mississippi.*

fochten Truppen der Armee gegen die Seminolen, konnten aber niemals den Krieg gewinnen. Und so leben die Seminolen heute noch in Florida. Black Hawks Krieg und die Beseitigung der Indianer aus dem Süden sind Beispiele dafür, wie entschlossen die Euro-Amerikaner um 1830 waren, die Indianer zu vertreiben und damit Land zu gewinnen. Viele der Stämme, die sie umsiedelten, standen kurz davor sich anzupassen und eine Nische in der euro-amerikanischen Kultur zu finden, aber Habsucht und Rassismus der frühen Siedler brachte die Regierung dazu, die Umsiedlung zu unterstützen. Diese Begebenheiten gehören zu den tragischsten der amerikanischen Geschichte, sind aber weitgehend in Vergessenheit geraten. Nicht etwa, weil die Ereignisse unbedeutend gewesen wären, sondern weil sich im 19. Jahrhundert ein weiterer Landraub mit noch schwerwiegenderen Konsequenzen und noch schrecklicheren Ereignissen für das indianische Volk ereignete. Als die Amerikaner zwischen 1840 und 1850 weiter in den Westen vordrangen, wurden die Indianer der Plains und in Kalifornien zur Zielscheibe der weißen Siedler. Zu den bekanntesten Auseinandersetzungen zählen die Schlacht am Little Big Horn im Jahr 1876, die Flucht der Nez Percé 1877 und der Widerstand der Apachen nach 1880. Es waren mehr Indianer davon betroffen, als in den 30er Jahren, die Ereignisse sind jüngeren Datums und spektakulär und deshalb auch heute noch in aller Munde.

Als die drei in diesem Buch vorgestellten Künstler im Westen unterwegs

44 Tel-Maz-Ha-Za, ein Creek, 1834 *Catlin malte dieses Porträt 1834 in Fort Gibson. Es gab viele Spannungen im Gebiet von Arkansas, da viele Indianer aus dem Osten in das traditionelle Jagdgebiet der Osage zogen. Die Creek errichteten ihre Hütten in der Nähe des Forts, um Schutz vor den Delaware und Osage zu erhalten, aber auch um sich einen Lebensunterhalt durch die Versorgung der Armee mit Fleisch und anderen Lebensmitteln zu verschaffen.*

waren und die Ureinwohner Amerikas trafen, machten der Krieg von Black Hawk und die Umsiedlung der Indianer gerade Schlagzeilen. Die Künstler malten berühmte Persönlichkeiten wie Black Hawk, Osceola, Keokuk, John Ross und andere, die Widerstand gegen ihre Abschiebung in die Reservationen leisteten oder sich auf die Seite der Weißen stellten. Während George Catlin den Westen bereiste, unterbrachen die Ereignisse um die Sauk und Fox teilweise seine Arbeit; ihm wurde dadurch bewusst, dass es nur eine Frage der Zeit war, bis die Indianer im Westen, die Sioux, Blackfeet, Comanchen, Mandan und wie sie alle hießen den Weißen im Weg sein würden. Als Karl Bodmer einen Winter mit den Mandan verbrachte, ahnte er, dass die Lebensweise, deren Zeuge er wurde, nicht mehr lange existieren würde. Im Nachhinein ist es erstaunlich, dass so wenige Euro-Amerikaner diesen Prozess erkannten und sich dessen annahmen. Zu diesem Zeitpunkt kümmerte sich Thomas L. McKenney am meisten um die Aufzeichnung der indianischen Kultur. Er war von Regierungsseite als Leiter für den Handel mit Indianern und später als Ausschussmitglied für indianische Angelegenheiten eingesetzt worden. McKenney benutzte die Besuche der offiziellen indianischen Delegationen bei der Regierung in Washington D. C. dazu, jeden Häuptling und Würdenträger malen zu lassen. Den größten Teil der Porträts fertigte der Maler Charles Bird King an. McKenney engagierte sich für das größte künstlerische, von der Regierung finanzierte Projekt in der damaligen Zeit, um die Bräuche und Bilder der Indianer der Nachwelt zu erhalten. Nach seiner Amtsniederlegung veröffentlichte er ein Buch mit Kings Indianer-Lithografien unter dem Titel „McKenney and Hall's History of the Indian Tribes of North America". Die Bedeutung dieses Buches über Geschichte und Lebensweise der nordamerikanischen Indianer kann man nicht hoch genug einschätzen. Kurz vor seiner Veröffentlichung wollte auch George Catlin, ein weiterer junger Künstler, die indianische Kultur in Form von Bildern für die Nachwelt festhalten. Beinahe parallel zu John James Audubons Vorhaben, das Leben der Vögel und anderer Tiere zu dokumentieren, kam in George Catlin der Wunsch auf, dasselbe für die Indianer zu tun. Catlin ging aber einen Schritt weiter als Charles Bird King, der die Indianer während

45 „Der sein Haar zusammenbindet", ein Crow, 1832 *Catlin malte dieses Bild während eines Besuches bei den Hidatsa. Ee-he-a-duck-chee-a war Häuptling seines Stammes. Er war 1,80 m groß und sein Haar reichte bis auf den Boden. Ee-he-a-duck-chee-a trägt eine Kette mit einer Friedensmedaille unbekannter Herkunft und Ohrringe. Sein Kopfschmuck aus Adlerfedern reicht bis fast auf den Boden und soll die große Anzahl herausragender Leistungen in den Kriegen symbolisieren. Sein Umhang aus Büffelleder ist mit persönlichen Symbolen bemalt, die seine Heldentaten darstellen, während seine Lanze, Schild und Bogen vor ihm aufgebaut sind.*

46 Iron Horn, ein Blackfeet, 1832 *Iron Horn trägt ein wunderschön verziertes Lederhemd mit Stachelschwein-Bändern und einer Brust-Passe. In seinem Haar stecken zwei Adler-Federn, Skalps sind an beiden Schultern angebracht. Seine persönliche Kriegsbemalung hat er um das Kinn herum aufgetragen.*

47 No Horns on His Head *Als die „Yellow Stone" im März 1832 am Damm von St. Louis ablegte, war auch „No Horns on His Head" mit an Bord. Er wollte wieder in seine Heimat zurückkehren, starb jedoch bald darauf an einer Krankheit. Es ist nicht bekannt, ob Catlin dieses Porträt in St. Louis oder in Fort Pierre malte.*

48-49 Grizzlybären greifen Indianer auf deren Pferden an *Diese Lithografie ist eine Variation verschiedener Bilder George Catlins. Die Klauen der Grizzlybären waren hochgeschätzte Trophäen bei indianischen Kriegern. Die Bären selbst standen als Symbole für Wildheit.*

ihrer Besuche in Washington porträtierte. Er wollte die Indianer in ihrer natürlichen Umgebung darstellen; und so malte er Szenen in 48 Stämmen, 310 Einzelporträts und 200 Bilder von der natürlichen Lebensweise der Indianer. Er zeigte seine Bilder während einer Reise in den Osten und gab damit den Euro-Amerikanern erstmals einen Einblick in das wirkliche Leben der Indianer der Plains. Er segelte nach Europa und führte dort eine „Wildwest Show" mit echten indianischen Tänzern auf, 35 Jahre vor Buffalo Bill.

Während Catlin 1832 den Missouri aufwärts reiste, traf Prinz Maximilian zu Wied Neuwied in Begleitung des schweizerischen Malers Karl Bodmer (1809–1893) in Boston ein. Maximilian hielt sich für einen ernsthaften Wissenschaftler und seine Reise sollte nach dem Vorbild der Reisen des von ihm bewunderten Alexander von Humboldt durchgeführt werden. Obwohl andere europäische Wissenschaftler, darunter Thomas Nuttal und der Fürst von Württemberg, bereits in den amerikanischen Westen gereist waren, wurde die Reise von Maximilian vor allem durch das Werk von Karl Bodmer zu einem bedeutenden Ereignis. Das Buch, das der Prinz nach der Reise veröffentlichte, beinhaltete zahlreiche wunderschöne Porträts; die Zeichnungen von der Lebensweise der Indianer eröffneten dem Betrachter einen ganz neuen Wissensstand. Das künstlerische Können, vor allem bei Bodmer, beeinflusste auch indianische Künstler, indem sie von da an perspektivisch malten.

George Catlins Untersuchungen der Steinbrüche von Minnesota, in denen die Indianer einen einzigartigen roten Stein für ihre Zeremonien-Pfeifen gewannen, machte diese Gegend bekannt; später wurde diese Gesteinsart nach ihm „Catlinit" (catlinite) genannt. Die von den drei Künstlern später betriebenen Werbekampagnen, Gemäldeausstellungen und Publikationen, die Lithografien und Holzschnitte enthielten, vermittelten einer breiten Öffentlichkeit eine Fülle von neuen Kenntnissen. Sie beeinflussten auch eine neue Künstlergeneration, beispielsweise Paul Kane und John Mix Stanley, die ihre Werke in deren Sinne fortsetzten, indem sie weitere Indianerstämme in ihrer Umgebung und jeweiligen Lebensweise abbildeten.

Bis 1840 hatten McKenney, Catlin und Bodmer ein neues Bewusstsein in Bezug auf die Indianer, ihre Bräuche und Gepflogenheiten geschaffen. Herausragende Leistungen vollbrachten alle drei vor allem in jüngeren Jahren, als sie noch voller Enthusiasmus an der Chronik der Indianer arbeiteten. Später entwickelten sie sich zu verbitterten, alten Männern.

Ironischerweise beschrieben Catlin, Bodmer und King bei ihrem Versuch, den einfachen Lebensstil der Indianer darzustellen, die Übergriffe und Veränderungen, die die Kultur der Weißen den Indianern brachte. Die Künstler zeigten auch die Schizophrenie der Amerikaner auf, die Hassliebe, die sie gegenüber den Ureinwohnern entwickelten. Auf der einen Seite waren sie fasziniert von den Indianern und strebten danach, so wie diese zu leben, auf der anderen Seite hielten sie diese für zu primitiv, um neben ihnen zu leben und verbannten sie deshalb in Reservationen und brachten ihnen Tod durch Krankheiten und Waffengewalt. Hätten Catlin, Bodmer und King nicht weitblickend gehandelt und Thomas McKenney seinen großen Einfluss nicht geltend gemacht, hätten wir heute weit weniger Kenntnisse über die Ureinwohner Amerikas und deren Kultur.

CHARLES BIRD KING UND THOMAS MCKENNEY: „PORTRÄTS FÜR DIE ANNALEN“

50 Selbstporträt von Charles Bird King
Dieses Selbstporträt von 1815 zeigt Charles Bird King in jungen Jahren. Er half zwischen 1820 und 1830 das Indianermuseum aufzubauen, das im Kriegsministerium untergebracht war. King hatte ein klassisches Kunststudium absolviert und war ein hochgeschätzter Künstler seiner Zeit. Der heutigen Zeit blieb sein Name vor allem durch die Indianerporträts in Erinnerung, obwohl nur wenige erhalten geblieben sind.

Im Frühjahr 1828 stellte ein Untersuchungskomitee des Kongresses Nachforschungen an, warum Thomas McKenney, Beauftragter für indianische Angelegenheiten, 3000 $ dafür verschwendet hatte, Porträts von Indianern anfertigen zu lassen, die Washington D. C. besucht hatten. Die ganze Bildersammlung, die innerhalb der letzten acht Jahre entstanden war, hing in seinem Büro im Kriegsministerium. Obwohl alle Gemälde dieser Häuptlinge und Krieger öffentlich zugänglich waren, hielt man sie dennoch für Beweise seiner Bestechlichkeit. Als diese Fakten durch die Presse veröffentlicht wurden, machte man McKenney öffentlich für diese Aktion lächerlich und beschuldigte ihn, Regierungsgelder veruntreut zu haben. Daraufhin sandte McKenney einen Antwortbrief an die lokale Zeitung, um sich zu rechtfertigen. Am 28. Mai 1828 schrieb McKenney folgenden Brief an die „Alexandria Gazette“: „Abgesehen von dem großen Projekt, in irgendeiner Form die Kultur dieser interessanten Menschen der Nachwelt zu erhalten, ist dies in erster Linie eine politische Angelegenheit. In vielen Belangen verhalten sich Indianer wie andere Menschen auch – sie sind genauso vernünftig wie wir z. B. in Bezug auf Respekt und Aufmerksamkeit... Sie spüren die Ablehnung ihrer Rasse und respektieren dies wiederum. Die Betrachtungsweise dieser Angelegenheit ist, so weit es mir bekannt ist, von höchstem Wert.“
Die Öffentlichkeit war jedoch davon nicht überzeugt und so wurde die Verwendung von öffentlichen Geldern zur Finanzierung von Indianer-Porträts, abgesehen von einigen Einzelfällen, eingestellt. Aus historischer Sicht bedeutete dies das Ende eines in höchstem Maße innovativen und bedeutenden Projektes, das eine offizielle Regierungsstelle jemals in Angriff genommen hatte. Zwei Männer hatten einen entscheidenden Beitrag für die Entstehung dieser über hundert Bilder zählenden Sammlung und damit einen historisch wertvollen Beitrag geleistet: Dies waren Thomas McKenney, Leiter des Amtes für indianische Angelegenheiten und der Künstler Charles Bird King. Letzterer war ein akademisch ausgebildeter, talentierter und hochgeschätzter Künstler seiner Zeit. Kings Leben war nicht allzu ereignisreich und so weiß man über ihn weniger als über die meisten seiner Zeitgenossen. Er hinterließ auch keinerlei autobiografisches Werk. Die wenigen informellen Dokumente seiner Zeitgenossen sind in dem 1834 erschienen Buch von William Dunlop „History of the Rise and Progress of the Arts of Design in the United States“ enthalten. Es beinhaltet Briefe von King und dessen Freunden, von denen die Briefe des berühmten amerikanischen Porträtisten Thomas Sully am bemerkenswertesten sind. In diesem Jahrhundert haben John C. Ewers und Andrew Cosentino die Puzzlesteine über Kings Leben wieder zusammengesetzt und eine Biografie darüber geschrieben. Aber auch Thomas McKenney ist für uns eine weitgehend unbekannte Persönlichkeit.
McKenney war Leiter des Handels mit den Indianern und später Minister für indianische Angelegenheiten; als Regierungsangehöriger formte er zwischen 1816 und 1830 fast 15 Jahre lang die Indianer-Politik. Zusätzlich leistete McKenney Pionierarbeit auf dem Sektor der Ethnologie in Amerika, sammelte viele kunsthandwerkliche Gegenstände der Indianer, kaufte Bücher über die Ureinwohner und gab Porträts von indianischen Delegationen in Auftrag. Es ist McKenneys Weitblick zu verdanken, dass die indianische Gemäldegalerie fertiggestellt wurde und dass der Ruhm Charles Bird Kings als Künstler über seine Zeit hinausging. Glücklicherweise hinterließ McKenney reichlich Korrespondenz, eine Autobiografie und ein Buch, das die indianischen Porträts dokumentiert, die auf seine Initiative hin entstanden sind.
Charles Bird King wurde am 26. September 1785 in Newport, Rhode Island geboren. King war einziges Kind von Captain Zebulon King und Deborah Bird. Nachdem Zebulon für seine Verdienste während des Unabhängigkeitskrieges mit einem Stück Land ausgezeichnet worden war, brach er 1789 allein nach Ohio auf, um dort einen landwirtschaftlichen Betrieb zu gründen. Zebulon war sich wie viele andere Amerikaner darüber im Klaren, dass das Land früher anderen gehört hatte und diese jetzt beiseite geschoben wor-

51 Black Hawk *Dieses wunderbare Porträt des Häuptlings der Sauk stammt aus dem Jahr 1837. Von Black Hawk wird berichtet, dass er gegen Ende seines Lebens meist in schäbigen europäischen Kleidern herumlief. Trotzdem stellte King ihn als stolzen Krieger in traditioneller Kleidung dar. Auf der Lithografie in McKenneys und Halls Buch ist Black Hawk als alter Mann in vollkommen anderer Haltung dargestellt. Wahrscheinlich ist dies das einzige Porträt von Black Hawk, auf dem er als energischer Führer dargestellt ist, der den sinnlosen Guerillakrieg zur Wiedererlangung der verloren Gebiete leitete. 1832 malte auch George Catlin Black Hawk.*

den waren, um Platz für die euro-amerikanischen Siedler zu machen. Die Indianerstämme der Ohio, Miami und Shawnee setzten sich gegen die Siedler zur Wehr. Zebulon wurde im April 1789 Opfer dieser Spannungen; er wurde während eines Kampfes in die Brust geschossen, mit dem Tomahawk getroffen und schließlich von den Indianern skalpiert.

Ironischerweise bedeutete sein Tod, weit weg von seiner Frau und seinem Sohn, den Anfang des Lebensweges des damals vier Jahre alten King. Durch Zebulons Tod erbte King mehr Geld, als er für den Rest seines Lebens brauchte. Später beerbte er noch die mütterliche Seite, so dass er in England studieren und sich als Erwachsener in Washington D. C. einen hohen Lebensstandard leisten konnte.

Kings erstes Interesse an Kunst mag von seinem Großvater, dem Kaufmann und Hobbykünstler Nathaniel Bird geweckt worden sein. Die Familie, die bedeutende amerikanische Künstler wie John Singleton Copley, Gilbert Stuart und Washington Allston unterstützte, übte auf Charles sicherlich entscheidenden Einfluss aus. Da schon bald sein künstlerisches Talent zu Tage trat, wurde Charles von 1800 bis 1805 nach New York City gesandt, wo er von Edward Savage, einem der berühmtesten Künstler der damaligen Zeit Unterricht erhielt. Nach dem Ende seiner Lehrzeit machte er sich 1806 nach England auf, wo er weiterführende künstlerische Erziehung erhalten sollte. In London wurde er von dem legendären Benjamin West unterrichtet, der 1760 selbst nach England gereist war, um sein künstlerisches Können zu verfeinern. West kehrte niemals wieder nach Amerika zurück, sondern wurde ein berühmter Künstler und stieg sogar in die Position des Präsidenten der Königlichen Akademie der Künste auf. Die reguläre Ausbildung an der Königlichen Akademie der Künste dauerte zehn Jahre; zur Aufnahmeprüfung musste eine Plastik oder ein Stillleben vorgelegt werden. Das Motiv konnte vom Studenten selbst ausgewählt werden und wurde von einer Jury nach dem ersten Ausbildungsjahr bewertet. Auf diesem Weg wurde wahrscheinlich auch King in die Akademie aufgenommen. Während seiner Studienzeit lebte King in vollkommener Askese. Er war ein sehr angenehmer und liebenswerter Genosse und fand viele Freunde, vor allem unter amerikanischen Kunststudenten, wie z. B. Thomas Sully, Washington Allston, Samuel F. B. Morse und Charles Robert Leslie. Charles Bird King blieb keine zehn Jahre in London, sondern kehrte bereits 1812, nach Ausbruch des Krieges zwischen Amerika und England, nach Amerika zurück. Nach einem kurzen Aufenthalt in Newport, eröffnete er ein Studio in Philadelphia. Amerikas berühmteste Künstler lebten dort und lernten King kennen. Zu Kings Freunden zählten Raphael und Rembrandt Wilson, zwei Söhne von Charles Peale Wilson, Thomas Birch und Bass Otis; sein engster Freund war Thomas Sully. Obwohl King während dieser Zeit wenig Aufträge erhielt, wurden seine in der Pennsylvania Academy ausgestellten Gemälde von Kritikern hoch gelobt.

1814 versuchte King Aufträge für Porträts in Richmond (Virginia) und Washington D. C. zu erhalten. Den Durchbruch schaffte King durch den in Baltimore lebenden Herausgeber, Buchhändler und Kunsthändler Joseph Delaplaine, der eine Publikations-Reihe unter dem Titel „Delaplaine's Repository of the Portraits and Lives of the Heroes, Philosophers and Statesmen of Amerika" herausgab. Jede Ausgabe dieser Reihe bestand aus sechs Kurzbiografien und sechs begleitenden Stichen mit Porträts von Amerikanern. Jeder Stich wurde anhand eines Originalbildes angefertigt, das Delaplaine in Auftrag gegeben hatte. Der Kunsthistoriker Andrew F. Cosentino vermutet, dass King zwischen 1815 und 1818 in Baltimore gelebt und dort große Aufträge für das Magazin erhalten hat. Aus dieser Zeit sind einige wunderschöne Bilder von King erhalten, darunter ein schönes Selbstporträt, ein Porträt des Juristen und Politikers William Pinckney, Gen. John Sticker und Charles Carroll of Carrollton, einem Unterzeichner der Unabhängigkeitserklärung.

King hatte einen sehr charakteristischen Porträt-Stil, bei dem die Menschen im Vordergrund standen und der Hintergrund mit nur wenigen Details und Objekten sehr einfach gehalten wurde, um eine perspektivi-

52 links No Tin (Wind), Ojibway
1974 entdeckte Bayard LeRoy King, ein Nachfahre eines Cousins von Charles Bird King, in seinen Unterlagen 16 Kreidezeichnungen von King. Er hatte diese als Vorstudien für 16 Porträts angefertigt. Bis auf zwei dieser Zeichnungen konnte geklärt werden, dass diese mit bekannten Porträts Kings oder mit Lithografien in McKenneys und Halls Buch übereinstimmen.

52 rechts Peechekir (Buffalo), Ojibway
Eine der heute noch existierenden 16 Kreideskizzen Kings. Auch eine von 1825 stammende Skizze von Marquis de Lafayette wurde in diesen Unterlagen gefunden. Alle diese Zeichnungen wurden auf grobes, graues Papier gezeichnet.

53 Mon-Chonsia, Häuptling der Kansa
Monchonsia, Häuptling des kleinen Stammes der Kansa, gehörte zu den 16 Mitgliedern der O'Fallon Delegation. Kriege mit den Sauk, Fox und Iowa hatten 1821 die Bevölkerung der Kansa bis auf 1500 zusammenschrumpfen lassen. Dieses Porträt von King betont in erster Linie den schönen Schmuck, den Turban und die Friedensmedaille. Später wurde Monchonsia sehr korpulent. Als Häuptling seines Stammes betrieb er später eine der U. S. Regierung freundlich gesonnene Politik.

sche Tiefe zu erhalten. Meisterhaft verstand es King, die Persönlichkeit seines Modells auf die Leinwand zu übertragen.
Seit 1818 lebte King permanent in Washington D. C., wo er sich ein Haus nach seinen Plänen an der Ecke 12th und F Street, nur drei Blöcke östlich des Weißen Hauses erbauen ließ. King war mittlerweile vielbeschäftigt, malte Porträts und erhielt eine Flut von Aufträgen, darunter auch Porträts von den damals berühmtesten Männern, Präsident James Monroe und Senator Daniel Webster. 1819 verstarb seine Mutter völlig unerwartet und hinterließ ihm viel Geld, mit dem er die nationale finanzielle Depression gut überstehen konnte. Zusätzlich investierte King in Immobilien in der Hauptstadt und vermehrte sein Kapital durch Mieteinnahmen. Diese Anlagen, zusammen mit den Einnahmen aus seinen Porträt-Aufträgen sicherten ihm für den Rest seines Lebens ein angenehmes Auskommen.
King entschied sich in Washington zu leben, einer „Stadt", die in völligem Kontrast zu seiner Heimatstadt Newport oder dem kultivierten Philadelphia stand. 1818 war Washington gerade 20 Jahre alt, auf den trockengelegten Sümpfen erbaut und als Sitz der Regierung ausgewählt worden. Nur wenige Einwohner lebten das ganze Jahr über in Washington, ein Großteil der Bevölkerung arbeitete in der Dienstleistungsbranche, im Hotelgewerbe, in Restaurants oder für die Regierung. Die großen öffentlichen Gebäude waren noch in Bau, das Haus des Präsidenten und das Kapitol wurden wieder errichtet, nachdem britische Truppen diese Gebäude während des Krieges von 1812 niedergebrannt hatten. Es gab keine gepflasterten Straßen und so blieben auch die Kutschen der Außenminister, Kongressabgeordneten und die des Präsidenten im Morast stecken, wenn es geregnet hatte. Die Einwohner verfluchten die Moskitos und ihre unzähligen Brutstätten in den nahegelegenen Sümpfen, während Schweine in den Abfällen, die die Menschen auf die Straße geworfen hatten, nach Essbarem suchten. Den Nachbargemeinden Georgetown und Alexandria war es überlassen, die neue Hauptstadt am Leben zu erhalten, mit Gütern und Handelsware zu beliefern und Unterstützungen in Form von Dienstleistungen zu gewähren.
Obwohl Washington weit davon entfernt war, ein Paradies zu sein, kamen doch viele wohlhabende und bedeutende Persönlichkeiten in die Stadt, wenn der Kongress tagte; Charles Bird King wurde im Lauf der Zeit zum festen Bestandteil dieser Stadt. King fertigte viele Porträts von berühmten und mächtigen Männern an, die nach Washington kamen. Außerdem entwarf King Stillleben, Genre- und Landschaftsmalerei. Darüber hinaus arbeitete er als Erfinder, Architekt, Gärtner und Kunstlehrer. King hatte weitreichende Beziehungen in der künstlerischen wie politischen Szene und wurde wegen seiner Standfestigkeit und seiner Herzlichkeit überall gerne gesehen. Er nahm jedoch an wenig Gesellschaften der

54 Shau-Hau-Napo-Tinia, ein Häuptling der Iowa *Shauhaunapotinia bedeutet „Der drei Sioux getötet hat"; genau das hatte er als junger Mann getan. Nachdem sein bester Freund von Sioux getötet und skalpiert worden war, schlich er sich in ein Lager der Sioux, tötete und skalpierte drei Feinde und erzählte diese Geschichte weiter. 1836 gehörte Shauhaunapotinia zu einer Delegation Iowa, die nach Washington reiste. Bei dieser Gelegenheit malte ihn Charles Bird King.*

55 Chon-Mon-I-Chase, ein Oto Halb-Häuptling *Die Oto hatten eine Kultur, die der Kultur der Iowa und der Missouri ähnelte. Zu Beginn des 19. Jahrhunderts dezimierten Krankheiten den Stamm in erheblichem Umfang, so dass sich die Oto 1812 mit den Missouri zusammentaten; trotzdem zählte ihr Stamm weniger als 800 Mitglieder. Deshalb zogen beide Stämme an den Platte in Nebraska, wo sie bei dem etwas größeren Stamm der Pawnee Schutz suchten. Die Oto lebten in Erdhäusern, entgegen der weit verbreiteten Darstellung der in Tipis lebenden Stämme der Plains. Sie hatten die verschiedensten Arten von Kopfbedeckungen, wie auf diesem Bild von Shaumonekusse zu sehen ist; sie bestanden nicht nur aus Adlerfedern. Seine waghalsigen Taten brachten ihm den Spitznamen „Ietan“ (Comanche) ein. Zehn Jahre, nachdem dieses Bild entstanden war, geriet Shaumonekusse wegen einiger Pferde mit seinem Bruder in Streit. Während der Rauferei biss ihm sein Bruder die Nasenspitze ab. Shaumonekusse schwor Rache und verfolgte seinen verängstigten Bruder bis in die Prärie, wo er ihn tötete.*

Künstler teil, da er nicht allzu gesellig war.
Obwohl King viel Erfolg mit seiner Porträtmalerei hatte und in der Gesellschaft von Washington anerkannt war, stellen seine Indianerbilder heute den bedeutendsten Teil seiner Arbeit dar. King war der erste Künstler, der von der Regierung der Vereinigten Staaten den offiziellen Auftrag erhielt, Bilder von Indianern zu malen. Der Beginn dieses Projektes war Ende 1821, als eine Delegation von Indianer-Häuptlingen aus dem oberen Missouri-Gebiet nach Washington kam, um mit der Regierung zu verhandeln. Der Hauptinitiator dieses Projekts war Thomas McKenney, der Leiter des Handels mit den Indianern.
McKenney wurde am 21. März 1785 in Somerset County in Maryland geboren. Er kam aus einer Großfamilie mit sechs Geschwistern und sieben Halbbrüdern und -schwestern. McKenneys Mutter starb als er zehn Jahre alt war; allerdings hatte sie ihn bis dahin schon stark durch die Glaubenssätze der Quäker beeinflusst. McKenney blieb sein Leben lang seiner Überzeugung, Kleidung und Haltung nach Quäker.
McKenney wuchs auf der Plantage Hopewell auf, wurde auf das College nach Washington geschickt, auf das die Reichen gingen, die an der Küste Marylands lebten. Eigentlich hatte er den Ehrgeiz Arzt zu werden, doch die „heiklen ärztlichen Auftritte veranlassten meinen Vater, dieses Vorhaben zu unterbinden", schrieb McKenney in seinen Memoiren. So wurde Thomas von seinem älteren Bruder mit in das florierende Handelshaus in Chestertown genommen. 1804, im Alter von gerade 18 Jahren war McKenney bereits voll verantwortlich für das Geschäft; das Leben eines wohlhabenden Kaufmanns lag vor ihm.
Thomas McKenneys Leben wurde durch den Tod seines Vaters plötzlich heftig erschüttert, da dieser kein Testament, aber einen großen Schuldenberg hinterließ. Alles, was übrig blieb, einschließlich der Plantage, gab er seiner Stiefmutter und seinen minderjährigen Halbbrüdern und -schwestern für deren weiteren Unterhalt. Er zog nach Georgetown an die Ostküste und beteiligte sich dort an der Handelsfirma seines Schwagers Samuel Osborne.
Entgegen den religiösen Überzeugungen eines Quäkers, diente er im Krieg von 1812 als Adjutant und arbeitete sich bis zum Rang eines Majors hoch. Der Militärdienst verschaffte McKenney viele Kontakte zu prominenten Persönlichkeiten, darunter auch Präsident James Madison. Nach dem Krieg hatte McKenney jedoch große Probleme sich wieder im Zivilleben zurechtzufinden.

56 Eine Ojibway mit Kind *James Otto Lewis, Mitglied des Rates von Fond du Lac, malte einige zum Stamm der Ojibway gehörende Frauen, die Charles Bird King später kopierte. Diese erschienen als Lithografien in „The Indian Tribes of North America". Auf diesem Bild ist eine typische Rückentrage zu sehen, auf die die Kinder gewickelt wurden, damit die Frauen ihrer täglichen Arbeit nachgehen konnten und trotzdem ihre Kinder immer wohl aufbewahrt wussten. Das Wort Squaw lässt sich vom Wort der Algonkin für Frau herleiten und wurde von den Narragansett gebraucht, die Roger Williams um 1600 studierte. Die Weißen verwendeten dieses Wort auf sehr abfällige Weise, so dass diese Bezeichnung heute als Beleidigung für eine Indianerin gilt.*

57 Tshusick, eine Ojibway *Thomas McKenney erzählt uns die Geschichte der Hochstaplerin Tshusick, die nicht nur ihre Fähigkeiten als Hochstaplerin, sondern auch ein hohes Maß an Angepasstheit an die euro-amerikanische Kultur demonstrierte. Tshusick kam Ende 1820 in einer bitterkalten Nacht in Washington an. Dort wurde sie in das Haus von McKenney gebracht. Sie erzählte McKenney, dass ihr Mann kürzlich gestorben sei und dass sie von Michigan bis nach Washington gelaufen sei, unterwegs um Nahrung gebettelt und in den Wäldern geschlafen habe. Sie behauptete im Haushalt von Lewis Cass, des Gouverneurs von Michigan, gearbeitet zu haben. Sie erzählte Details über Louisa Adams, die Schwester der „First Lady", die mit George Boyd, dem Leiter für indianische Angelegenheiten in Mackinac, verheiratet war. Tshusick wusste alles über das Leben in Mackinac und so wurde sie in das Weiße Haus eingeladen, wo sie ihren ganzen Charme ausspielte und auch Präsident Adams und dessen Frau beeindruckte, die neugierig war, wie es ihrer Schwester im Grenzgebiet erging. Tshusick sprach fließend Englisch, Französisch und Ojibway und war ein gern gesehener Gast der Washingtoner Gesellschaft. Eines Tages erzählte McKenney, dass er einen Brief über ihre Tugenden an Lewis Cass geschrieben habe. Daraufhin behauptete Tshusick, sie müsse jetzt wieder nach Mackinac zurückkehren. Sie wurde von der Washingtoner Gesellschaft mit Geschenken überhäuft, einschließlich eines prall gefüllten Geldgürtels. Sie verabschiedete sich und wurde nie wieder gesehen. Gouverneur Cass schrieb, dass Tshusick die Frau eines Franzosen sei, der in der Küche der Boyds arbeite, dass sie davongelaufen sei und nun als Hochstaplerin von Stadt zu Stadt ziehe und überall die gleiche Show wie in Washington aufführe. McKenney nannte ihren Auftritt in Washington ein „Meisterstück eines waghalsigen und erfolgreichen Unternehmens, das sich gut mit den Meisterleistungen der fähigsten Hochstapler der modernen Zeiten vergleichen lässt." Tshusick saß 1827 mit einer Rose in der Hand bei King Porträt, gekleidet in ein wunderschönes, mit Bändern und Paspeln verziertes indianisches Gewand.*

58 Pow-A-Sheek, ein Häuptling der Fox *Neben Keokuk und Wapella war Powasheek einer der einflussreichsten Häuptlinge seines Stammes. Thomas McKenney erzählte, Powasheek sei ein „wagemutiger Krieger, der eine beeindruckende Rede vor einem Rat halten konnte, ein kluger und fähiger Mann" gewesen. Powasheek besuchte Washington 1833 und 1837 als Abgeordneter der Sauk und Fox, wo er von George Cooke gemalt wurde. 1836 traf er den Mormonenführer John Smith in Nauvoo, Illinois, trat jedoch nicht zu dessen Glauben über. Seinen letzten Vertrag unterzeichnete Powasheek 1842; noch in diesem Jahr starb er im Alter von gerade 30 Jahren.*

Dies änderte sich 1816, als ihm Präsident Madison eine Stelle als Leiter des Handels mit den Indianern anbot. McKenney sollte der Leiter der offiziellen Handelshäuser („Fabriken") der Regierung und der Regierungsangestellten („Zwischenhändler") werden. Dieses System wurde nach dem Unabhängigkeitskrieg entwickelt. Die Briten hatten den Indianern versprochen, dass sie ihnen ihr Land nicht wegnehmen würden; die Amerikaner machten ihnen diese Zugeständnisse nicht, sondern waren im Gegenteil daran interessiert, selbst in den Westen zu expandieren, sich dort anzusiedeln und die Ressourcen auszuschöpfen. Nachdem der Krieg mit England gewonnen war, standen die Vereinigten Staaten von Amerika vor einem Dilemma: Die Indianer mussten beschwichtigt werden und ihr Land musste mit Verträgen statt mit Kriegen gewonnen werden. Deshalb richtete die Regierung 1795 offizielle Handelshäuser ein, um faire Handelsbeziehungen mit den Indianern beginnen zu können, den guten Willen der Regierung zu zeigen und um die Indianer von den Briten durch bessere Handelsbedingungen abzuwerben. Sobald die Indianer von der amerikanischen Handelsware abhingen, hatte die Regierung die Möglichkeit, die Stämme zu kontrollieren und sie sich gefügig zu machen. All dies sollte ohne kostspielige militärische Posten und ohne eine stationierte Armee erreicht werden. Dieser Plan war vom guten Willen und von der Erfahrung der „Factors", der Zwischenhändler, abhängig, die von da an unter Leitung von Thomas McKenney standen.

In der Theorie sah das System gut aus und hätte funktionieren müssen, zumal der Kongress Gelder für die Anfangsphase bereitgestellt hatte. In der Realität funktionierte das System zwei bis drei Jahre, verfiel dann nach und nach, bis vom Kongress schließlich eine Änderung beschlossen wurde. Dieses Handelssystem sollte nun zwischen dem Kriegs- und dem Finanzminister aufgeteilt werden und dadurch die Geschäftsbeziehungen komplexer gestaltet werden. Der größte Feind dieses Systems waren jedoch die Pelzbarone, die direkt mit den Indianern Handel treiben wollten. Deshalb versuchten sie im Kongress ihren Einfluss geltend zu machen und die Abschaffung dieses Handelssystems zu betreiben. Trotz dieser politischen Umstände und der potentiellen Fallstricke war Thomas McKenney in seinem Posten sehr erfolgreich.

Pelze wurden von den einzelnen Fabriken, die sich von Kanada bis in den Golf von Mexiko erstreckten, in das Zentrum für Handel mit den Indianern in Georgetown gebracht, dort wurden sie verkauft und mit diesem Geld konnten die Indianer die Waren erstehen, die sie wollten. Im Gegenzug wurden Handelswaren wie Kleidung, Gewehre, Pfeifen, Tomahawks, Messer, Schmuck, Betten, Decken und Spielzeuge von Georgetown in die Außenhandelsstationen befördert. 1816 war McKenney für acht Fabriken verantwortlich, für die an der Green Bay, in Chicago, Prärie du Chien, Fort Osage, Chickasaw Bluffs, Natchitoches, Fort St. Stephens und Fort Hawkins. Die Handelsware zu diesen Außenstellen wurde über drei verschiedene Routen transportiert. Aber

59 Pow-A-Sheek *Dies gehört zu den Bildern, die nicht mit McKenneys und Halls Lithografien übereinstimmen. Pose und Kleidung Powasheeks sind auf diesem Bild anders als auf den Lithografien. Dargestellt ist Powasheek mit einer Friedensmedaille beim Einspannen eines Pfeiles in seinen Bogen.*

60 Peah-Mas-Kah *Das Original von Charles Bird King weist wesentlich mehr Details und perspektivische Tiefe auf als McKenneys und Halls Lithografie. King deutet auf diesem Gemälde von 1824 einen waldigen Hintergrund an und schafft dadurch einen Bezug zum heimatlichen Lebensraum der Fox. Peah-Mas-Kah wurde 1824 in Washington von Charles Bird King gemalt. 1830 wurde Peah-Mas-Kah Opfer von Streitigkeiten unter verschiedenen Stämmen; Jäger der Sauk und Menominee lockten ihn 15 Meilen von Prairie du Chien entfernt in einen Hinterhalt und brachten ihn dort um. Als Vergeltung töteten Sauk und Fox Krieger ein paar Monate später 15 Menominee.*

nicht nur die Komplexität dieses Systems sorgte für Probleme, sondern auch verschiedenste Transportrisiken. McKenney konnte alle diese Probleme bewältigen und behielt deshalb auch seine Stellung, als James Monroe 1817 zum neuen Präsidenten gewählt wurde. Mit den Veränderungen in der Verwaltung wurde John C. Calhoun aus South Carolina zum neuen Kriegsminister berufen. Calhoun verließ sich auf McKenneys Erfahrung als Leiter der Handelsbeziehungen mit den Indianern. Tatsächlich begann McKenney mittlerweile das Konzept der Landnahme der Weißen aus der Perspektive der Indianer zu betrachten. Er vermochte diplomatische Beziehungen zwischen Regierung und Indianern, ihren Sympathisanten sowie Reformern herzustellen.
Es kam zu einem der kontroversesten Ereignisse dieser Zeit, als die Weißen in Georgia versuchten, das Land der Cherokee in Besitz zu nehmen: Thomas McKenney stellte sich auf die Seite der Indianer und sandte eine Delegation nach Washington, die sich für die Indianer im Kongress einsetzen sollte. Cherokee wie John Ross zogen in der Hauptstadt ein; Abgeordnete der Indianer der sechs Stämme der Irokesen und der Stockbridge aus Massachusetts lebten lange Zeit in Washington und pflegten freundschaftliche Verbindungen mit dem Leiter der Handelsbeziehungen. Obwohl McKenney in Fragen des Landbesitzes auf Seiten der Indianer stand, war er trotzdem ein Befürworter der Anpassung der Indianer an das europäische System. Er wollte die Indianer durch Schulen und christliche Missionare in den „Fabriken“ dazu bewegen, ihr „unzivilisiertes“ Leben aufzugeben. In einem Brief an Isaac Thomas 1816 tritt diese Meinung deutlich zu Tage: „All ihre Fortschritte hängen mit den Beziehungen zu den Weißen zusammen“. McKenney hatte deshalb ein Konzept entworfen, das vorsah, durch eine Expansion des Handelsnetzes die Indianer zu einer schnelleren Anpassung zu bewegen. Er lehnte es jedoch ab, die Indianer aus dem Osten zu vertreiben und im Westen jenseits des Mississippi wieder anzusiedeln. Da McKenney die Expansion des Handelsnetzes vorantreiben wollte, legte er dem Kongress einen Entwurf vor, der vorsah, in den

61 Push-Ma-Ta-Ha *Push-Ma-Ta-Ha war ein Choctaw und wurde um 1764 im heutigen Mississippi geboren. Durch die Kämpfe mit den Osage und Caddo wurde er zu einem angesehenen Krieger. 1805 wurde er Häuptling. Er stellte sich auf die Seite der Vereinigten Staaten gegen Tecumseh, als dieser versuchte die Choctaw für ein Bündnis zu gewinnen; später widersetzte er sich dem Creek Red Sticks unter William Weatherford. 1824 reiste er mit einer Delegation nach Washington, wo er General Lafayette nach seiner triumphalen Rückkehr nach Amerika traf. Bei dieser Gelegenheit porträtierte ihn Charles Bird King. Auf diesem Bild trägt er eine Offiziersuniform, die er während seiner Dienste in der Armee erhalten hatte. Er starb im Dezember 1824 in Washington plötzlich an den Folgen einer Erkältung. John Randolph of Roanoke hielt ihm zu Ehren eine Lobrede im Senat; er wurde auf dem Friedhof des Kongresses beerdigt. Das Gemälde unterscheidet sich in einigen Details von McKenneys und Halls Druck; am auffälligsten ist das Fehlen des Hutes bei der Lithografie.*

62 Keokuk *Dieses Gemälde von Keokuk ist vollkommen anders als McKenneys und Halls Lithografie, auf der Keokuk mit seinem Sohn abgebildet ist. Hier ist er in erster Linie als Krieger, mit Kopfschmuck, entblößtem Oberkörper und Kriegskeule, und nicht als Führer seines Volkes dargestellt. Dieses Gemälde entstand wahrscheinlich 1837, als Keokuk als Führer einer Delegation von Sauk und Fox Washington besuchte.*

Handelsaußenstellen Missionsschulen zu gründen.
McKenneys Vorschlag stieß auf großes öffentliches Interesse, aber das Handelssystem war bereits am Zusammenbrechen. Der Kongress wunderte sich, warum die „Fabriken" ständig Verluste machten und warum den Indianern auf Kredit Handelsware gegeben wurde. Der finanzielle Zusammenbruch dieses Systems erfolgte durch die Anti-Haltung der Privathändler, die von John Jacob Astor, dem reichen und einflussreichen Direktor der Bank of the Untited States und dem Besitzer der American Fur Company angeführt wurden, der direkte Verbindungen zu Präsident Monroe hatte. Astors Angestellte verbreiteten gegen die „Fabriken" gerichtete Mund-Propaganda unter den westlichen Stämmen. Da Astor so großen politischen Einfluss hatte, konnte McKenney es nicht verhindern, dass Privathändler vom Kongress die Erlaubnis erhielten, mit den Indianern handeln zu dürfen, was den Rivalen ermöglichte, in seine Domäne einzubrechen. John Jacob Astor wollte die Monopolstellung im amerikanischen Pelzhandel erhalten und sah in McKenney und seinem Handelssystem den Haupthinderungsgrund für das Erreichen dieses Zieles. 1821 kämpften mächtige politische Kräfte unter Führung von John B. Floyd im Repräsentantenhaus und Thomas Hart Benton im Senat für die Abschaffung des Handelssystems. Der Kongress billigte ihren Antrag und so signierte Präsident Monroe diesen am 6. Mai 1822. McKenneys Gegner hatten einen Sieg davongetragen, er selbst hatte dadurch eine Zeitlang keine Arbeit.
Dennoch konnte Thomas McKenney voll Stolz auf seine sechsjährige Arbeit als Leiter des Handels mit den Indianern zurückblicken. Eine seiner größten Leistungen während seiner Amtszeit war die Einrichtung eines Indianer-Museums. Im November 1820 schrieb

63 *Ma-Has-Kah, Häuptling der Iowa*
Während einer Reise zu einer Konferenz im Jahr 1824 bekam Mahaskah die Nachteile der Vielweiberei zu spüren: Seine jüngste und neueste Frau, Fliegende Taube, wollte ihn auf seiner Reise begleiten. Er nahm jedoch an, wenn er eine Frau mitnähme, würden die anderen eifersüchtig sein und so nahm er alle sieben mit. Trotzdem waren alle eifersüchtig aufeinander, die Streitereien eskalierten immer mehr, je näher sie der Ostküste kamen. Als Mahaskah Washington erreichte, herrschten unglaubliche Spannungen unter den Frauen. Während seines Aufenthaltes im zweiten Stock des Tennison Hotels brach ein Kampf unter seinen Frauen aus; Mahaskah wollte seine zänkischen Frauen zur Räson bringen. Mittlerweile war Major Benjamin O'Fallon gerufen worden, um die Auseinandersetzungen zu beenden; als dieser das Zimmer betrat, sprang der beschämte Mahaskah aus dem Fenster und brach sich dabei den Arm. Während er Charles Bird King Porträt saß, verzog er das Gesicht mühevoll zu einem Grinsen. 1834 wurde Mahaskah umgebracht, als er einen Krieger, der einen Mord begangen hatte, der Obrigkeit aushändigen wollte.

McKenney diesbezüglich an T. Lewis: „Ich habe es oft bedauert, dass es kein Archiv gibt, in dem die Entwicklung der Ureinwohner dokumentiert ist." Er war überzeugt davon, dass die Anpassung, die er sehr stark befürwortete, die indianische Kultur vollkommen verschwinden lassen würde. Deshalb begann er ab 1817 trotz geringer finanzieller Mittel Kunsthandwerk, Bücher und Schriften der Indianer zu sammeln. Am 22. Juli 1817 bat er seine Mitarbeiter in den Außenstellen Waren im Wert von 100 $ gegen Bögen, Pfeile, Kleidung oder andere „natürliche Kuriositäten, seien es Mineralien, Tiere oder Pflanzen" zu tauschen. Er bat, diese Muster in das Amt für indianische Angelegenheiten zu schicken, damit sie dort gekennzeichnet werden sollten. Weitaus bedeutender war jedoch McKenneys Idee, die offiziell nach Washington kommenden indianischen Besucher malen zu lassen. Kriegsminister James Barbour unterstützte das Projekt, eine Dokumentation über die indianische Bevölkerung zu erstellen.
Es ist nicht bekannt, ob McKenney und Charles Bird King vor diesem Projekt in Verbindung gestanden haben; es steht nur fest, dass King in Washington sehr bekannt war und an vielen gesellschaftlichen Ereignissen teilnahm. 1821 wurde King bei einem dieser Ereignisse gebeten, die ersten Porträts für die indianische Bildersammlung anzufertigen. Von da an erhielt er bis 1842 immer neue Aufträge, fertigte in mehr als 20 Jahren 143 Porträts von Häuptlingen der Indianer an und bekam dafür über 3500 $. Die meisten Porträts wurden vor 1830 angefertigt.
Die Porträts entstanden in Verbindung mit Besuchen der indianischen Delegationen in Washington. Diese Besuche liefen nach einer festen Ordnung ab, die Herman J. Viola in seiner brillanten Studie „Diplomats in Buckskins" beschrieb. Verhandlungen zwischen

Weißen und Indianern hatten vom ersten Augenblick an ein hohes Maß an Bedeutung. Aushandeln oder Unterzeichnen von Verträgen folgte in Washington einem festen Protokoll, zu dem Geschenke wie Friedensmedaillen, Flaggen, Uniformen, blumige Reden und farbenprächtige Zeremonien gehörten. Die silbernen Friedensmedaillen für die Häuptlinge und deren Stellvertreter wurden von ausgesuchten Künstlern erstellt, die den Auftrag hatten, diese künstlerisch wertvoll zu gestalten. Thomas McKenney stellte fest, dass diese Medaillen „nicht nur für die Indianer, sondern auch für die Nachwelt" gemacht waren. Für die Indianer waren diese Medaillen wertvolle Besitztümer, die sie bei wichtigen Gelegenheiten, aber auch während der Porträtierungen trugen.

Nachdem man den Indianern in ihrer Heimat Friedensmedaillen und andere Geschenke überreicht hatte, lud man Delegationen ein, die Hauptstadt des Landes und den neuen „Großen Vater", den Präsidenten der Vereinigten Staaten zu besuchen; dies geschah vor allem während der Lewis-Clark-Expedition von 1804 bis 1805. Obwohl nur wenig Verträge in der Hauptstadt ausgehandelt wurden, wurden immer wieder indianische Delegationen zu Besuchen aufgefordert. So auch von Major Benjamin O'Fallon, der 1821 die Häuptlinge von sieben größeren Stämmen der Plains dazu überreden konnte, nach Washington zu kommen. Calhoun, der damalige Kriegsminister, wollte bei diesem Besuch folgendes erreichen: Die feindliche Haltung der Stämme, die über das Vordringen der weißen Pelzhändler in ihr Gebiet besorgt waren, sollte abgebaut werden; außerdem wollte er die Zusicherung erhalten, zwei Forts in ihrem Territorium errichten zu dürfen. Eines am Zusammenfluss von Missouri und Yellowstone, das andere an der Mündung des Minnesota in den Mississippi. Als O'Fallon die Delegation der Indianer auf ihrer Reise nach Washington begleitete, musste er feststellen, dass alles, was die Indianer über die Weißen wussten, von Trappern und Händlern aus dem Nordwesten stammte. Die Indianer schätzten demzufolge Stärke und Entschlossenheit der Weißen gering ein. Calhoun, McKenney und O'Fallon hielten es für möglich, dass eine Demonstration des Machtpotentials der Vereinigten Staaten während eines Besuchs der Indianer im Osten, sie dazu bringen würde, von einem Krieg Abstand zu nehmen. Zusätzlich hegten sie die Hoffnung, dass die Indianer durch diesen Besuch angeregt werden würden, den „höheren" Lebensstil der Weißen anzunehmen. Sie wollten auch die Indianer dazu drängen, ihre Kinder in den Schulen des Ostens erziehen zu lassen, Landwirtschaft zu betreiben, sofern sie dies nicht schon taten, die „heidnischen" Religionen ihrer Vorfahren aufzugeben und sich zum christlichen Glauben bekehren zu lassen. In den folgenden Jahren jedoch kamen die Indianer diesen Wünschen der Weißen nur selten entgegen; in Regierungskreisen rätselte man weiterhin, warum die Indianer ihre Lebensweise und ihre Waffen nicht eintauschten gegen die „höherstehende Kultur", die sie bei ihren Besuchen in der Hauptstadt gezeigt bekamen.

64 Moa-Na-Hon-Ga, ein Häuptling der Iowa *Während einer Konferenz im Jahr 1824 in Washington trat Moanahonga ahnungslos das Land seines Volkes für eine jährliche Zahlung von 500 Dollar ab. Bei dieser Gelegenheit malte ihn auch Charles Bird King. Schon während er zurückreiste, begannen die weißen Siedler in ihr Land einzudringen und sich dort niederzulassen. Moanahonga reiste nach St. Louis, um seinen Fall dort William Clark, dem Zuständigen für indianische Fragen, vorzutragen. Aber es half alles nichts, er hatte sein Land weggegeben. Bald schon gab es erste Angriffe: 1829 erschossen einige militante Landbesetzer viele Iowa, einschließlich Moanahongas Bruder und Schwester. Ein Krieg mit den Weißen brach aus; William Clark bat Moanahonga sich selbst auszuliefern. Moanahonga wurde daraufhin in Randolph County wegen Mordes angeklagt und freigesprochen. Thomas McKenney schrieb über Moanahonga: Er war „vernünftig in Beratungen und tapfer in der Schlacht".*

65 *Petalesharro, ein Pawnee* *1821 besuchte Petalesharro Washington. Bereits im Winter 1821 erschien seine Geschichte in den Zeitungen an der Ostküste, ein Gedicht mit dem Titel „The Pawnee Brave" („Der tapfere Pawnee") wurde verfasst und eine Mädchenschule stellte ihn mit Friedensmedaille vor, auf der „Der Tapferste der Tapferen" geschrieben stand. Der Aufruhr begann, als Petalesharro Einwände gegen die alljährlich stattfindende „Morgenstern-Zeremonie" der Pawnee erhob, bei der eine gefangene Jungfrau dem Morgenstern geopfert werden sollte. Die Gefangene wurde mit ausgebreiteten Armen auf ein Schafott gebunden, dann schoss ein Krieger ihr mit dem Bogen ins Herz. Ihr Blut sollte in den darauffolgenden Jahreszeiten Fruchtbarkeit garantieren. Petalesharro war gegen Menschenopfer und so rettete er eine Comanche 1817 vor diesem Ritual. Die Gründe dieser Tat sind auf einen Besuch Petalesharros und seines Vaters Lachelesharro bei William Clark, dem Zuständigen für indianische Angelegenheiten zwischen Louisiana und der pazifischen Nordwestküste, zurückzuführen. Clark machte den beiden klar, dass immer mehr Weiße in immer größerer Zahl, „wie die Wellen des Ozeans" kommen würden. Die Pawnee sollten sich deshalb angepasst haben, bevor die Weißen ihre Erdhäuser in den Plains erreicht hätten. Aus Petalesharros Sicht eines Pawnee opferte er sich selbst, indem er das Mädchen rettete, da er nach Pawnee-Glauben durch eine Berührung mit der Gefangenen selbst bald sterben würde. Aber Petalesharro starb nicht und so rettete er weiterhin die Gefangenen, die dem Morgenstern geopfert werden sollten, einschließlich eines mexikanischen Jungen im Jahr 1820. Petalesharros Tat rief Bewunderung und Heldenverehrung bei den Euro-Amerikanern hervor. Kaum einer realisierte jedoch, dass diese Taten in erster Linie auf William Clark zurückzuführen waren.*

66 Wanata *Wanata wurde 1826 von James Otto Lewis gemalt und von King in Washington kopiert. Der Forscher Stephen H. Long beschrieb in McKenneys und Halls „The Indian Tribes of North America“ Wanata folgendermaßen: „Am auffälligsten war sein wunderschöner weißer Umhang oder Mantel aus Büffelleder; er war mit kleinen Büscheln aus Eulenfedern in den verschiedensten Farben verziert. Seine Beinbekleidung, Jacke und Mokassins waren nach Tradition der Dakota hergestellt, aus weißem Leder und üppig mit menschlichem Haar verziert...“ Dies gehört zu den wenigen Einzelporträts, die veranschaulichen, wie sehr die Indianer der Plains das Bild der Indianer des Westens prägten. Auch die Andersartigkeit der Kultur, die Charles Bird King, George Catlin und Bodmer während ihrer Reisen in den Westen kennen, schätzen und respektieren lernten, ist auf diesem Bild sehr schön herausgearbeitet.*

Die Delegation, die O'Fallon begleitete, bestand aus 17 Kansa-, Missouri-, Omaha-, Oto- und Pawnee-Indianern und war die erste große Abordnung, die in Washington eintraf. Die Indianer wurden sehr populär in der Bevölkerung und waren das gesellschaftliche Ereignis schlechthin; Höhepunkt all dessen war der Neujahrsempfang von 1822 im Weißen Haus, als alle Delegierten in voller Zeremonialkleidung und mit rot und blau bemalten Gesichtern erschienen. Ein Abgesandter der Pawnee trug einen Kopfschmuck aus Adlerfedern, den ersten, den man bis dahin im Osten gesehen hatte, wohingegen drei andere Umhänge aus Büffelleder trugen, die in bunten Farben bemalt waren. Darüber hinaus führten die Indianer im Winter 1822 im Freien traditionelle Tänze vor nur mit einem Lendenschutz bekleidet. Fast nackt, den Körper mit wilden Farben bemalt, sprangen und hüpften sie zu Trommelschlägen vor über 6000 faszinierten Zuschauern. Die Indianer wurden zu einer solchen Sensation, dass sie in ihren Hotelzimmern abgeschirmt und in schnellen, geschlossenen Kutschen transportiert werden mussten, damit sie nicht von der Menschenmenge erdrückt wurden.
Thomas McKenney traf die Indianer fast täglich, leitete ihre Aktivitäten in Washington und arrangierte, dass King von ihnen Porträts in seinem Studio anfertigte. Wahrscheinlich dachte King, als er diese Porträts anfertigte, auch hin und wieder an seinen Vater zurück, der vor so vielen Jahren von Indianern getötet worden war. Dies kommt jedoch nicht auf diesen Bildern zum Ausdruck, die zum Großteil Büsten sind. Alle diese Porträts sind auf Holz gemalt, ca. 40 cm hoch und 30 cm breit. Kritiker bemängelten vor allem an Kings Bildern, dass er den Indianern häufig kaukasische Gesichtszüge gab; dies hängt z. T. damit zusammen, dass King nie unter Indianern lebte, ihre Bräuche und speziellen Charakteristika nicht kannte und deshalb, vergleicht man sie mit den Werken Catlins und Bodmers, zu einer romantisierenden und uniformen Darstellungsweise tendierte. Dennoch waren Kings Porträts die präzisesten und fortschrittlichsten Darstellungen von Indianern zu diesem Zeitpunkt. Die 25 Delegier-

ten von 1821 standen King Modell, acht Bilder kamen in McKenneys Archiv, 17 wurden den Indianern als Erinnerungsstücke mit nach Hause gegeben. Redakteure der Washingtoner Zeitungen beschrieben die Ankunft und Abreise der indianischen Delegation von 1821: „Sie wollen den ‚großen weißen Vater' besuchen und die Zivilisation kennenlernen, die sie bisher vollkommen ignoriert haben." (National Intelligencer, 30. November 1821)
Zu dieser Delegation, die King malte, gehörte auch eine Frau, die 14-jährige „Eagle of Delight", die ihren Mann Häuptling Shaumonekesse vom Stamm der Oto nach Washington begleitete. In Washingtons besseren Kreisen sorgte die junge Frau für viel Aufsehen, sie wurde sogar auf einem Ball zum Tanz aufgefordert, was sie jedoch höflich ablehnte. Aber „Eagle of Delight" ereilte dasselbe Schicksal wie viele andere Delegationsmitglieder in den darauffolgenden Jahren auch: Sie starb kurz nach ihrer Abreise aus Washington an einer Krankheit.
Der Höhepunkt jedes Besuches in der Hauptstadt war eine offizielle Audienz beim Präsidenten, den die Indianer selbst häufig „Großer Vater" nannten. Als die O'Fallon-Delegation sich mit Präsident James Monroe traf, waren auch Thomas McKenney und John C. Calhoun anwesend. Die indianischen Führer hatten sich mit Kleidern, Militäruniformen mit vielen silbernen Bändern und Schulterstücken, die ihnen zuvor geschenkt worden waren, eingekleidet und trugen europäische Hüte und schwarze Stiefel. Präsident Monroe ließ die Delegation einen Moment warten, bevor sie den Versammlungsraum betreten durften, dann hielt er eine vorbereitete Rede. In dieser brachte er seine Hoffnung zum Ausdruck, dass die Indianer sich der „zivilisierten" Welt anpassen würden, nachdem sie deren Vorteile selbst kennengelernt hatten. Die monotone Rede

***67 links* Shaumonekusse** *Shaumonekusse vom Stamm der Oto war ein berühmter Krieger, der gegen fünf feindliche Stämme und gegen die Spanier kämpfte. 1821 reisten er und seine Frau Eagle of Delight mit Benjamin O'Fallons berühmter Delegation nach Washington. Bei dieser Gelegenheit wurde er gemalt. 1837 starb er im Kampf an einem Handelsplatz.*

***67 rechts* Ne Son A Quoit, ein Häuptling der Fox** *Er gehörte zu den Mesquakie, einem Stamm der Fox. Dieser Stamm betrieb im Sommer Landwirtschaft und führte im Winter ein halbnomadisches Dasein als Jäger. 1734 verbanden sich die Fox mit den Sauk zu einer dauerhaften Gemeinschaft. 1837 reiste Nesonaquoit nach Washington, um die Regierung daran zu erinnern, dass sie den Sauk und Fox 1815 eine jährliche Rente versprochen hatte, die sie aber die letzten 20 Jahre nie bezahlt hätten. Die Regierung versprach, dieser Vereinbarung nachzukommen, aber nichts geschah.*

Monroes wurde Wort für Wort übersetzt und endete schließlich damit, dass Monroe die Indianer aufforderte zu reden. Einer nach dem anderen teilte dem Präsidenten mit, dass sie es schön gefunden hätten, das Land der Weißen kennenzulernen, aber dass sie noch nicht in der Lage seien, ihre eigene Lebensweise aufzugeben. Nachdem sie geendet hatten, überreichten sie dem Präsidenten Geschenke, z. B. Bisonfelle, Zeremonienpfeifen, Mokassins und Kopfschmuck aus Federn und legten diese Monroe zu Füßen. Sharitarish, ein Pawnee-Führer, erklärte Präsident Monroe, dass er hoffe, dass er diese Geschenke „an einer gut sichtbaren Stelle in seinem Haus aufbewahren werde,... dass unsere Kinder nach unserem Tod diese sehen und sich mit Freude an die Gaben ihrer Väter und die vergangenen Zeiten erinnern werden, wenn sie diesen Ort wieder aufsuchen." Nachdem sie in einen anderen Raum gebeten worden waren und dort mit Kuchen und Wein bewirtet wurden, ließen die Indianer die Zeremonienpfeife unter allen Anwesenden herumgehen; jeder der Würdenträger nahm ein oder zwei Züge, sogar der Präsident und der oberste Richter John Marshall.
Insgesamt war diese Delegation ungefähr ein Jahr unterwegs; Thomas McKenney war sichtlich angetan von deren Fortschritt und Verständnis. Die Delegation besuchte einige Forts, Waffenarsenale, Marinestützpunkte, ebenso

***68 links* Hayne-Hudjihini oder Eagle of Delight** *Eagle of Delight erregte 1821 in der Washingtoner Gesellschaft Aufsehen. Sie war eine der fünf Frauen von Shaumonekusse, dem Häuptling der Oto und gerade 14 Jahre alt, als sie mit O'Fallons Delegation nach Washington reiste. Tragischerweise starb sie während der Rückreise an Masern. King malte dieses Porträt von ihr.*

wie die Städte Baltimore, Philadelphia und New York, bevor sie in den Westen zurückgingen. Die O'Fallon Delegation wurde zu einem Vorbild für alle später nach Washington reisenden Gruppen. Von Jahr zu Jahr kamen immer mehr Delegationen in die Hauptstadt, viele von ihnen, um sich über das zunehmende Vordringen der Weißen in ihr Gebiet zu beschweren. Die Ausgaben und die Zeit, die für diese Delegationen aufgewendet werden mussten, veranlasste viele Offizielle, einschließlich einiger Präsidenten, ihre Vertreter in den Außenstellen zu beauftragen, gegen diese Praxis vorzugehen. Einige Indianer kamen auch auf eigene Faust nach Washington, ohne irgendeine Erlaubnis und ohne Plan; die meisten wurden von der Regierung unterhalten und mit denselben Geschenken, Reden und Versprechungen nach Hause gesandt wie die offiziell eingeladenen Delegationen. Jedes Jahr kam mindestens eine offizielle Delegation nach Washington und gab damit Thomas McKenney und Charles Bird King Gelegenheit, viele Indianer zu porträtieren und dadurch für die Nachwelt zu erhalten.

Obwohl McKenney 1822 wegen der Abschaffung des Außenhandelssystems vom Dienst suspendiert wurde, war er schon bald wieder für die Regierung tätig und mit den Angelegenheiten der Indianer beschäftigt. Durch die Fürsprache seines Gönners, des Kriegsministers John C. Calhoun, erhielt McKenney 1824 eine unbedeutende Position im Kriegsministerium. Währenddessen beantragte Calhoun eine neues „Ministerium für indianische Angelegenheiten", um die Beziehungen zwischen der Regierung und den Indianern innerhalb der Vereinigten Staaten überwachen zu können. Sobald dieser Antrag vom Kongress gebilligt worden war, ernannte Calhoun McKenney zum Leiter für indianische Angelegenheiten. McKenneys Ministerium umfasste verschiedene Aufgabenbereiche: Schutz der indianischen Gebiete vor illegaler Besiedlung, Regelung des Pelzhandels,

***68 rechts* Ong Pa Ton Ga, Häuptling der Omaha** *Ongpatonga, d. h. „Großer Elch", trägt auf diesem Bild ein Bisonfell mit der Fellseite nach Innen. Er gehörte dem Stamm der Omaha an, die Beziehungen zu den Kaw, Osage, Ponca und Quapaw pflegten. Sie lebten südöstlich der Niobara-Mündung in Erdhäusern, betrieben hauptsächlich Landwirtschaft und jagten saisonal Bisons. Durch die Pockenepidemie von 1802 starb ein Großteil des Stammes. Ongpatonga gehörte zu den auffälligsten Teilnehmern der O'Fallon-Delegation von 1821. Er behauptete, dass kein einziger Stammesangehöriger jemals einen Weißen verletzt habe und dass er die Weißen so gerne hätte, dass „er sich vorstellen könne, in Zukunft selbst ein Weißer zu werden". 1821 malte ihn Charles Bird King.*

Kontrolle des Alkoholkonsums in indianischem Territorium, Sorge für die Einhaltung der Gesetze in Gebieten, in denen Indianer und Weiße in nächster Nachbarschaft zusammenlebten und Förderung der Akzeptanz bei den Indianern für Lebensweise, Religion und Erziehung der Euro-Amerikaner.
McKenney arbeitete auch weiter an seiner Indianer-Galerie. Er erhielt seine Sammlung von indianischen Kunstgegenständen zurück, die er als Handelsleiter mit den Indianern angelegt hatte und vergrößerte die Sammlung, die sich mittlerweile im zweiten Stock des Kriegsministeriums befand, immer mehr. Die von Charles Bird King angefertigten Porträts der Indianerhäuptlinge hingen nun an McKenneys Wänden, sogar ein Kanu hing über der Tür. Bögen, Pfeile, Büffelfelle und anderes indianisches Handwerk waren im ganzen Gebäude ausgestellt. McKenneys Büro wurde zu einem Museum für die Indianer Nordamerikas; ein Besuch in diesem Museum gehörte zum Pflichtprogramm jedes Besuchers und wurde von berühmten Reisenden wie der britischen Schriftstellerin Mrs. Frances Trollope gepriesen.
Jonathan Elliot hob in dem 1830 erschienenen Führer von Washington die Bedeutung dieser Ausstellung mit folgenden Worten hervor: „Gäbe es diese Ausstellung nicht, würde die Nachwelt umsonst fragen ‚Wie sah der rote Mann auf diesem Kontinent aus?‘ Das wäre aber völlig unzureichend. Man muss ihn betrachten können, damit man sein Aussehen kennt. Hier nun steht das Geschenk an die Nachwelt.“
Die Bilder in McKenneys Galerie im Kriegsministerium waren nicht alle Originale, die King gemalt hatte. Einige Bilder waren Kopien von Skizzen, die andere Künstler in indianischem Gebiet angefertigt hatten. Allein 1826 und 1827 fertigte King über 30 Kopien von Porträts an, die James Lewis aus Detroit von den Indianern an den Großen Seen gemalt hatte. In vielerlei Hinsicht war Lewis der „ungekrönte Held“ der Ausstellung: Er eröffnete dem Betrachter eine neue Dimension, da seine Bilder in der natürlichen Umgebung der Indianer entstanden waren, im Gegensatz zu den statischen, ausschließlich in Washington gemalten Bildern Kings. Andere Kopien wurden von Athanasius Ford, einem weiteren Künstler aus Washington angefertigt. Bis 1828 entstanden immer weitere Porträts und Kopien, bis die Verwendung von öffentlichen Geldern dafür im Kongress und in der Presse kritisiert wurde. Eine Zeit lang drohte der Kongress sogar damit, McKenney die Galerie zu entziehen. Das Museum blieb, aber es kam zu einem vorzeitigen Ende der Porträtarbeiten, obwohl immer wieder Ausnahmen gemacht wurden. 1828 beispielsweise, als eine Delegation von Winnebago die Ausstellung besuchte, bemängelte diese, dass keine Porträts der Winnebago an den Wänden hingen; daraufhin gab der Kongress McKenney die spezielle Erlaubnis, King mit den Porträts der Winnebago zu beauftragen. Das war umso wichtiger, als der Besuch der Winnebago in Washington viele beunruhigte. Die Winnebago standen nämlich kurz davor, einen Krieg mit den weißen Siedlern zu beginnen, die sich illegal auf ihrem Gebiet angesiedelt hatten. McKenney hatte deshalb diese Reise organisiert, weil er hoffte, den Winnebago ihr Land, unter dem man

69 Rant Che Wai Me oder „Fliegende Taube“ *Porträt von „Fliegende Taube“, Mahaskahs jüngster und sehr verehrter Frau. Ein Jahr nach ihrem Besuch in Washington starb sie durch einen Sturz vom Pferd.*

***70 links* Joseph Polis** *Joseph Polis gehörte zu den Penobscot-Indianern im Staat Maine. Während der Kolonialzeit schlossen sich die Penobscot dem einflussreichen Abnaki-Bündnis an. 1842, als dieses Porträt entstand, waren die Penobscot bis auf wenige Hundert zusammengeschrumpft, so wenige, dass man sie nicht berücksichtigte, als die im Osten lebenden Indianer in den Westen umgesiedelt wurden. Der Leiter für indianische Angelegenheiten überreichte Polis 1842 eine Friedensmedaille und die Regierung gab Charles Bird King den Auftrag, ein Bild von ihm anzufertigen.*

***70 oben rechts* David Vann** *David Vann, Häuptling der Cherokee, war der Ansicht, dass eine Umsiedlung westlich des Mississippi das Beste für sein Volk sei. Deshalb reiste er nach Washington, um dort mit der Regierung zusammenzuarbeiten. Dieses Bild von Charles Bird King entstand anlässlich des Besuches von 1825 und zeigt Vann in leuchtend blauem Jagdgewand mit schön gewebtem Gürtel und Schärpe.*

wertvolle Bodenschätze vermutete, abkaufen zu können. Als die Delegation der Winnebago den Präsidenten John Quincy traf, hielt Häuptling Nawkaw eine Rede, in der er beklagte, dass eine dicke, schwarze Wolke zwischen seinem Volk und den Weißen stehe. Nawkaw ließ eine Zeremonienpfeife im Saal herumgehen und übergab sie schließlich Präsident Adams. Dieser bat seine Rede in die Sprache der Winnebago zu übersetzen; darin brachte er seine Hoffnung zum Ausdruck, dass die Wolke zwischen seinen Leuten und den Winnebago wie der Rauch dieser Pfeife nach der Sitzung verschwinden möge. Adams garantierte den Winnebago, was diese niemals für möglich gehalten hätten, dass er die Krieger der Winnebago freilassen würde, die weiße Eindringlinge umgebracht hatten und deswegen zum Tod verurteilt worden waren. Im Gegenzug bitte er jedoch, dass die Winnebago ihnen ihr Land verkaufen würden. Die Indianer antworteten darauf, dass sie gehofft hatten, die Weißen würden sie nur bitten, einen kleinen Teil ihres Gebiets zu verkaufen.

Der Besuch der Winnebago 1828 in

Washington veranschaulicht deutlich einen der Hauptaspekte, warum Indianer nach Washington eingeladen wurden: weiße „Unternehmer“ versprachen sich davon einen Vorteil. Deshalb wurden Indianer zum Trinken aufgefordert und in Bordelle geführt. Skrupellose Hotelbesitzer und andere zwielichtige Gestalten richteten ihre geschäftlichen Gepflogenheiten so ein, dass sie mit den Indianern lukrative Nebeneinnahmen auf Regierungskosten erzielten. Und obwohl Alkohol in indianischem Gebiet wegen der Anfälligkeit der Indianer dafür verboten war, avancierte Alkohol zum Hauptgenussmittel während eines Washington-Besuches und die Regierung zahlte ohne mit der Wimper zu zucken unglaubliche Summen für den Alkoholkonsum der indianischen Delegierten. Bei verschiedenen Gelegenheiten waren die Winnebago vollkommen betrunken, schadeten dadurch sich selbst und ihrem Volk in erheblichem Maße. Thomas McKenney war deshalb sehr erleichtert, als sie Washington verließen; ihre Bilder wurden dennoch zu den anderen gehängt. Aber auch danach war die Galerie nicht fertig gestellt.

Als das Regierungsprojekt beendet zu

sein schien, fuhr Charles Bird King dennoch weiter fort, Indianer zu malen. King fertigte von da an Bilder für McKenney an, verwendete aber dieses Werk als Basis für eigene unabhängige Arbeiten z. B. für ein Gruppenbild von fünf Indianern, dem er den Titel „Young Omaha, War Eagle, Little Missouri and Pawnees" gab. Kings romantische Sichtweise der Indianer kam auch auf anderen Bildern wie „indianisches Mädchen bei der Toilette" (1835) zum Ausdruck: Darauf ist ein oben unbekleidetes Mädchen im Wald zu sehen, das sich im Handspiegel betrachtet. Es reflektiert die romantische und zugleich lüsterne Betrachtungsweise der Indianerinnen als fremde, exotische und erotische Feen, die bereit waren, sich von weißen Männern erobern zu lassen. King stellte diese Bilder zusammen mit weiteren Kopien in seinem Studio aus.
Als Leiter für indianische Angelegenheiten arbeitete Thomas McKenney vor allem daran, die Korruption in seiner Abteilung, den illegalen Verkauf von Whiskey an Indianer im Westen auszurotten und die Anpassung der Indianer voranzutreiben. Zusätzlich verbrachte er viel Zeit damit an einem Projekt zu arbeiten, das erst nach 15 Jahren fertiggestellt sein sollte: die Veröffentlichung der indianischen Porträts der Galerie in Form eines Buches. Das Projekt konnte Anfang 1830 begonnen werden, als er die Firma Childs & Inman, einen Betrieb für Druckvorlagen in Philadelphia dafür gewinnen konnte. Da die Entwicklung der Fotografie 1839 noch nicht so weit fortgeschritten war, konnten Bilder und andere künstlerische Werke nur über Druckvorlagen aus Holz, Metall, Kupfer oder Stein kopiert und vervielfältigt werden. 1818 wurde erstmals ein neuartiger lithografischer Prozess in den Vereinigten Staaten eingesetzt, mit dem man schneller und einfacher drucken konnte; für den Druck der indianischen Bilder entschied sich McKenney deshalb für dieses Verfahren. Lithografien wurden mit Hilfe von Steinen aus porösem Calciumcarbonat aus Bayern hergestellt. Das Originalbild wurde dabei auf die flache Oberfläche des Steines kopiert, wozu man einen öligen Stift verwendete. Dann befeuchtete man den Stein mit Wasser und brachte schließlich die Druckfarbe auf, die nur an der öligen Zeichnung haften blieb. Der mit Wasser befeuchtete Teil des Steins nahm die Farbe nicht an. Der so mit Druckerschwärze bearbeitete Stein war fertig für den Druck. Die Firma Childs & Inman erhielt den Auftrag, die aus mehr als 100 Lithografien bestehende Sammlung zu drucken und hatte dazu den taubstummen Künstler Albert Newsam angestellt, der ein Meister seines Faches war und Kings Porträts extrem präzise von dem einen auf das andere Medium übertrug.
Die Fertigstellung dieses aus Lithografien bestehenden Buches wurde für Thomas McKenney zu einer schweren Last, die sich Jahr um Jahr hinauszog. Einen

70 unten rechts John W. Quinney *Quinney gehörte dem einst mächtigen Stamm der Stockbridges an. Als Mitglieder des Mahican-Bündnisses (Mohikaner-Bundes) kämpften die Stockbridges während der Kolonialkriege auf Seiten der Briten und während des Unabhängigkeitskrieges auf Seiten der Vereinigten Staaten. 1785 zogen die 200 letzten überlebenden Stockbridges nach New York und später an die Green Bay in Wisconsin. Da sie sich sehr über die Behandlung der Weißen ärgerten, sandten sie 1841 ihre Häuptlinge John Quinney und John W. Chicks nach Washington, um dort ihre Beschwerden vorzubringen. Sie trugen Präsident John Tyler vor, dass die Regierung ihrer vertraglich ausgehandelten Verpflichtung einer jährlichen Rente von 350 $ seit 1838 nicht mehr nachkomme. Tyler versprach, diese Forderungen zu begleichen; die Probleme, die Landverkäufe an die Weißen in Wisconsin betrafen, konnten allerdings erst viele Jahre später beigelegt werden. Chicks und Quinney waren fähige Verhandlungspartner und konnten ihr Volk gut repräsentieren. Die Regierung zeichnete Chicks mit der Friedensmedaille und den weltmännischen Quinney mit diesem 1842 fertiggestellten Porträt aus.*

71 Der Prophet *King malte dieses wunderbare Porträt des einäugigen Tenskwatawah. Hochpolierter Schmuck umrahmt sein Gesicht.*

ersten Rückschlag erhielt er durch die veränderte politische Situation. 1828 wurde Andrew Jackson zum neuen Präsidenten der Vereinigten Staaten gewählt; dieser war ein großer Befürworter der allmählichen Umsiedlung der Indianer. Jackson war sich darüber im Klaren, dass er in McKenney einen politischen und ideologischen Gegner hatte. Als er nun die Umsiedlung der Indianer westlich des Mississippi vorantrieb, waren die Tage McKenneys gezählt. McKenney bemühte sich im Amt zu bleiben, weil er glaubte, so die Indianer am besten vor Jacksons politischen Schachzügen schützen zu können. Aber er hatte zu viele politische Feinde und wurde trotz seiner Bemühungen, Jacksons Umsiedlungs-Politik zu erfüllen, 1830 gezwungen, seinen Dienst zu quittieren.

Thomas McKenneys war gegen Präsident Jackson's Politik der gewaltsamen Umsiedlung von Indianern, obwohl er als Leiter des Amtes für indianische Angelegenheiten dies anfänglich unterstützt hatte.

Nach seiner Entlassung zog McKenney nach Philadelphia, um näher an den Arbeiten zum Indianer-Buch zu sein. Dort arbeitete er als Herausgeber einer Zeitung, um seinen Lebensunterhalt zu finanzieren. Da er nicht mehr Leiter für indianische Angelegenheiten war, wurde das Übertragen der Bilder zu Lithografien zusehends schwieriger. Einige Lithografien waren noch anhand der Originalbilder in seiner Amtszeit entstanden, jetzt entzog sich die Galerie aber seiner Kontrolle. Daraufhin ergriff McKenney einige Vorsichtsmaßnahmen: Er überredete einige ehemalige Mitarbeiter dazu, ihm von Zeit zu Zeit ein paar von Kings Bildern zu schicken; zusätzlich beauftragte er Henry Inman in New York, alle Ölgemälde Kings zu kopieren, was dieser bis auf kleine Änderungen am Hintergrund auch genauestens tat. Diese Kopien wurden dann von New-

72 oben Rant Che Wai Me oder „Fliegende Taube“ *„Fliegende Taube“ war die Mutter des berühmten Häuptlings Mahaskah.*

72 unten Der junge Ma-Has-Kah, Häuptling der Iowa *Der junge Mahaskah wurde nach dem Tod seines Vaters zum Häuptling gewählt und arbeitete vor allem daran, die durch einen Vertrag festgesetzte jährliche Rente von der Regierung einzutreiben. Dieses Porträt entstand während eines Besuches in Washington im Jahr 1837. 1843 und 1844 trat Mahaskah mit einer Gruppe von Iowa Tänzern in George Catlins „Indian Gallery“ in London und Paris auf.*

sam & Childs auf Lithografie-Steine übertragen; wunderschöne 30 x 40 cm große Drucke entstanden. Die ins Auge fallenden Farben und kräftigen, klaren Lithografien gaben in Verbindung mit den romantisierenden Texten einer ganzen Generation ein bestimmtes Bild von den Indianern. McKenney hatte den Originaltext selbst verfasst anhand seiner eigenen Reisen in die Region der Großen Seen und des Südens, seiner Beobachtungen von indianischen Zeremonien der verschiedenen Stämme bei Vertragsverhandlungen und anhand von Geschichten, die er von Reisenden gehört hatte.

Da McKenney sich unsicher war, ob er in gutem Stil und gut lesbar geschrieben hatte, gab er sein Manuskript dem früheren Präsidenten John Quincy Adams zur Durchsicht. Am 12. September 1831 schrieb Adams an McKenney, er hoffe, dass sein Text das Schicksal dieser „unglücklichen Menschen überdauern werde, die wir so unbarmherzig ausrotten“. Auch Albert Gallatin, ein ehemaliger Schatzmeister, der sich viel mit den Indianern beschäftigt hatte, und Gouverneur Lewis Cass aus Michigan, der zu diesem Zeitpunkt Kriegsminister war und schon viele schwierige Verhandlungen mit den Indianern geführt hatte, boten McKenney an, den Text zu überarbeiten. Zusätzlich konnte McKenney noch Häuptlinge verschiedener Stämme wie John Ridge, John Ross und Elias Boudinot von den Cherokee und Black Hawk, den Häuptling der Sauk, der nach der Auseinandersetzung von 1832 gefangen genommen worden war, interviewen. Trotz allem stand kein glücklicher Stern über dem Projekt. McKenneys Drucker ging bankrott und seine Hoffnung auf finanzielle Unterstützung zerschlug sich. McKenney konnte zwei Drucker in Philadelphia, Edward C. Biddle und John Key, dazu überreden, die bankrotte Druckerei aufzukaufen und damit das Projekt zu sichern. Dann aber stiegen die Lithografen Childs & Inman aus dem Geschäft aus und brachten damit die Arbeit an den Reproduktionen zum Stillstand. McKenney war empört, stoppte das Projekt und arbeitete zwei Jahre für die Whig Partei in Pennsylvania. In dieser Zeit ergriff McKenney jeden erdenklichen Strohhalm. Er versuchte erfolglos George Catlin, der mit seinen indianischen Bildern gerade populär wurde, für dieses Projekt zu gewinnen. Catlin hatte aber selbst hochfliegende Pläne und wollte sein Werk nicht neben dem eines anderen in einem gemeinsamen Buch veröffentlicht sehen. McKenney konnte aber James Hall, einen bekannten Juristen und Schriftsteller aus Cincinnati im Staat Ohio als Herausgeber für dieses Buch gewinnen. Hall sollte sowohl

73 Naw-Kaw, ein Häuptling der Winnebago *Nawkaws Dorf lag am Big Green Lake in Wisconsin. Er wurde 1735 geboren und war der Nachfolger von Tecumseh. Es wird erzählt, dass Nawkaw neben Tecumseh stand, als dieser 1813 in der Schlacht an der Themse fiel. Als Nawkaw 1828 mit der wilden Winnebago-Delegation nach Washington kam, erzählte er Thomas McKenney, er sei 94 Jahre alt. Er war sechs Fuß groß und noch immer muskulös und dynamisch. Das Original dieses Bildes, das Charles Bird King später kopierte, malte James Otto Lewis während des „Butte des Morts Council“ im Jahr 1827. Nawkaw trägt ein gestreiftes Hemd, eine um seine Hüfte gewickelte traditionelle Decke, Armreife an den Oberarmen und Friedensmedaillen von drei verschiedenen Präsidenten. Er hält eine Zeremonienpfeife mit hölzernem Stiel und rotem Stein-Kopf in der Hand, die mit Federn, Perlen und menschlichem Haar verziert ist. Nawkaw starb 1833.*

74 links Lap-pa-Win-Soe, ein Häuptling der Delawaren *Dieser Druck ist eine Kopie eines Bildes, das der schwedische Künstler Gustavus Hesselius im 18. Jahrhundert malte. McKenney wollte, dass sein Buch „The Indian Tribes of North America“ eine umfassende Studie aller Indianer sein solle und so nahm er das Porträt des Delawaren-Häuptlings in seine Sammlung auf. Lappawinsoe hatte das Land seines Volkes an Thomas Penn, den Sohn von William Penn, und an eine Gruppe von vierzehn Weißen durch den „Walking Purchase“ von 1737 verkauft. Der „Walking Purchase“ besagte, dass einem Mann das Land zwischen Neshameny und dem Delaware Fluss zugesprochen wurde, das er innerhalb von eineinhalb Tagen umschreiten könne. Der gemietete Geher legte in 36 Stunden 281 Kilometer zurück.*

74 rechts Waa-Top-E-Not *Ein Chippewa-Indianer aus dem Gebiet der Großen Seen. Waatopenot trägt einen traditionellen weißen Umhang und hält einen blau bemalten „Kriegsstab“ in der Hand, der mit Nägeln aus Messing verziert ist, die tödliche, dreieckige Platte ist dabei gegen sein Kinn gerichtet. Das Original malte James Otto Lewis 1826 während des „Fond du Lac Council“; Charles Bird King kopierte das Bild später.*

75 Kee-She-Waa, ein Krieger der Fox *Keeshewaa oder auch „Die Sonne“ war ein berühmter Krieger, Medizinmann und Freund des Sauk-Häuptlings Keokuk. Thomas McKenney schrieb, Keeshewaa sei ein „entschlossener, fortschrittlicher und furchtloser Häuptling mit gutem Charakter…“ Charles Bird King malte wahrscheinlich 1924 in Washington das Originalbild, anhand dessen der Druck angefertigt wurde.*

McKenneys Stil verbessern als auch Biografien einiger ausgesuchter Häuptlinge schreiben, von denen er bis dahin „nichts als den Namen kannte". Hall stand zu seinem Wort, stellte Nachforschungen über die Indianer an und schrieb den Text ohne große Unterstützung von McKenney. Zwei Jahre beschäftigte er sich nicht mit diesem Projekt, dann hatte er wieder genügend Energie, es bis zur Fertigstellung voranzutreiben. 1836 konnte er Albert Newsam überreden, alle Lithografien fertig zu stellen. Somit waren alle Texte, Drucke und Bildunterschriften reif zur Veröffentlichung. Die ersten Folgen der Lithografien wurden 1837 an die Abonnenten verschickt und wurden ganz schnell zu einem großen Erfolg und von allen als besonders künstlerisch hochstehend gelobt. Sogar das Kriegsministerium kaufte ein Exemplar und war davon so beeindruckt, dass Charles Bird King wieder beauftragt wurde, Porträts von den Sauk, Fox und Iowa während ihres Aufenthaltes in Washington anzufertigen. Auch die Porträts von Black Hawk und Keokuk waren unter den Bildern, die man zu McKenney sandte, damit dieser wieder Lithografien anfertigen lassen konnte, um eine neue Folge des Werkes herauszugeben. Jeden Monat wurde eine neue Folge, die aus Lithografien und dazu gehörenden Geschichten bestand, den Abonnenten zugestellt. Schließlich arbeiteten insgesamt fünf Drucker an dem Buch. 1837 übernahm J. T. Bowen die Druckarbeiten in Philadelphia und stellte 40 Leute für die Druckarbeiten an, darunter 25 Frauen die ausschließlich mit der Handkolorierung beschäftigt waren. 1837 erschien der erste, 48 Lithografien umfassende Band des dreibändigen Werkes von Thomas McKenney und James Hall unter dem Titel „The Indian Tribes of North America with Biographical Sketches and Anecdotes of the Principal Chiefs". Nach so vielen Versuchen und Rückschlägen innerhalb der letzten sieben Jahre, muss McKenney über den Druck sehr glücklich gewesen sein; es blieben aber noch weitere zwei Bände zur Fertigstellung.

Die finanzielle Depression von 1837 hatte auch Auswirkungen auf die Veröffentlichung der verbleibenden zwei Bände. Enttäuscht zog sich McKenney aus dem Projekt zurück und so wurde die Publikation bis 1843 nicht fertig gestellt. James Hall schrieb den Text zu Ende und der Betrieb von Rice & Clark erledigte den Druck. 1844 wurde der letzte Band des dreiteiligen Buches veröffentlicht, 14 Jahre nachdem Thomas McKenney es initiiert hatte. Das dreibändige Werk enthielt 120 Drucke, McKenneys Erzählungen und Halls Biografien. Der hohe Anschaffungspreis des Buches von 120 $ bewirkte, dass nur Wohlhabende, Büchereien und Museen es erstehen konnten. Überraschenderweise erwarben McKenney und Hall mit diesem Werk nicht viel Anerkennung und letztlich keinen finanziellen Ausgleich für ihre harte Arbeit.

Was das Buch zum Erfolg werden ließ, waren die Abbildungen der Indianer, die die Menschen damals erstaunten und faszinierten. Die Käufer von

McKenneys und Halls „Indian Tribes“ wurden nicht müde, die verwegenen Charaktere und leuchtenden Farben der Drucke zu betrachten ebenso wie McKenney in seinem Kriegsministerium, der immerzu Kings Bilder ansehen musste. Das Buch beeinflusste Kultur und Einstellung gegenüber den Indianern in Amerika und auf der ganzen Welt. Die Lithografien erschienen auf chinesischen Drucken, auf Anzeigen und dienten den Künstlern, die noch nie einen Indianer gesehen hatten, als Vorbilder für weitere Kunstwerke. Wahrscheinlich dienten Kings Bilder auch John Gadsby Chapman als Vorlage für sein Ölbild „Taufe der Pocahontas“ für das runde Kapitolsgebäude. Samuel F. B. Morse verwendete Kings Porträt von Petalesharro, dem Häuptling der Pawnee Lou als Vorlage für eine Figur in seinem Gemälde „The Old House of Representatives“ aus dem Jahr 1822. Die Auswirkungen von Kings Porträts dürfen ebensowenig wie ihre Verbreitung durch McKenneys und Halls „Indian Tribes“ unterschätzt werden. Sie hatten eine wichtige Funktion für die Entstehung eines internationalen Bewusstseins gegenüber der tragischen Rolle der „edlen roten Menschen“ der Wälder und Plains, ein Image, das sich erst nach dem Ende des Bürgerkrieges ändern sollte. McKenneys letzter Lebensabschnitt war geprägt von Enttäuschungen und Armut. Seine Frau starb 1835 und sein Sohn, ein Prasser, trat aus seinem Leben. Die meisten seiner Brüder und Schwestern verstießen ihn und so begann er, ein merkwürdiges Leben zu führen: Er zog von Hotel zu Hotel, von Stadt zu Stadt und war seinen Gläubigern immer gerade einen Schritt voraus. Er hatte weder mit der Schriftstellerei, noch in der Politik, mit Vorträgen oder in Geschäftsangelegenheiten Glück. Sein größter Traum war, dass er eines Tages wieder Leiter der indianischen Angelegenheiten sein würde, aber auch dieser Wunsch wurde ihm ausgeschlagen. 1846 veröffentlichte er seine zweibändigen Memoiren, eine weitschweifende, unzusammenhängende Erzählung, die in erster Linie von seinen Reisen in den Westen (1826 und 1827) handelte und eine Rechtfertigung seiner Amtsführung als Leiter für indianische Angelegenheiten war. Das Buch verkaufte sich nicht gut und nur wenige Menschen hörten seine Vorträge. Obwohl er in seinen letzten Jahren

76 oben Nah-Et-Luc-Hopie *Thomas McKenney erzählte, dass Nahetluchopie zu den Muskhogee, einem der „fünf zivilisierten Stämme“ gehörte. Nahetluchopie erklärte Thomas McKenney, dass die roten Flecken auf seinem Jagdgewand die Stellen markierten, an denen er während eines Mordanschlages von Kugeln getroffen worden sei. Charles Bird King malte dieses Porträt 1825.*

76 unten Timpoochee Barnard, ein Ochee *Timpoochee Barnard galt als tapferer Krieger und kämpfte gegen seine eigenen Leute auf Seiten von General Andrew Jackson während des Creek Krieges. Charles Bird King malte sein Porträt 1825.*

77 oben Tulcee-Mathla, ein Häuptling der Seminolen *Tulceemathla kämpfte gegen die Weißen in den Everglades. Nach Osceolas Tod verfolgte er Billy Bowlegs bis zur Kapitulation im Jahr 1842. Tulceemathla wurde 1825 in Washington von Charles Bird King vor Ausbruch der Kämpfe mit den Vereinigten Staaten gemalt.*

mehr oder weniger mittellos war, bestand er darauf, dass ein Teil des Erlöses seines Buches den Indianern zukäme.
Thomas McKenney wurde zum Einzelkämpfer für Indianer und deren Rechte, aber die Haltung der Öffentlichkeit hatte sich geändert und so wollte keiner mehr seine Botschaft hören. Er starb am 20. Februar 1859 als einsamer Mann überraschend in einer Pension in Brooklyn, New York, im Alter von 74 Jahren. In seiner vierzeiligen Todesanzeige war zu lesen, dass er keine Hinterbliebenen habe.
Das Pech, das Thomas McKenney fast sein ganzes Leben lang verfolgte, ereilte Charles Bird King nie, obwohl sein künstlerisches Vermächtnis zum Großteil verschwand. Er händigte die Kopien seiner Porträts Indianern und Nicht-Indianern in der Redwood Bücherei in Newport, Rhode Island aus. Er starb am 18. März 1862 und hinterließ ein Viertel seines Vermögens im Umfang von 38 000 $ den öffentlichen Institutionen wie Public School for Girls und der Redwood Library. Die 75 Bilder, die er der Bücherei nach seinem Tod vermachte, erhöhte den Umfang der Bilder, die sich im Besitz der Bücherei befanden auf 215. Nach Kings Tod wurden bei einer Auktion sechs Skizzensammlungen in Tinte oder Öl für den Preis von 14,30 $ ver-

77 unten Theyendanegea, Häuptling von sechs Irokesen-Stämmen *Ein unbekannter Maler malte dieses Bild des Mohawk-Häuptlings Theyendanegea, den die Euro-Amerikaner unter dem Namen Joseph Brant kannten. Brant wurde um 1742 im Ohio-Tal geboren und wuchs in der Nähe des Canajoharie Castle im New Yorker Mohawk-Tal auf. Brant kämpfte im Alter von gerade 13 Jahren im Französisch-Indianischen Krieg. Er ging in Connecticut zur Schule und besuchte England. Während des Unabhängigkeitskrieges kämpfte er auf Seiten der Briten und überredete vier bedeutende Irokesen-Stämme, auch auf Seiten der britischen Truppen und Regierungstreuen zu kämpfen. Brant kämpfte 1777 in der Schlacht von Oriskany und führte später einen Guerillakrieg gegen die Amerikaner in New York und Pennsylvania. Dieser war so erfolgreich, dass George Washington eine kleine Armee unter den Generälen Clinton und Sullivan 1779 entsandte, um das Gebiet der Irokesen zu verwüsten. Nach Kriegsende ging Brant mit den Mohawk nach Kanada ins Exil, wo er die christliche Lithurgie in die Sprache der Mohawk übersetzte. Am 24. November 1807 starb er in Burlington, Ontario. Diese Kopie malte Charles Bird King.*

steigert und gingen der Nachwelt damit für immer verloren. Die Redwood Bücherei gab schließlich 175 Gemälde von King weg und initiierte damit die Auflösung und Zerstreuung von Kings Gesamtwerk, die bis heute weitergeht. 1858 gab das Kriegsministerium einen Großteil der von McKenney gesammelten Indianerporträts an das Smithsonian Institute. Dort wurden sie im sogenannten „Schloss“, das James Renwick entworfen hatte, neben weiteren 200 wunderbaren indianischen Szenen, die John Mix Stanley zwischen 1840 und 1850 gemalt hatte, ausgestellt. Am 24. Januar vernichtete jedoch ein Feuer in der Galerie nahezu alle Originalarbeiten von King und Stanley. Nur 66 der insgesamt 184 Indianerporträts konnten gerettet werden, die meisten von ihnen waren Kopien und Duplikate, die King selbst angefertigt hatte. Bei diesem tragischen Ereignis wurden zudem noch weitere 100 Drucke, die King dem Smithsonian Institute vermacht hatte, zerstört.

Kings Nachlass erging es auch in der heutigen Zeit nicht besser. 1970 versteigerte die Redwood Bücherei 21 indianische Porträts von King, einen Großteil davon erwarb die Gulf States Paper Corporation of Tuscaloosa in Alabama. Aber auch diese Sammlung wurde zerstört, als Gulf States Paper 1993 die meisten Porträts bei Southebys auf einer Auktion versteigern ließ und nahezu alle in Privatbesitz gelangten. Anhand des Katalogs, den Andrew Cosentino 1977 herausgab, kann man feststellen, dass 211 Porträts von Nicht-Indianern und 17 der einstmals 145 indianischen Porträts heute noch erhalten sind. 1974 tauchten glücklicherweise 16

78 Wakechai, ein Häuptling der Sauk
Wakechai kam am 4. August 1824 mit einer Sauk- und Fox-Delegation nach Washington, um einen Vertrag mit den Vereinigten Staaten zu unterzeichnen. Bei dieser Gelegenheit malte Charles Bird King dieses Porträt von ihm. Um 1830 berichtete man Thomas McKenney über Wakechai folgende Begebenheit: Am Ende seines Lebens siechte Wakechai immer mehr dahin. Eines Tages glaubte er, dass der Große Geist ihn aufgefordert hätte, in den Mississippi zu springen; ein Bote würde ihn von da in die andere Welt führen. Kein Bote erschien jedoch und so stieg Wakechai wieder nass und kalt aus dem Fluss und ging in seine Hütte zurück, in der er am nächsten Tag starb. Er wurde auf einem Felsvorsprung über dem Fluss aufgebahrt, in Erwartung des Boten, der ihn zum Großen Geist führen sollte.

***79 links* Mo-Hon-Go** *Mohongo war wahrscheinlich eine der weitgereistesten Frauen ihrer Zeit, obwohl dies niemals ihre Absicht war. 1827 überzeugte David Delauney, ein Betrüger und Künstler, sieben Osage, dass er ein Vertreter der amerikanischen Regierung sei und überredete sie, mit nach Washington zu gehen. Die Osage begleiteten Delauney den Mississippi flussabwärts bis nach New Orleans, wo sie ein Schiff bestiegen. Erst als sie in Le Havre in Frankreich landeten, erzählte er ihnen, dass sie die Attraktion einiger „Wild West Shows" sein sollten. Die Osage waren gezwungen in Europa zu tanzen, in Frankreich, den Niederlanden und Deutschland. Als die Popularität der Gruppe nachgelassen hatte, verließ sie Delauney in Paris. Da die Osage kein Französisch sprachen, mussten sie um Lebensmittel betteln. Zu allem Unglück war Mohongo mittlerweile auch noch schwanger. Schließlich brachte man sie zum Marquis von Lafayette, der ihnen die Heimreise bezahlte. Während der Reise brachen Pocken auf dem Schiff aus, an denen Mohongos Mann und weitere zwei Osage starben. Nachdem sie in Norfolk, Virginia, gelandet waren, lebten sie von der Hand in den Mund, bis sie schließlich Thomas McKenney vorgestellt wurden. 1830 trafen Mohongo und ihr Sohn Präsident Andrew Jackson, der ihnen die auf diesem Bild zu sehenden Friedensmedaillen überreichte. Nach dreijähriger Odyssee kehrten Mohongo und ihr Sohn endlich zu ihrem Volk zurück.*

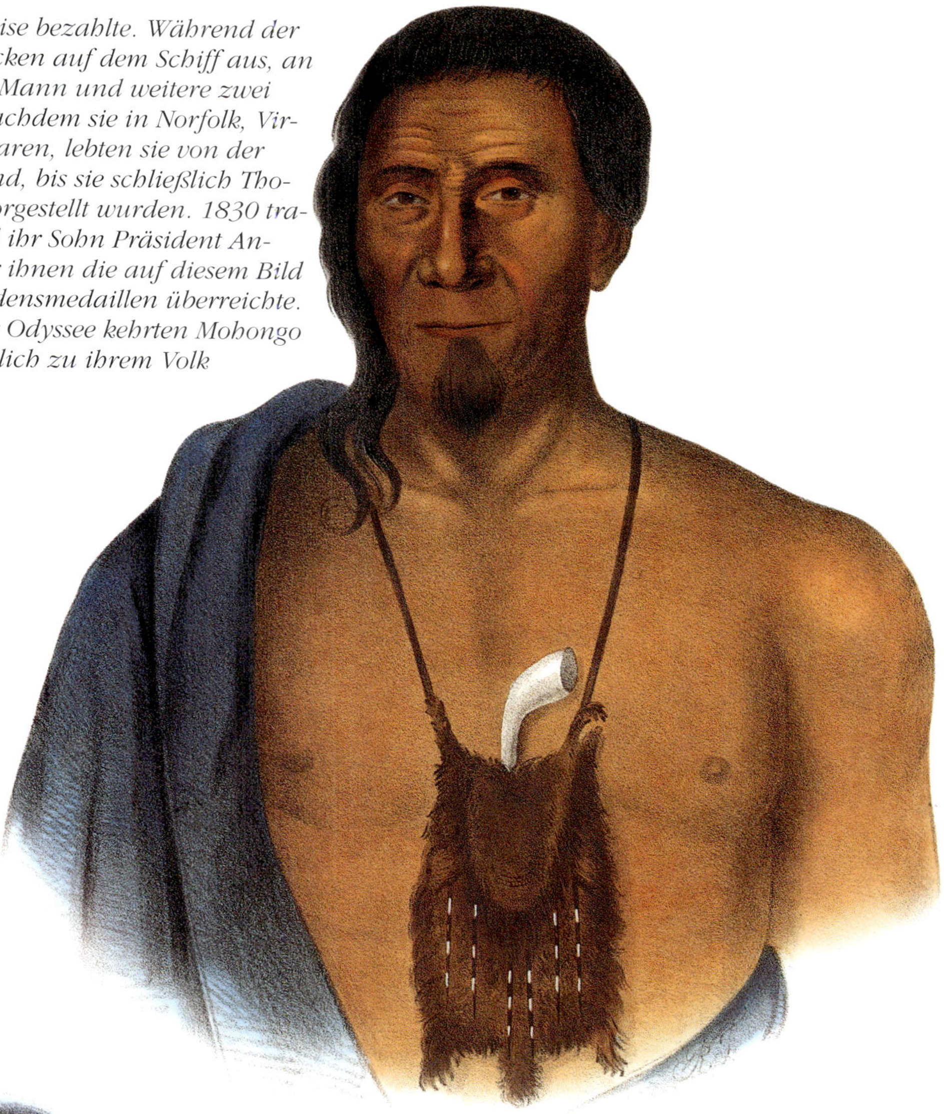

***79 rechts* Tish-Co-Han, ein Häuptling der Delaware** *Auch dieser Druck ist eine Kopie von einem 1735 entstandenen Bild des schwedischen Künstlers Gustavus Hesselius. Auch Tishcohan gehört zu den Mitunterzeichnern des „Walking Purchase Treaty" von 1737. Die Delaware, die sich selbst Lenni Lenape nannten, lebten in den heutigen Staaten Pennsylvania, New Jersey, New York und Delaware. Der Name Delaware wurde vom zweiten Gouverneur von Virginia, von Lord De La Warre abgeleitet, ist also nicht indianischen Ursprungs. In dem ungewöhnlichen Beutel aus Eichhörnchenfell sind Pfeife und Tabak untergebracht. Hesselius' Bilder gehören zu den Vorläufern von Thomas McKenneys und Charles Bird Kings Indianergalerie, die zwischen 1820 und 1830 in Washington entstanden.*

Folgen von Kreidezeichnungen Kings auf und vergrößerten den spärlichen Nachlass Kings in hohem Maße. Da Kings Werk über Jahre hinweg in alle Himmelsrichtungen zerstreut wurde, blieb für Wissenschaftler und Bewunderer nur wenig übrig. Zu den Überbleibseln zählen Kings Porträts, Kopien von Kings und Halls Bildern in Form von Lithografien und die Kopien von Henry Inman aus der Sammlung des Peabody Museum in Harvard und erinnern uns an das einstmals spektakuläre Projekt. Abschließend lässt sich sagen, dass Thomas McKenney und Charles Bird King zwei Männer mit völlig andersartig gelagerten Interessen und gänzlich anderer Lebensführung waren. Ein günstiger Augenblick in der amerikanischen Geschichte führte die beiden zusammen und so konnten McKenneys Weitblick und Kings Talent ein künstlerisches Vermächtnis von unschätzbarem Wert schaffen. Aber ihr Pionierprojekt war schon vor Erscheinen des letzten Bandes der „Indian Tribes of North America" im Begriff in der Versenkung zu verschwinden. Denn die in der natürlichen Umgebung entstandenen Werke von George Catlin und Karl Bodmer erregten zu diesem Zeitpunkt bereits mehr öffentliches Interesse.

80 rechts Ahyouwaighs, Häuptling der Sechs Nationen *Ahyouwaighs, auch John Brant genannt, war der Sohn von Thayendanegea (Joseph Brant) und Catherine, der ältesten Tochter des Führers des Schildkrötenklans der Mohawk. Da die Frau bei den Irokesen eine sehr starke Stellung hatte, konnte Catherine Einfluss auf die Häuptlingswahl nehmen und so schlug sie ihren jüngsten Sohn als Häuptling vor. Ahyouwaighs wurde am 24. September 1794 geboren und stand wie sein Vater auf Seiten der Briten. Während des Krieges im Jahr 1812 kämpfte er mit den Mohawk gegen die amerikanischen Streitkräfte. 1821 protestierten euro-kanadische Parlamentarier, dass Brant kein Grundbesitzer sei und daher auch nicht in der Armee dienen können. Brant starb jedoch, bevor diese Kontroverse gelöst wurde. Dieses Porträt malte ein unbekannter Künstler.*

80 links Red Jacket, ein Häuptling der Seneca *Obwohl Charles Bird King auf diesem Bild von 1828 Red Jacket als Kriegsführer titulierte, war dieser kein Krieger. Thomas McKenney verglich ihn mit dem berühmten römischen Redner Cicero, der sein Volk durch Reden auf den Krieg einstimmte, aber nie an Schlachten teilnahm. Red Jacket wurde um 1758 in Geneva im heutigen Staat New York geboren und war der Neffe von Handsome Lake, des religiösen Führers der Irokesen. Er war Großvater von Ely Parker, des ersten Indianers, der 1868 Beauftragter für indianische Angelegenheiten wurde. Zu Beginn des Unabhängigkeitskrieges votierte Red Jacket dafür, dass sich die Indianer neutral verhielten. Als aber die Mohawk, Seneca, Onondaga und Cayuga beschlossen, England zu unterstützen, war er damit auch einverstanden. Er kämpfte nur selten während des Krieges, arbeitete als Kurier und wurde von Cornplanter und Joseph Brant als Feigling beschimpft. Er erhielt den Namen Red Jacket, weil er die rote Jacke der britischen Soldaten trug. Nach dem Krieg wurde Red Jacket Sprecher der Seneca und im Lauf der Zeit Sprecher aller sechs Irokesenstämme. Als solcher nahm er 1794 in Canandaigua und 1797 in Big Tree an den Vertragsverhandlungen teil, bei denen die Seneca weite Teile ihres Gebietes abgeben mussten. Vor allem Cornplanter befürwortete diese Gebietsabtretungen, die den Seneca nur noch kleine Reservationen ließen. 1792 reiste Red Jacket mit anderen Häuptlingen der Irokesen nach Philadelphia, wo er die große Friedensmedaille von George Washington erhielt. Auch George Catlin malte Red Jacket. Red Jacket setzte sich besonders für den Erhalt der traditionellen Bräuche der Irokesen ein und forderte in diesem Zusammenhang, dass alle christlichen Missionare vom Territorium der Seneca verbannt werden sollten. Er war allerdings auch gegen die „Langhaus-Religion", die sein Onkel Handsome Lake gegründet hatte. Dieser beschuldigte ihn 1801 der Hexerei und ruinierte dadurch seinen Ruf. Red Jackets Einfluss schwand in den folgenden Jahren zusehends durch die christliche Partei und durch seine Alkoholprobleme. 1827 wurde er als Häuptling abgesetzt. Als Red Jacket 1830 starb, ließ ihn seine Frau in christlicher Tradition bestatten, was gegen seinen ausdrücklich erklärten Willen war. Später wurde er auf den Friedhof von Forest Lawn von Buffalo umgebettet.*

81 Ki-On-Twog-Ky oder Cornplanter, ein Häuptling der Seneca *F. Bartoli malte dieses Originalbild des gefürchteten Seneca-Häuptlings Cornplanter 1796 in New York City. Cornplanter wurde 1732 geboren und war Sohn einer Seneca und des Weißen John O'Bail. Während der amerikanischen Revolution stand er mit Joseph Brant auf Seiten der Briten. Nach Kriegsende war er ein häufig gesehener Gast in Washington und traf dort um 1790 George Washington und um 1800 Thomas Jefferson. Cornplanter war Halbbruder von Handsome Lake, dem geistigen Führer der Seneca, der um 1800 eine neue religiöse Lehre aufstellte, die christliche und traditionelle Elemente in sich vereinigte. Cornplanters Überzeugungen waren zwischen den anti-europäischen Red Jackets und denen von Handsome Lakes angesiedelt. Zunächst stand er mehr auf Seiten seines Bruders, wechselte später jedoch zu Red Jackets Ansichten über. Im Krieg von 1812 kämpfte Cornplanter auf Seiten der Vereinigten Staaten. Er starb 1836 im Alter von fast 100 Jahren.*

82 Yoholo Micco, Häuptling der Creek *Yoholo Micco galt als guter Redner. Thomas McKenney schrieb außerdem über ihn, er sei „mild, aufrichtig und großzügig gewesen". Kurz nach Fertigstellung dieses Porträts von King im Jahr 1826 zog Yoholo Micco mit seinem großen Stamm aus Tallapoosa in Alabama in den Westen. Laut McKenney starb Yoholo Micco im Alter von fast 50 Jahren „an den Folgen der Umsiedlung".*

83 oben Paddy-Carr, ein Dolmetscher der Creek *Als Sohn eines Iren und einer Creek fungierte Paddy Carr als Dolmetscher einer Delegation von Creek, die 1826 nach Washington gekommen war, um den Vertrag von Indian Springs zu unterzeichnen. Er war zu diesem Zeitpunkt gerade 19 Jahre alt; anlässlich dieses Besuches malte ihn Charles Bird King. Paddy Carr entwickelte sich später zu einem ehrgeizigen Mann, der eine Vorliebe für Pferderennen, drei Frauen und 80 Sklaven hatte. Unter General Thomas Jesup kämpfte er mit der U. S. Armee gegen die Seminolen. Obwohl er unter den Weißen gedient hatte, wurde er 1847 trotzdem in die Reservation gezwungen.*

83 unten Mistippee *Mistippee war der Sohn von Yoholo Micco. Er konnte exzellent mit dem Blasrohr, das die Creek „Cohamoteker“ nannten, schießen. Laut Thomas McKenney war das „Cohamoteker“ ein 2,5 bis 3 m langes Rohr; die Pfeile konnten die Geschwindigkeit des Schrots im Gewehr erreichen. Charles Bird King malte dieses Porträt 1826.*

84 oben Ledagie, ein Häuptling der Creek *Ledagie gehörte zu den Delegationsmitgliedern, die in Washington gegen die Umsiedlung ihres Stammes in den Westen protestierten. Porträt Charles' Bird Kings aus dem Jahr 1825.*

84 unten Itcho-Tustinnuggee *Thomas McKenney schrieb über ihn: „… ‚Itcho' bedeutet Hirsch und ‚Tustinnuggee' Krieger und so wurde er unter dem englischen Namen ‚Deer Warrior' bekannt… .Er ist ein Häuptling der Untergrundkämpfer. Er geht ausschließlich zu seinem Vergnügen auf die Jagd und kämpft nur, wenn er dazu aufgefordert wird." Charles Bird King malte dieses Porträt 1825 in Washington. Er trägt die traditionelle Kopfbedeckung der Creek und eine gewebte Schärpe.*

85 Se-Loc-Ta, ein Häuptling der Creek *Selocta kämpfte mit seinem Vater während der Creek-Kriege auf Seiten der Weißen und führte die den Weißen freundlich gesinnte Truppe an. Er war Gegenspieler von William Weatherford, einem Halb-Creek und Halb-Weißen und erbitterten Gegner von General Andrew Jackson bis zu seiner Gefangennahme. Selocta fungierte anschließend als Führer und Dolmetscher für General Jackson. Als jedoch der bewaffnete Widerstand beendet war, drängten die Weißen Selocta, in den Westen umzusiedeln. Auch Seloctas enormer Einsatz für General Jackson konnte sie nicht umstimmen. Zwischen 1825 und 1826 wurde er gezwungen, das Gebiet der Creek den Weißen zu überschreiben. Das Originalporträt von Selocta malte Charles Bird King 1825.*

86 unten Spring Frog, ein Häuptling der Creek *Spring Frog war auch unter dem Cherokee-Namen Tooan Tuh und Yoosto bekannt und gehörte zu den ersten, die der Umsiedlung in den Westen zustimmten. Thomas McKenney traf folgende Aussage über Tooan Tuh: „Er war ein Mann, der wunderbare Veranlagungen hatte, sehr korrekt und ehrenhaft im Umgang." Ein Porträt Charles Bird Kings unbekannten Datums.*

86 oben Tah-Chee, ein Häuptling der Cherokee *Er wurde um 1790 geboren und zog schon früh mit seinen Eltern in das Gebiet westlich des Mississippi in Arkansas. Er wurde ein exzellenter Jäger und studierte verschiedene Jagdtechniken, sogar mit den Osage, den Feinden der Cherokee. Er erforschte große Landstriche im Westen und wurde ein „mountainman" der Indianer. Tahchee, auch „Dutch" genannt, fing wegen Grenzstreitigkeiten einen Ein-Mann-Krieg mit den Comanchen an; da er nicht nachgab, wurde er von der amerikanischen Regierung für vogelfrei erklärt. Später diente er der amerikanischen Armee als Führer gegen die Comanchen. George Catlin malte 1834 Tahchee. Das Bild, anhand dessen dieser Druck angefertigt wurde, malte wahrscheinlich Charles Bird King um 1820 in Washington. Tahchee ist mit wildem Gesichtsausdruck dargestellt, trägt ein lavendelfarbenes Hemd und einen mit einer Feder geschmückten Turban. In der um das Hemd gewickelten Schärpe steckt ein Messer.*

87 oben David Vann, ein Häuptling der Cherokee *David Vann unterstützte John Ridge und befürwortete eine Umsiedlung in den Westen. Thomas McKenney behauptete, dass er mehr „weißes als rotes Blut in seinen Adern habe, wie dieses Bild beweist". Porträt von Charles Bird King aus dem Jahr 1825.*

87 unten John Ridge, ein Cherokee
Ridge war ein Sohn und Namensvetter des berühmten Cherokee-Häuptlings, der widerwillig durch die Unterzeichnung des Vertrages von New Echota der Umsiedlung zustimmte. Er unterstützte die Politik seines Vaters, indem er Artikel in der Sprache der Cherokee in deren Zeitung „Phoenix" veröffentlichte. Er war überzeugt, dass Whiskey-Händler zusehends an Einfluss über die Cherokee gewannen, das Volk alkoholabhängig machten und von der Feldarbeit abhielten. Ridge beklagte, das Volk sei mittlerweile so aufgelöst, dass es sich noch nicht einmal selbst verteidigen könnte. Die Umsiedlung in den Westen sei daher die einzige Möglichkeit, den schädlichen Einflüssen der Weißen zu entkommen. Er zog mit seiner euro-amerikanischen Frau in den Westen, wo er Opfer eines Vergeltungsschlages wurde. Seine Feinde zerrten ihn mitten in der Nacht aus seinem Bett und erschlugen ihn. Auch seinen Vater erschossen sie. Über viele Jahre hinweg herrschte erbitterte Feindschaft zwischen den zwei Gruppen der Cherokee. Dieses Porträt malte Charles Bird King 1825.

88 links Yaha-Hajo, ein Seminolen-Häuptling *Sein Name bedeutet „Böser Wolf"; Thomas McKenney hielt ihn jedoch für „sanft und gutmütig". Er galt als bester Jäger in Florida und war zu Kriegszeiten zweiter Häuptling der Seminolen. Yaha-Hajo schwankte zwischen den beiden Gruppen, von denen die eine eine Umsiedlung befürwortete und die andere völlig dagegen war. Zunächst stand er auf der regierungsfreundlichen Seite, die Foke-Luste Hajo anführte; später schloss er sich jedoch der Micanopy-Gruppe an. Während der Seminolen-Kriege wurde Yaha-Hajo von U. S. Soldaten getötet. Sein Porträt malte Charles Bird King 1825.*

***88 rechts* Tuko-See-Mathla, ein Seminolen-Häuptling** *Als 1835 Streitigkeiten wegen der Umsiedlung der Indianer in Florida ausbrachen, stellte sich Tukosee-Mathla auf die Seite der U. S. Regierung. Er wurde von Osceola und seinen Anhängern umgebracht, die unter allen Umständen die Umsiedlung in den Westen verhindern wollten. Als Tukosee-Mathla 1826 mit einer Delegation der Seminolen nach Washington reiste, hatte Charles Bird King Gelegenheit, ihn zu malen. Der Seminolen-Häuptling trägt ein Jagdgewand und hält das Gewehr im Anschlag, als Schmuck hat er silberne Reife an Oberarm und Handgelenk, eine Schärpe, eine Friedensmedaille und einen silbernen Anhänger. Dieses Porträt gehört zu den wenigen Abbildungen in voller Körpergröße.*

***89 links* Micanopy, ein Seminolen-Häuptling** *Micanopy war ein gefürchteter Krieger, der der Armee mit aller Gewalt Widerstand gegen die Umsiedlung leistete. 1832 signierten einige Häuptlinge der Seminolen den Vertrag von „Payne's Landing", willigten damit in ihre Umsiedlung in den Westen ein. Micanopy weigerte sich, auch zu unterzeichnen und unterstützte im Gegenzug junge Krieger, die sich auf den Widerstand vorbereiteten. Am 28. Dezember 1835 beteiligte er sich an einer Attacke einiger Seminolen-Krieger auf 100 Soldaten, die Major Francis L. Dade anführte. Den Überfall, der als „Dade Massacre" in die Geschichte einging, überlebten nur drei Soldaten. 1837 stimmte Micanopy der Umsiedlung zu, wurde jedoch von Osceola gekidnappt, um ihn von der Aufgabe abzuhalten. Ende 1837 ergab er sich schließlich General Jesup mit den Worten „meine Krieger sind alle tot... nur noch Frauen und Kinder sind am Lebenœ... Ich kann nicht mehr länger gegen euch kämpfen". Micanopy unterzeichnete einen Vertrag und wurde eine Zeit lang gefangen genommen; schließlich wurde es ihm doch erlaubt, mit den anderen in den Westen zu ziehen. Er starb 1849 im Alter von ungefähr 60 Jahren. Charles Bird King malte 1826 dieses Porträt.*

***89 rechts* Nea-Math-La, ein Häuptling der Seminolen** *Neamathla war gegen die Umsiedlung seines Stammes in den Westen. Als William P. Duval von seinem Widerstand erfuhr, nutzt er den Einfluss, den er auf einige Stammesangehörige hatte, so dass er als Häuptling abgesetzt wurde. Über Neamathlas Umsiedlung schrieb Thomas McKenney „dies ist ein verrücktes Beispiel für die anomalen Beziehungen zwischen unserer Regierung und den Indianern; eine Zeit lang wurden letztere als selbständige Völker angesehen und als solche behandelt, jetzt werden sie in allen wichtigen Belangen als Untertanen behandelt und über sie bestimmt..." Neamathla war nicht nur gegen die Umsiedlung, sondern auch gegen das Erziehungssystem der Weißen. Er erklärte Duval, dem Gouverneur von Florida: „Wir wollen nicht die Schulen, die uns die Weißen anbieten. Wir wollen, dass unsere Kinder so bleiben wie der Große Geist sie und ihre Väter gemacht hat, nämlich Indianer." Charles Bird King malte ihn 1826. Neamathla leistete bis zu seiner Gefangennahme durch die Armee in Alabama 1836 Widerstand gegen die Umsiedlung.*

90 Payta-Kootha, ein Krieger der Shawnee *Paytakootha wanderte als Botschafter für den Frieden umher. Er war auch unter den Namen „Flying Clouds" und „Captain Reed" bekannt. Er signierte viele Verträge, um den Frieden mit den Weißen zu sichern, einschließlich des Vertrages von Greenville im Jahr 1795. Wann dieses Originalbild von Charles Bird King entstand, ist nicht bekannt.*

91 links oben Kish-Kal-Wa, ein Häuptling der Shawnee *1774 kämpfte Kishkalwa in der Schlacht von „Great Kanawha" gegen die Weißen. Als die Shawnee Anfang 1800 in die Gebiete westlich des Mississippi zogen, kam es zum Bruch mit anderen Stämmen wie den Osage, die dieses Land für sich beanspruchten. 1818 nahm Kishkalwa im Alter von fast 80 Jahren an einer Schlacht zwischen Shawnee, Delaware und Cherokee gegen die Osage in Missouri teil. Im November 1825 unterzeichnete er einen Vertrag zwischen den Shawnee und den für Indianerfragen Zuständigen in St. Louis und leitete eine Delegation nach Washington, um dort den Präsidenten zu treffen. Dieses Porträt von Charles Bird King entstand wahrscheinlich 1826 oder 1827 während seines Besuches in Washington.*

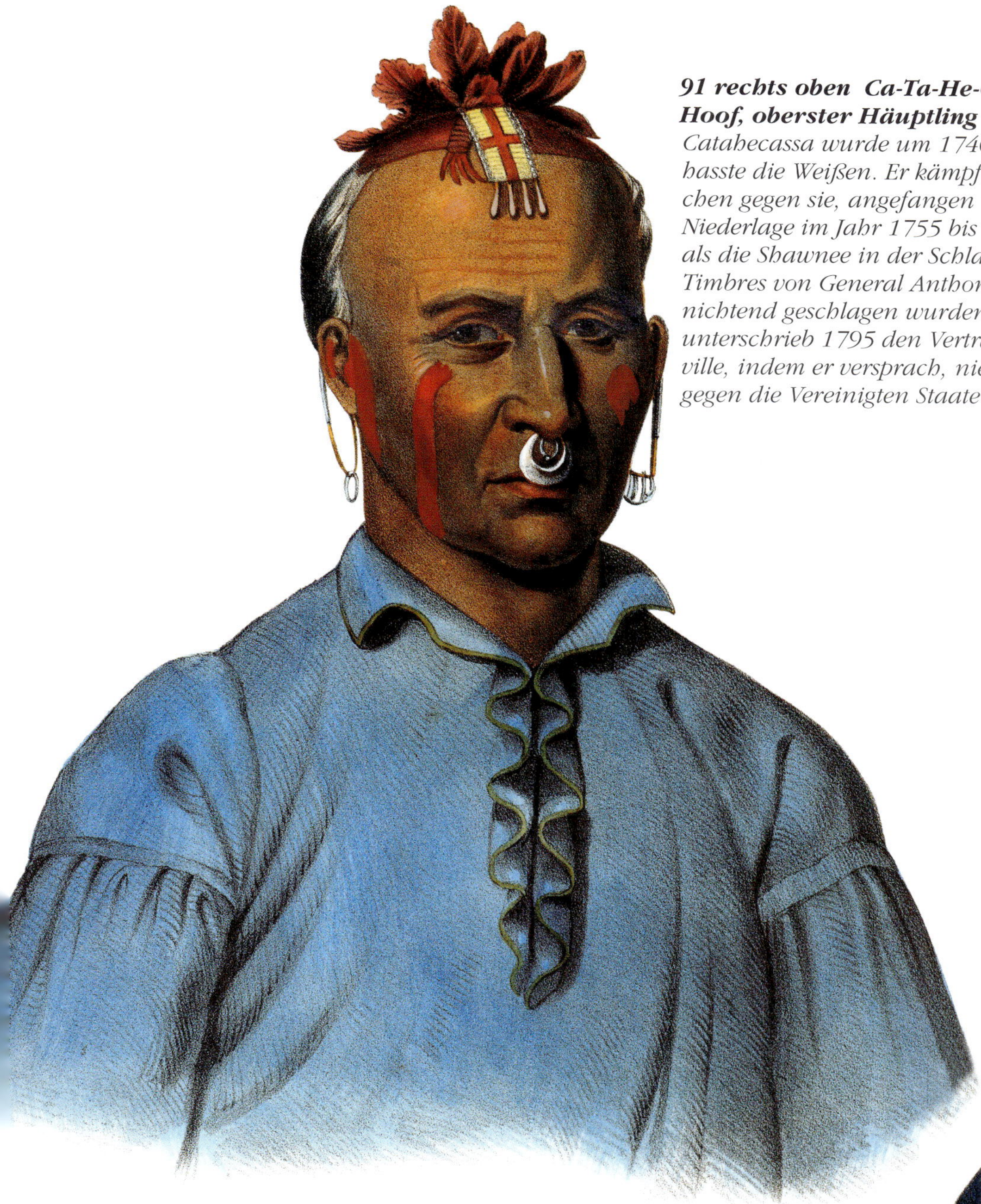

91 rechts oben Ca-Ta-He-Cas-Sa-Black Hoof, oberster Häuptling der Shawnee *Catahecassa wurde um 1740 geboren und hasste die Weißen. Er kämpfte ununterbrochen gegen sie, angefangen von Braddocks Niederlage im Jahr 1755 bis ins Jahr 1794, als die Shawnee in der Schlacht von Fallen Timbres von General Anthony Wayne vernichtend geschlagen wurden. Catahecassa unterschrieb 1795 den Vertrag von Greenville, indem er versprach, niemals mehr gegen die Vereinigten Staaten zu kämpfen. Auch die Briten in Kanada, ebenso wie Tecumseh und sein Bruder „Prophet" konnten ihn nicht mehr umstimmen. 1802 reiste Catahecassa nach Washington, weil er dort um landwirtschaftliche Geräte und Vieh bitten wollte. Er glaubte, wenn sich sein Volk den Weißen anpassen würde, könnte es sein Land behalten. Dieser Druck wurde anhand eines Porträts eines unbekannten Künstlers angefertigt. Catahecassa starb 1831 in Washington im Alter von ungefähr 90 Jahren.*

91 unten Qua-Ta-Wa-Pea, ein Häuptling der Shawnee *Während der Amerikanischen Revolution kämpfte Quatawapea an der Spitze der Shawnee-Krieger auf Seiten der Vereinigten Staaten. Als Dank garantierte man ihnen 40 000 Morgen Land in Ohio. 1831 zwang die Regierung Quatawapea jedoch, in die Gebiete westlich des Mississippi zu ziehen. Für Thomas McKenney war Quatawapea ein „vernünftiger und tapferer Indianer". Während eines Besuches in Washington Anfang 1800 verlieh ihm Präsident Thomas Jefferson persönlich die Friedensmedaille, die auf diesem Bild abgebildet ist. 1825, bei einem weiteren Besuch in Washington hatte Charles Bird King Gelegenheit, ihn zu malen.*

92 Okee-Makee-Quid, ein Häuptling der Chippewa *Okeemakeequid, hier aufwendig gekleidet, fertigte während der Sitzung in Fond du Lac ein Kanu aus Birkenrinde für Thomas McKenney an. Er trägt einen bemalten und mit Federn dekorierten Umhang, darunter ein wunderschön gestreiftes Jagdhemd. Seine Beinlinge sind mit Glasperlen verziert ebenso wie seine Strumpfbänder. In seiner rechten Hand trägt er einen hölzernen Kriegsstab und einen kleinen Tabaksbeutel. In seiner linken hat er eine langstielige Zeremonienpfeife; der Pfeifenkopf wurde aus einem „Catlinit" hergestellt. Über allem trägt er einen schwarz gefärbten hirschledernen Umhang, den er von einem Häuptling der Sioux erhalten hatte, nachdem die beiden Stämme 1825 Frieden miteinander geschlossen hatten. Sein aus Perlen, Federn und Büffelhörnern bestehender Kopfschmuck verleiht ihm ein grandioses Aussehen. Das Originalbild malte James Otto Lewis im Jahr 1826 während der Beratungen in Fond du Lac, die Kopie erstellte Charles Bird King.*

93 oben Shin-Ga-Ba-W'Ossin, ein Häuptling der Chippewa *Sein Name bedeutet „Steinernes Bild"; Shingabaw'ossin war eine bedeutende und einflussreiche Persönlichkeit unter den Chippewa. Er drängte seinen Stamm, Frieden mit den Weißen zu schließen, obwohl er ihnen misstraute. Er unterzeichnete die Verträge von „Prairie du Chien", „Fond du Lac" und „Butte des Morts". Die Chippewa erhielten jährlich 1000 $ von der amerikanischen Regierung, die auf einen Vorschlag von Shingabaw'ossin dazu verwendet wurden, eine Schule in Sault Sainte Marie im Norden von Michigan zu bauen. Das Originalbild für diesen Druck malte James Otto Lewis 1826 beim „Fond du Lac Council", die Kopie erstellte Charles Bird King.*

93 unten J-Aw-Beance, ein Häuptling der Chippewa *Dieses Porträt gehört zu den vielen, die Charles Bird King anhand von Bildern von James Otto Lewis erstellt hat. Der Stamm der Chippewa oder Ojibway lebte im Mittleren Westen, an der Grenze zwischen den Vereinigten Staaten und Britisch-Kanada. Thomas McKenney schrieb über sie: „Sie sind umherwandernde Wilde..., machen einen jämmerlichen, lethargischen Eindruck, haben keinen Ehrgeiz und wenig Ideen." Mit dieser Notiz zeigte McKenney, wie wenig er doch tatsächlich über die Bräuche der Chippewa wusste. Die Chippewa waren entschlossene Kämpfer, die die Sioux in den Westen vertrieben hatten und große Gebiete Kanadas für sich in Anspruch nahmen. Sie hatten sich mit den Ottawa und Potawatomi verbündet und lebten in Wigwams aus Birkenrinde. Ernährungsgrundlage waren der Ackerbau, die Jagd und alles Essbare in den Wäldern um die Großen Seen. Ihre kämpferische Mentalität haben sich die Stammesangehörigen bis heute erhalten. 1968 gründeten drei Chippewa, Dennis Banks, George Mitchell und Clyde Bellecourt das „American Indian Movement" (AIM) in Minneapolis, Minnesota. AIM ist eine militante Gruppe, die für die Rechte der Indianer und verbesserte soziale Bedingungen kämpft.*

94 *Eine Chippewa-Witwe* *James Otto Lewis hielt mit diesem Bild einen der traditionellen Bräuche der Chippewa fest: Die Witwe wählte einige der Gebrauchsgegenstände ihres Mannes aus, band diese zu einem Bündel zusammen und trug sie ein Jahr mit sich herum. Es war ihr so lange untersagt wieder zu heiraten, bis die Verwandten ihres Mannes der Überzeugung waren, dass sie lange genug getrauert hatte und ihr das Bündel abnahmen.*

95 Frau und Kind der Chippewa
Während des „Fond du Lac Council" malte James Otto Lewis einige Frauenbilder, die Charles Bird King später kopierte und als Lithografien in „The Indian Tribes of North America" veröffentlicht wurden. Hier ist eine Chippewa mit ihrem Kind in einer Rückentrage zu sehen. So konnte die Frau ihrer täglichen Arbeit nachgehen und wusste gleichzeitig immer, wo ihr Kind war. Der Begriff „squaw" entstammt der Sprache der Algonkin und heißt Frau. Das Volk der Narrangansett, das Roger Williams im 19. Jahrhundert studierte, verwendete diesen Begriff. Die Weißen gebrauchten diesen Ausdruck jedoch so geringschätzig, dass die Bezeichnung „Squaw" heute als Beleidigung gilt.

96 oben Pee-Che-Kir, ein Chippewa-Häuptling *Peechekir bedeutet „Büffel"; Thomas McKenney beschrieb ihn als „einfachen, geradlinigen Indianer". Peechekir hält eine Zeremonienpfeife mit hölzernem Stiel und rotem Kopf aus dem Stein, der nach dem Maler Catlin „Catlinit" genannt wurde. Auf seinem silbernen Armreif ist ein Symbol eingraviert. Vielleicht war dieser ein Geschenk der britischen oder amerikanischen Regierung, die weniger bedeutenden Häuptlingen an Stelle von Friedensmedaillen Armbänder überreichte. Das Originalgemälde für diesen Druck stammt von James Otto Lewis und entstand 1826 während des „Lac du Fond Council". Die Kopie fertigte Charles Bird King an.*

96 unten Wesh-Cubb, ein Häuptling der Chippewa *Weshcubb war ein berühmter Krieger; er war jedoch betrübt, weil sein Sohn ein A-go-kwa, ein Homosexueller, war. A-go-kwa wurden in fast allen Stämmen toleriert; man sah ihnen nach, dass sie nicht alle Anstrengungen und Ängste der Krieger durchstehen konnten. A-go-kwa zogen sich wie Frauen an und waren gezwungen, abseits des Hauptstammes zu leben. Obwohl sie vom eigentlichen Stamm ausgeschlossen waren, pflegten doch einige Männer sexuelle Beziehungen mit ihnen; man war der Meinung, dass A-go-kwa große spirituelle Macht besäßen. Nach Thomas McKenneys Aussage war Weshcubb ein „guter, fetter, gemütlich aussehender Mann"; das Interessanteste an ihm war sein homosexueller Sohn.*

97 oben No-Tin, ein Häuptling der Chippewa *Thomas McKenney schilderte ihn als „klugen Häuptling, geschickten Jäger und tapferen Krieger". James Otto Lewis malte 1826 während des „Fond du Lac Council" dieses Bild, das Charles Bird King später kopierte.*

97 unten Wa-Em-Boesh-Kaa, ein Häuptling der Chippewa *Nach Thomas McKenneys Meinung hatte Waemboeshkaa das Auftreten eines Königs. Sein Hut glich einer Krone und war aus Erpel- und Spechtfedern gemacht. Seine Armbänder waren aus dem gleichen Material. Darüber hinaus ist er mit einer außergewöhnlich schönen, ebenfalls mit Federn dekorierten Zeremonienpfeife dargestellt. McKenney fand jedoch heraus, dass Waemboeshkaa trotz seiner grandiosen Erscheinung keine entscheidende Bedeutung innerhalb seines Stammes hatte. Das Original malte James Otto Lewis 1826 während des „Fond du Lac Council", die Kopie Charles Bird King.*

98 links Amiskquew, ein Krieger der Menominee *Dieses Bild malte James Otto Lewis 1827 während des „Butte des Morts Council" und Charles Bird King kopierte es später. Thomas McKenney notierte, dass es „nichts Bemerkenswertes über ihn zu sagen gibt". Die Menominee lebten in Wisconsin; ihr Hauptnahrungsmittel war wilder Reis. 1634 wurden sie erstmals von französischen Forschern gesehen. Sie waren berühmt für ihre farbenprächtige Kleidung, ihren Schmuck aus Kupfer und ihre gewebten Taschen.*

98 rechts Mar-Ko-Me-Te, ein Menominee *Markomete reiste 1831 mit einer Delegation nach Washington, wo ihn Charles Bird King malte.*

99 oben Wa-Baun-See, ein Häuptling der Pottawatomi *Wabaunsee war ein bedeutender Häuptling und zunächst ein Verbündeter der Briten; er nahm am Angriff auf Fort Deaborn, dem heutigen Chicago teil. 1814 unterzeichnete er einen Friedensvertrag mit den Vereinigten Staaten. 1826 signierte er den „Vertrag von Wabash" in Indiana und übergab damit alle Gebiete an die Vereinigten Staaten. Daraufhin wurde Wabaunsee von einem Krieger der Pottawatomi niedergestochen, überlebte dies jedoch. Er unterzeichnete noch weitere Verträge mit den Vereinigten Staaten und kämpfte 1832 gegen Black Hawk; 1835, als dieses Bild entstand, stimmte Wabaunsee einer Umsiedlung seines Volkes in die Gebiete westlich des Mississippi zu. Auf diesem Bild trägt Wabaunsee die Uniform eines amerikanischen Offiziers, die man häufig loyalen Indianern zusammen mit Friedensmedaillen überreichte. Wabaunsee ließ sich am Missouri in Iowa, in der Nähe von Council Bluffs nieder, wo er 1848 starb.*

99 unten Me Te-A, ein Häuptling der Potawatomi *Metea nahm 1827 an der Indianerkonferenz in St. Joseph, Michigan, teil und erhielt dort eine Flasche Whiskey. In der Flasche war jedoch nicht Whiskey, sondern Gift und so starb er innerhalb weniger Minuten. Metea hatte viele Entwicklungen in seinem kurzen Leben mitgemacht: 1812 kämpfte er mit den Briten gegen die Amerikaner; er leitete dabei den Angriff bzw. das Massaker auf Fort Deaborn am 15. August 1812. Später schloss er Frieden mit den Vereinigten Staaten und unterzeichnete 1821 in Washington einen Friedensvertrag. Er befürwortete sogar, dass die Kinder der Pottawatomi auf euro-amerikanische Schulen gingen. Das Original dieses Bildes, das wahrscheinlich Samuel Seymour malte, ist heute verloren.*

101 Wa-Pel-La, Häuptling der Musquakee *Der 1787 geborene Wapella war einer der drei bedeutenden Häuptlinge der Sauk und Fox; die anderen waren Keokuk und Powasheek. Wapella gehörte 1837 zu den Delegationsmitgliedern, die unter Keokuks Führung an die Ostküste reisten. Bei dieser Gelegenheit malte ihn Charles Bird King in Washington. Die Sauk und Fox waren nach Washington gekommen, um dort an einer Friedenskonferenz mit ihren Feinden, den Santee-Sioux teilzunehmen. Es wurden zwar fünf Verträge während dieser Konferenz unterzeichnet, das eigentliche Ziel jedoch wurde nicht erreicht. Diese Verträge hatten jedoch weitreichende Auswirkungen, da die verfeindeten Stämme gezwungen wurden, weite Landstriche an die Vereinigten Staaten abzutreten; so reisten beide Stämme ärmer ab, als sie gekommen waren. Während ihres Aufenthaltes in Washington waren Wapellas Leute sehr unkomfortabel untergebracht. 34 Männer, Frauen und Kinder wohnten zusammengepfercht in der Mansarde des Virginia Coffee House. Trotz dieser Umstände genossen die Sauk und Fox ihren Aufenthalt in der Hauptstadt, gingen ins Theater, wo sie die Hauptdarstellerin als Zeichen ihres Wohlgefallens mit Büffelfellen, Kopfschmuck, Gürteln und Mokassins bewarfen. Im Gegenzug überreichte die Schauspielerin den Indianern Straußenfedern. Die Delegation setzte ihre Reise nach Boston fort, wo sie vor einer großen Menge tanzten und eine Rede hielten. Wapella hat auf diesem Bild einen Mantel aus weißem, mit Federn verzierten Büffelfell an. Um seinen Hals trägt er eine Kette aus Bärenklauen und eine Friedensmedaille. Um seinen Kopf hat er einen seidenen Turban gewickelt. 1842 kam Wapella bei der Jagd ums Leben.*

100 Tai-O-Mah *Obwohl Taiomah an Tuberkulose erkrankt war, begab er sich dennoch 1824 auf die lange Reise mit Dampfschiff und Postkutsche nach Washington. Thomas McKenney erzählte, dass er zu einem Geheimbund der Fox, dem „Großen-Medizinmann-Bund“, gehörte. Auf diesem Bild trägt Taiomah eine Kette aus Bärenklauen und ein silbernes Armband. Kurz nachdem Charles Bird King dieses Bild fertig gemalt hatte, starb er.*

102 Kee-She-Waa, ein Krieger der Fox *Keeshewa, auch „The Sun", war ein berühmter Krieger, Medizinmann und Freund des Sauk-Häuptlings Keokuk. Thomas McKenney schrieb über ihn: „Er war ein entschlossener, fortschrittlicher und furchtloser Häuptling, der einen guten Charakter hatte..." Charles Bird King malte die Vorlage für diesen Druck wahrscheinlich 1824 in Washington.*

103 Ne Sou A Quoit, ein Häuptling der Fox *Nesouaquoit reiste 1837 nach Washington, um das Geld einzufordern, das die amerikanische Regierung seinem Volk seit Jahren schuldete. Ein erfolgloses Unternehmen. Während seines Besuches porträtierte ihn Charles Bird King erstmals. Ein zweites Bild, das Nesouaquoit in voller Körpergröße darstellt, entstand noch im selben Jahr. Beide Gemälde sind heute noch erhalten. Nesouaquoit bedeutet „Bär, der in der Astgabel sitzt".*

A.H.

105 Ap-Pa-Noo-Se, ein Sauk-Häuptling
Auch Appanoose gehört zu den Delegationsmitgliedern, die 1837 nach Washington reisten. Dort malte ihn George Cooke. Er trägt ein silbernes Armband und eine Friedensmedaille um den Hals; in der Hand hält er eine Kriegskeule mit einer tödlichen, eisernen Spitze.

104 Kish-Ke-Kosh *Auch Kishkekosh reiste 1837 mit der Delegation nach Washington, wo ihn George Cooke malte. Er hält einen mit Federn geschmückten Stab in der einen Hand und in der anderen einen Kriegsstab. Um seinen Hals hängt ein Skalp. Der Kopfschmuck, den Kishkekosh trägt, hätte fast zu einer Auseinandersetzung zwischen der Delegation der Sauk und Fox und der Delegation der Santee-Sioux geführt. Als die zwei Stämme zur Konferenz in das Kriegsministerium kamen, nahmen die Sauk und Fox auf der einen Seite des Raumes und die Santee-Sioux auf der anderen Seite Platz. Unentwegt blickten nun die Santee-Sioux auf Kishkekosh's Kopfschmuck: Kishkekosh hatte nämlich einige Zeit zuvor ein Sioux-Dorf überfallen, drei Krieger getötet und skalpiert und dabei den Kopfschmuck eines Kriegers mitgenommen. Der große, imposante Kishkekosh konnte schließlich durch Geschenke und Versprechungen dazu überredet werden, seinen Kopfschmuck im Virginia Coffee House zu lassen und so nicht für weitere Unruhe zu sorgen.*

106 oben A-Mis-Quam, ein Winnebago *Amisquam war ein berühmter Krieger. Er erklärte Thomas McKenney die Kriegskunst der Winnebago. Das Original dieses Bildes malte James Otto Lewis 1827 während des „Butte des Morts Council", Charles Bird King kopierte es später.*

106 unten Hoo-Wan-Ne-Ka, ein Häuptling der Winnebago *Als James Otto Lewis Hoowanneka 1826 während des „Fond du Lac Council" malte, zog er die gleiche Kleidung an, die er bei dem Treffen mit Präsident Monroe im Jahr 1824 trug. Er trägt eine Friedensmedaille, silberne Bänder an Armen und Handgelenken. In der Hand hält er einen Pfeifen-Tomahawk, ein begehrtes Tauschobjekt. Hoowanneka kämpfte 1812 mit den Briten gegen die Vereinigten Staaten, schloss jedoch später Frieden mit Letzteren. Er unterzeichnete 1825 in Prairie du Chien und 1832 in Fort Armstrong Verträge.*

107 oben Tshi-Zun-Hau-Kau, ein Winnebago *Tshizunhaukau erläuterte Thomas McKenney den ungewöhnlichen Stab, den er in der Hand hält. Es handelt sich dabei um einen sogenannten „Lebensstab", jede Markierung und jedes Symbol hat eine entsprechende Bedeutung: „Er hatte die Einteilung der Zeit, die Jahreszeiten und zusätzlich einige Wetterbeobachtungen angebracht" notierte Thomas McKenney. Tshizunhaukau war ein Medizinmann und Magier, der 1828 mit einer Delegation Winnebago nach Washington gereist war. McKenney bestand darauf, dass Charles Bird King ihn mit diesem besonderen Stab abbildete. Ansonsten trägt er die übliche Friedensmedaille, Armreife und einen schönen Pfeifen-Tomahawk.*

107 unten Ein Winnebago *Die Winnebago waren wilde Kämpfer, die im Gebiet der Seen von Wisconsin zu Hause waren. Sie nannten sich selbst Hotcangara, „Volk der bedeutenden Sprache"; ihre Feinde, die Sauk und Fox nannten sie Winnebago. Sie lebten in rechteckigen Rindenhäusern und betrieben entlang des östlichen Armes der Green Bay Landwirtschaft. Durch die politischen Veränderungen und viele gebrochene Verträge wurden sie schließlich gezwungen, nach Nebraska umzuziehen. Charles Bird King malte diesen Winnebago 1828; er war Halbfranzose und gehörte zu denen, die alle diese Wirren miterlebten. Thomas McKenney schrieb über ihn: „Er war ein vernünftiger, guter Redner." Er trägt drei silberne Friedensmedaillen, die offiziellen Symbole für Frieden, die von der amerikanischen Regierung nur hochgestellten Persönlichkeiten verliehen wurden.*

108 Chono Ca Pe, ein Häuptling der Oto *Chonocape oder „Big Kansas" war oberster Häuptling der Oto und ein Mitglied der O'Fallon-Delegation von 1821. Er hatte ein ungezügeltes Temperament, regierte aber trotzdem sein Volk gerecht. Es wird behauptet, dass er auch seinem Sohn das ungestüme Wesen vererbt habe. Charles Bird King porträtierte ihn 1821 mit Bärenklauenkette und Friedensmedaillen um den Hals. In der Hand hält er einen Kriegsstab mit dekorativer Metallspitze.*

109 No-Way-Ke-Sug-Ga, ein Oto *Er reiste 1837 mit der Delegation nach Washington. Dies gehört zu den letzten Bildern, die Charles Bird King im Auftrag der Regierung malte. Hier hat Nowaykesugga seine Kriegsbemalung aufgelegt, außerdem trägt er einen dekorativen Turban, eine Bärenklauenkette und eine John-Quincy-Adams-Friedensmedaille. Seine Tarnkleidung aus Büffelleder ist an den Ärmeln mit Stacheln von Stachelschweinen verziert; in der Hand hält er eine Zeremonienpfeife.*

110 Not-Chi-Mi-Ne, ein Häuptling der Iowa *Notchimine war ein furchtloser Krieger, der bereits zu Lebzeiten eine Legende und Gegenstand vieler Lieder war. 1836 wurde Notchimine kriegsmüde und begann auf einen Frieden zwischen seinem Stamm und den Osage zu drängen. 1837, nach einer Konferenz in Washington, konnte ein Friedensvertrag zwischen den zwei Stämmen geschlossen werden. Zu diesem Zeitpunkt entstand auch dieses Porträt von Charles Bird King. Er trägt ein Hemd, einen roten Umhang, einen außergewöhnlich schön gewebten Turban und eine James-Monroe-Friedensmedaille.*

111 Ne-O-Mon-Ne, ein Häuptling der Iowa *Neomonne oder auch „Wolke, die den Regen bringt" war eine hochgeachtete Persönlichkeit in seinem Stamm. Neomonne nahm 1837 an den Vertragsverhandlungen in Washington teil und wurde bei dieser Gelegenheit von Charles Bird King gemalt. Thomas McKenney bezeichnete ihn als „Berühmten Krieger". Als McKenney aus seinem Amt entlassen wurde, zeigte er Neomonne die erste Ausgabe seines Buches „The Indian Tribes of North America". Der Iowa war sehr angetan von diesem Buch, da er viele Gesichter wiedererkennen konnte.*

112 Moa-Na-Hon-Ga, ein Häuptling der Iowa *Diese Lithografie, die in „Mc Kenney and Hall's Indian Tribes of North America" erschien, ist mit dem Originalporträt Charles Bird Kings auf S. 64 gut zu vergleichen. Man sieht die große Kunstfertigkeit von Albert Newsam, dem taubstummen Künstler, der die Aufgabe hatte, mit einem öligen Stift Kings Gemälde zu kopieren. Seine extreme Originaltreue zeugt von seiner künstlerischen Sensibilität, obwohl man nicht weiß, ob er nicht doch, wie manche seiner Zeitgenossen, irgendwelche elementaren fotografischen Techniken benutzte, um die Konturen besser herauszuarbeiten.*

113 Ma-Has-Kah *Mahaskah oder „Weiße Wolke“ war der oberste Häuptling der Iowa. Charles Bird King malte dieses Bild 1824, anhand dessen diese zweidimensionale Lithografie entstand. Mahaskah trägt eine Bärenklauenkette, eine Friedensmedaille und dekorative Federn im Haar; außerdem hat er seine persönliche Bemalung aufgelegt. In der Hand hält er einen Kriegsstab.*

114 Shar-I-Tar-Ish, ein Häuptling der Pawnee *Sharitarish oder „Ärgerlicher Häuptling" war 1,80 m groß und ein bedeutender Häuptling der Pawnee. Nachdem der oberste Häuptling der Pawnee beschlossen hatte, nicht mit Benjamin O'Fallon nach Washington zu gehen, da das unter seiner Würde sei, sprang der ehrgeizige Sharitarish bereitwillig für ihn ein. Er war ein gern gesehener Gast in Washington und war bis zu seiner Rückkehr Häuptling seines Volkes. Kurze Zeit später starb er an einem Fieber. Hier trägt er ein Büffelfell mit der Fellseite nach innen und eine Friedensmedaille.*

115 Pes-Ke-Le-Cha-Co, ein Häuptling der Pawnee Thomas McKenney nannte ihn einen „standfesten, entschlossenen Mann, exzellenten Jäger und furchtlosen Krieger“. Peskelechaco reiste 1821 mit Benjamin O'Fallon nach Washington. Dort malte ihn Charles Bird King. Er trägt ein Büffelfell mit der Fellseite nach innen, auf die Lederseite ist ein Pferd gemalt. Eine Friedensmedaille trägt er um den Hals. Er starb 1826 bei der Verteidigung seines Dorfes gegen einen Angriff der Osage.

116 oben To-Ka-Cou, ein Häuptling der Sioux *Tokacou oder „Der die erste Wunde zufügt“ gehörte zu den Stammesangehörigen, die dafür sorgten, dass die Stammesregeln eingehalten wurden. Er signierte für die Yankton-Sioux (Nakota) Verträge: 1825 in Fort Lookout, 1830 in Prairie du Chien und 1837 in Washington. Zu diesem Zeitpunkt entstand dieses Porträt von George Cooke. Tokacoe trägt ein wunderschönes Hemd aus Büffel- oder Elchleder, das mit Perlen und gefärbtem menschlichen Haar verziert ist. Er hält ein Schwert als Symbol für seine Autorität als Ordnungshüter in der Hand.*

116 unten Esh-Ta-Hum-Leath, ein Häuptling der Sioux *Eshtahumleath, was frei übersetzt „Schlafendes Auge“ bedeutet, war Häuptling der Sisseton-Sioux (Dakota). Er unterzeichnete die Verträge von Prairie du Chien (1825 und 1830), St. Peters (1836) und Traverse de Sioux (1851). Charles Bird King malte dieses Porträt 1824. Er wurde um 1780 im heutigen Mankato, Minnesota geboren und kam 1860 bei der Jagd ums Leben. Seine sterblichen Überreste wurden nach Minnesota überführt. Dort wurde ihm auch ein Denkmal gesetzt.*

117 Wa-Na-Ta, Großer Häuptling der Sioux *Wanata war ein Häuptling des Yanktonai-Stammes der Sioux. Die Yanktonai-Sioux sprachen eine mit zwei weiteren Stämmen verwandte Sprache. Die Franzosen nannten sie in Anlehnung an das Wort „Nadouessioux" in Chippewa-Sprache Sioux, was „Schlange" oder „Natter" bedeutete. Die Chippewa waren jedoch die Feinde der Sioux, sie nannten sich selbst „Nakota", was „Verbündete" bedeutet. Die Nakota bestanden aus den Stämmen Yankton und Yanktonai und lebten in der Mitte der drei Sioux-Stämme. Der östliche Sioux-Stamm lag in Dakota, der westliche in Lakota. Wanata wurde um 1795 im heutigen Süd-Dakota geboren und kämpfte 1812 mit den Briten gegen die Vereinigten Staaten. Nach dem Krieg wurde er nach England eingeladen und dort am Hof vorgestellt. 1820 plante er den Angriff auf Fort Snelling in Minnesota, der jedoch abgebrochen wurde, als er gefangen genommen wurde. Später war er den Vereinigten Staaten freundlich gesinnt und unterzeichnete die Verträge von Fort Pierre und Prairie du Chien im Jahr 1825. Wanata starb 1848 im Alter von ungefähr 53 Jahren.*

GEORGE CATLIN: „LASST DIE INDIANER NICHT IN VERGESSENHEIT GERATEN!“

1868 reiste Francis Catlin über den Atlantischen Ozean nach Brüssel, um seinen Bruder George zum ersten Mal seit 20 Jahren wiederzusehen. George Catlin, berühmter Maler vieler Indianerstämme und einstmals auf seiner Tour durch Europa umjubelt, lebte mittlerweile in einer Mansardenwohnung. Seine einzige Gesellschaft waren weiße Mäuse, die er sich als Haustiere hielt. Sein Tagesablauf bestand daraus, sich in ein Straßencafé zu setzen, Memoiren über seine Reise zu den Indianern Nordamerikas zu schreiben und Skizzen über die Ereignisse dieser Reise anzufertigen. Jeden Tag aß er Steak und Kartoffeln im Café unter seiner Wohnung und da er im Lauf der Jahre taub geworden war, aß er in Stille, unbeeindruckt von der lauten Musik und Unterhaltung um ihn herum. Seinem Bruder erzählte George Catlin, dass die Zeichnungen, die er eifrig malte, in Verbindung mit seinem Erfahrungsbericht ihm noch einmal Ruhm und Reichtum bescheren würden. Aber Catlin machte sich

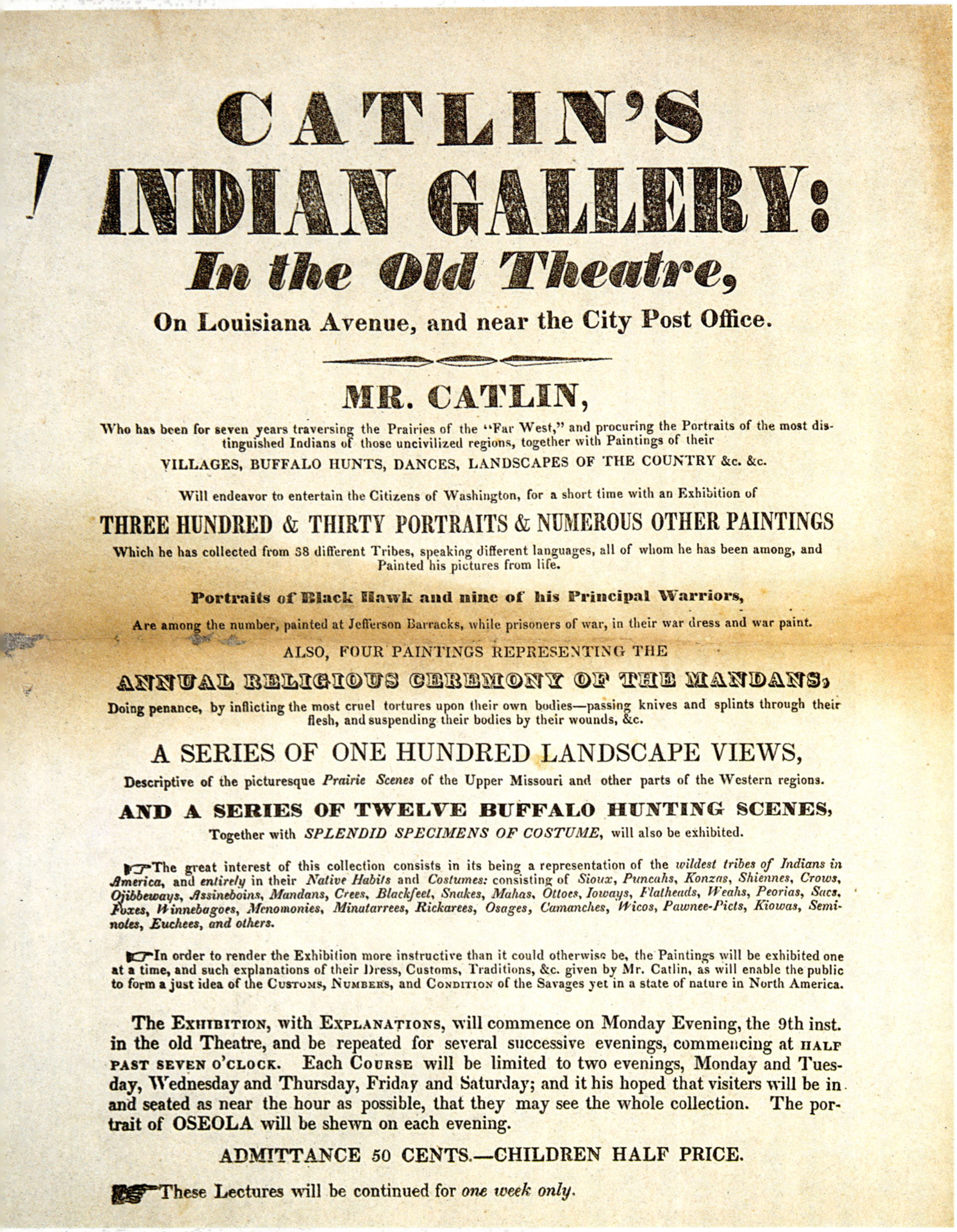

CATLIN'S
INDIAN GALLERY:
In the Old Theatre,
On Louisiana Avenue, and near the City Post Office.

MR. CATLIN,
Who has been for seven years traversing the Prairies of the "Far West," and procuring the Portraits of the most distinguished Indians of those uncivilized regions, together with Paintings of their
VILLAGES, BUFFALO HUNTS, DANCES, LANDSCAPES OF THE COUNTRY &c. &c.

Will endeavor to entertain the Citizens of Washington, for a short time with an Exhibition of
THREE HUNDRED & THIRTY PORTRAITS & NUMEROUS OTHER PAINTINGS
Which he has collected from 38 different Tribes, speaking different languages, all of whom he has been among, and Painted his pictures from life.

Portraits of Black Hawk and nine of his Principal Warriors,
Are among the number, painted at Jefferson Barracks, while prisoners of war, in their war dress and war paint.

ALSO, FOUR PAINTINGS REPRESENTING THE
ANNUAL RELIGIOUS CEREMONY OF THE MANDANS,
Doing penance, by inflicting the most cruel tortures upon their own bodies—passing knives and splints through their flesh, and suspending their bodies by their wounds, &c.

A SERIES OF ONE HUNDRED LANDSCAPE VIEWS,
Descriptive of the picturesque *Prairie Scenes* of the Upper Missouri and other parts of the Western regions.

AND A SERIES OF TWELVE BUFFALO HUNTING SCENES,
Together with *SPLENDID SPECIMENS OF COSTUME,* will also be exhibited.

☞The great interest of this collection consists in its being a representation of the *wildest tribes of Indians in America,* and *entirely* in their *Native Habits* and *Costumes:* consisting of *Sioux, Puncahs, Konzas, Shiennes, Crows, Ojibbeways, Assineboins, Mandans, Crees, Blackfeet, Snakes, Mahas, Ottoes, Ioways, Flatheads, Weahs, Peorias, Sacs, Foxes, Winnebagoes, Menomonies, Minatarrees, Rickarees, Osages, Camanches, Wicos, Pawnee-Picts, Kiowas, Seminoles, Euchees, and others.*

☞In order to render the Exhibition more instructive than it could otherwise be, the Paintings will be exhibited one at a time, and such explanations of their Dress, Customs, Traditions, &c. given by Mr. Catlin, as will enable the public to form a just idea of the CUSTOMS, NUMBERS, and CONDITION of the Savages yet in a state of nature in North America.

The EXHIBITION, with EXPLANATIONS, will commence on Monday Evening, the 9th inst. in the old Theatre, and be repeated for several successive evenings, commencing at HALF PAST SEVEN O'CLOCK. Each COURSE will be limited to two evenings, Monday and Tuesday, Wednesday and Thursday, Friday and Saturday; and it his hoped that visiters will be in and seated as near the hour as possible, that they may see the whole collection. The portrait of OSEOLA will be shewn on each evening.

ADMITTANCE 50 CENTS.—CHILDREN HALF PRICE.

☞These Lectures will be continued for *one week only.*

118 Zeitungsannonce von „Catlins Indian Gallery“ in Washington im April 1838 *Catlins Indianerausstellung mit Gemälden und Kunstgegenständen war ein großer Erfolg in Washington. Allein aus politischen Gründen wurde die Ausstellung nur für kurze Zeit gezeigt. Catlin wollte jedoch, dass der amerikanische Kongress die gesamte Ausstellung für das amerikanische Volk kaufe.*

118 oben rechts Karibu *Catlin malte diesen Ojibway-Krieger 1836 in Sault Ste. Marie. Er trägt einen Turban und einen Medizinbeutel um seinen Hals. George Catlin lernte während seiner Reise die Indianer immer besser kennen und stellte fest, dass ihm die „unverdorbenen“ Indianer im Westen eher lagen als Indianer wie die Ojibway, die schon viel Kontakt mit Euro-Amerikanern gehabt hatten.*

118 unten Der berühmte Krieger „Mouse-Colored-Feather“ *Dieser Krieger vom Stamm der Mandan posierte für Catlin mit einer „wunderschönen Pfeife in der Hand“. Catlin stellte fest, dass „sein Haar fast gelb“ war. Die Mandan lebten in Dörfern entlang des Missouri im heutigen Nord-Dakota. Die Mandan übten auf Catlin eine große Faszination aus, als er sie 1832 besuchte.*

119 George Catlin, Porträt von William Fisk, 1849 *Auf diesem Bild ist George Catlin 53 Jahre alt, ganz in Wildleder gekleidet und steht mit Palette und Pinsel in einem indianischen Tipi. Zu diesem Zeitpunkt hatte sich Catlin bereits entschlossen, eine Chronik über die Indianer Amerikas zu erstellen, war jedoch bereits seit einigen Jahren nicht mehr in Amerika. Dieses Porträt stammt aus Catlins ruhmreichen Tagen und zeigt ihn als erfolgreichen Unternehmer und Aussteller. Der schwermütige Ausdruck auf seinem Gesicht lässt auf seinen großen Wunsch schließen, wieder nach Amerika zurückzukehren. Catlins Traum war, der amerikanische Kongress würde seine Bilder- und Kunstsammlung kaufen und damit eine permanente nationale Ausstellung der „untergehenden Rasse“ ins Leben rufen.*

120-121 Eine Gruppe Ojibway in London, 1844 *Catlin fertigte 1844 in London diese Zeichnung und eine ganze Reihe weiterer Porträtstudien an. Diese Mitglieder der tanzenden Ojibway-Truppe machten Catlins Ausstellung für mehr als ein Jahr populär. Die Ojibway waren dabei in ihre traditionellen Gewänder gekleidet, die Männer hielten außerdem noch Friedenspfeifen und Kriegsstäbe in den Händen.*

selbst etwas vor. Seine Zeit war vorüber und mit ihr die indianische Lebensweise, die er während seiner abenteuerlichen Reise durch den Westen Amerikas beobachtet hatte.
George Catlins künstlerisches Werk ist der erste bedeutende Bildbericht über Indianerstämme des Westens. Kein Künstler der vorfotografischen Ära besuchte mehr indianische Stämme und erstellte mehr Porträts und Szenen der indianischen Lebensweise. Zusätzlich notierte Catlin Bräuche und Kultur der verschiedenen Stämme und erstellte damit den ersten ethnologisch bedeutenden Bericht über Indianer.
Nachdem er seine Bilder fertig gestellt hatte, begann er die indianische Lebensweise in Amerika und Europa vorzustellen. Trotz seines unglaublichen Optimismus' hätte sich Catlin doch über die Misserfolge seiner zweiten Lebenshälfte wundern müssen. Die Erfolge seiner Jugend standen zweifellos in krassem Gegensatz zu seinem späteren Leben, Tag für Tag im Café.
George Catlin wurde am 26. Juli 1796 in Wilkes-Barre, Pennsylvania, als fünftes von 14 Kindern geboren. Sein Vater Putnam Catlin, Veteran des Amerikanischen Unabhängigkeitskriegs, war von Neu-England nach Pennsylvanien gezogen, um als Land-Rechtsanwalt nach dem Krieg tätig zu werden. Putnams Vermögen schwand jedoch zusehends und so musste die Familie, als George noch klein war, von Ort zu Ort ziehen. Später schrieb er, dass er seine glücklichsten Jahre am Ufer des Susquehanna-Flusses in Broome Country, New York, verbracht hätte. Er verlebte dort eine für einen Jungen ideale Jugend, die aus Fischen, Jagen, dem Sammeln indianischer Kunstgegenstände und dem Anhören alter Geschichten der Waldsiedler bestand.
George wuchs in einer Gegend auf, in der es viele Erinnerungen an Indianer gab, obwohl diese viele Jahre zuvor gezwungen worden waren, in den Westen zu ziehen. In Wilkes-Barre waren 1778, während des Unabhängigkeitskriegs, etliche Irokesen und der englischen Krone treu ergebene Amerikaner eingefallen und hatten viele Einwohner getötet. Dieses Ereignis ging in die Geschichte als „Wyoming Valley Massacre" ein. Georges Mutter und

Großmutter waren kurze Zeit als Geiseln genommen, aber schon bald wieder freigelassen worden. Infolgedessen hörte George während seiner Jugend häufig nichts Gutes über Indianer. Eine schulische Erziehung erhielt George in Wilkes-Barre, wo er an der örtlichen „academy" in Mathematik, Geschichte und klassischen Sprachen unterrichtet wurde. Nach fünf Jahren sandte ihn sein Vater zu Tapping Reeve in Litchfield, Connecticut, einem der besten Lehrer zu diesem Zeitpunkt für junge Rechtsanwälte in den Vereinigten Staaten. Bei ihm sollte George Jura studieren. In seinem 1841 erschienenen Buch „Letters and Notes on the Manners, Customs and Condition of the North American Indians" (Briefe und Notizen über Umgangsformen, Bräuche und Verhältnisse der nordamerikanischen Indianer) erinnert sich Catlin daran, dass er Reeves Unterricht und die bedeutenden Gesetzestexte dieser Zeit nur durch Einnahme von Rausch- und Aufputschmitteln durchstehen konnte, sein Kopf aber mit ganz anderen Dingen beschäftigt war. Im Herbst 1818 brachte er den 14-monatigen Kurs durch das Juraexamen von Connecticut zum Abschluss. Catlin erinnert sich jedoch in seinem 1857 erschienenen Buch „Life Amongst the Indians" (Leben unter den Indianern), dass eine „andere berufliche Passion mich in Besitz genommen hatte, nämlich die Malerei, der ich schon bald vollkommen verfallen war; und nachdem jeder Zentimeter meines Tisches und meiner Bank mit Taschenmesser, Füllfeder und Tinte bearbeitet worden war und Zeichnungen von Richtern, Geschworenen und Tätern diese bedeckten, entschloss ich mich, meine Gesetzbücher gegen Farbtöpfe und Pinsel einzutauschen und der Malerei, meiner eigenen Berufung, in Zukunft nachzugehen."
1821 stellte Catlin seine Werke in der berühmten Academy of Fine Arts von Pennsylvania aus und erhielt Unterricht an der Philadelphia Academy. Catlin

122 Tchung-Kee, ein Spiel der Mandan, 1832–1833 *Die Mandan liebten Spiele, „tchung-kee" war ihr Lieblingsspiel. Fast alle Indianerstämme, einschließlich der Mandan, liebten es, um den Ausgang von Spielen zu wetten. Catlin beschrieb „tchung-kee" folgendermaßen: „Dieses Spiel ist eine hervorragende körperliche Übung, der sie, solange das Wetter einigermaßen ist, praktisch unaufhörlich nachgehen, wenn sie nichts anders tun müssen..."*

122-123 Rat der Sioux *Dieses Bild entstand wahrscheinlich in Catlins Studio anhand von Skizzen, die Catlin 1832 unterwegs angefertigt hatte. Diese Szene betont Catlins Betrachtungsweise der Indianer: Die Sioux vertieft in Unterhaltung und Gespräch, in Einheit mit der Natur.*

wurde schnell in der Künstler- und Wissenschaftlerszene des beginnenden 19. Jahrhunderts von Philadelphia heimisch.
Hauptbestandteil der intellektuellen Szene von Philadelphia war das Museum, das der Künstler, Erfinder und Naturforscher Charles Wilson Peale verwaltete. Als Catlin das Museum erstmals besuchte, war dieses bereits 35 Jahre alt. Peales Museum war im „langen Raum“ im ersten Stock der Independence Hall untergebracht, in dem sowohl die Unabhängigkeitserklärung als auch die Verfassung angenommen und unterzeichnet worden waren. Peales Museum war eine wahrlich einzigartige Einrichtung, in der Porträts der Helden der Revolutionsjahre, ein Mastodon-Skelett, präparierte Vögel und Fische und indianisches Kunsthandwerk ausgestellt wurden. Vielleicht wurde Catlin dort durch Peales Porträts der Forscher und Helden Lewis und Clark inspiriert, aber auch durch die vielen Gegenstände, die sie von ihren Reisen mitgebracht hatten. Auch Kunstgewerbe, das Stephen H. Long 1820–1821 auf seiner Expedition sammelte, war unter den Ausstellungsstücken. Für einen jungen Menschen wie Catlin gab es in diesem Museum sicher vielfältigste Anregungen und Inspirationen.
Das Museum in Philadelphia war zu diesem Zeitpunkt Anziehungspunkt für die bedeutendsten Wissenschaftler Amerikas, deren Ziel es war, die faszinierende „neue Welt“ detailliert zu chronologisieren. Vielleicht lag es an diesem Forschungsdrang, dass Catlin sich dazu entschloss, den großen Traum seines Lebens in die Tat umzusetzen, die Kultur der amerikanischen Indianer aufzulisten und der Nachwelt zu erhalten. Die Inspiration von Peales Galerie, das intellektuelle Klima in Philadelphia, vielleicht auch der Besuch

einer oder zweier indianischer Delegationen waren für Catlin Anstoß, sich für wissenschaftliche Ziele zu interessieren, obwohl er dabei nie sein Kunststudium aus den Augen verlor. Neben hervorragenden Wissenschaftlern waren auch renommierte Künstler in Philadelphia vertreten. Und obwohl Catlin viel künstlerisches Talent mitbrachte, war er doch den fundiert ausgebildeten Künstlern in Philadelphia nie ein ebenbürtiger Konkurrent. In der vorfotografischen Zeit verdiente er sich seinen Lebensunterhalt mit der Anfertigung von Miniatur-Porträts, tragbaren Andenken an Angehörige. 1824 erhielt Catlin einen ersten bedeutenden Auftrag: Er wurde gebeten, ein Porträt von DeWitt Clinton, dem Gouverneur von New York anzufertigen. Auch fertigte Catlin Lithografien von dem gerade fertig gestellten Erie-Kanal für ein offizielles Andenkenheft an. Kritiker und Öffentlichkeit zeigten sich nicht sonderlich begeistert von Catlins Porträts; und doch zog Catlin 1826 nach New York, wo er neue Aufträge erhielt und Mitglied der National Academy für Design wurde.

Catlins Auftrag, den Erie-Kanal zu malen, führte ihn durch viele Gebiete nördlich von New York. Unterwegs fertigte er viele Porträts an. Durch im Norden lebende Freunde machte er die Bekanntschaft mit Red Jacket, einem bedeutenden Häuptling aus dem Stamm der Seneca, der für seinen Widerstand gegen euro-amerikanische Bräuche und gegen die Religion der Weißen bekannt war. Catlin war hocherfreut, dass er vom alternden Red Jacket ein Porträt anfertigen durfte; er hoffte, es würde das erste einer Reihe von historischen Gemälden werden. Aber Red Jacket, der in einem Holzhaus mit Kamin lebte, war für Catlins Geschmack zu zivilisiert. Catlin stellte sich eher vor, die wilden und unzivilisierten Indianer Nordamerikas vor deren Aussterben zu malen. Er hatte vor, eine Dokumentation dieser „aussterbenden Rasse" zu erstellen, die wissenschaftliche Elemente enthalten sollte und die durch Zeichnungen unterstützt werden sollte.

Catlin fühlte sich gefangen in seiner Arbeit, die nur aus Porträtieren und Erstellen von Miniaturen bestand. 1829 schrieb er an den Sekretär für Kriegsführung Peter B. Porter „ich verschwende mein Leben und meine Energie nur für die Beschaffung meines Lebensunterhalts". Catlin war aber vor allem daran interessiert, die Geschichte der Nation zu malen; deshalb bat er um eine Stelle als Zeichenlehrer in West Point oder um ein Treffen mit einer Agentur für indianische Angelegenheiten. Er behauptete gegenüber Porter „...dass ich innerhalb von zwei Jahren mit einer so umfangreichen Sammlung von Porträts der Häuptlinge der verschiedensten Stämme und mit Bildern ihrer verschiedenen Gewohnheiten und Bräuche zurückkehren werde, die es mir ermöglichen wird, eine Galerie zunächst in diesem Land und später in London zu eröffnen. Dies wird mich für alle meine Aufwendungen und Arbeiten entschädigen und mir die Möglichkeit verschaffen, die Welt der Indianer auch jenseits des Atlantiks vorstellen zu können."

Dies war der Plan, den der damals 32-jährige, ehrgeizige Catlin hatte; er wollte sich durch den einzigartigen Gegenstand seiner künstlerischen Darstellung einen Namen machen und sich dadurch in europäischen und amerikanischen Künstlerkreisen etablieren. Es ist allerdings nicht bekannt, ob er vorhatte, den Rest seines Lebens mit der Erstellung einer Chronik über die amerikanischen Indianer zu verbringen. Aber man weiß heute, dass Catlin in den damaligen Künstlerkreisen nicht hoch geschätzt wurde. Vielleicht suchte er gerade deswegen nach einer Nische in der amerikanischen Kunstszene, um nicht für immer in Vergessenheit zu geraten. Vielleicht bat er deshalb Porter ihn zu unterstützen, da er auch aus anderen Gründen für sich eine sichere Zukunft suchte. Er hatte nämlich am 10. Mai 1828 Clara Gregory, die Tochter einer wohlhabenden Familie aus Albany im Bundesstaat New York geheiratet, was für den aus einem wesentlich ärmeren

124 Strong Wind, ein Chippewa, 1834
Strong Wind gehörte zu den Tänzern, denen Catlin 1843 in London begegnete. Er war von „feinem Aussehen und von feiner Herkunft", sagte Catlin über ihn.

125 No-Way-ke-sug-gah, ein Oto, 1832
No-way-ke-sug-gah oder „Der zwei auf einen Streich tötet" war ein berühmter Krieger der Oto. Obwohl das Bild nicht fertig gestellt wurde, ist doch vieles zu erkennen. No-way-ke-sug-gah trägt eine Bärenklauenkette, schöne Tarnkleidung und Beinlinge, an denen Skalps, Adlerfedern und Stacheln vom Stachelschwein angebracht sind.

126 ***One Horn, ein Lakota, 1832*** *Das erste Porträt, das Catlin in Fort Pierre malte, war von „One Horn" oder Ha-won-je-tah, dem obersten Häuptling der Miniconjou Lakota. Der Stamm der Lakota war der westlichste Stamm der Sioux und die Gruppe der Miniconjou war eine der sieben, die zu den Lakota gehörten. One Horn erhielt seinen Namen, weil er immer eine Muschel um den Hals hängen hatte. Als Catlin das Bild fertig gestellt hatte, reagierten die Lakota verängstigt, da sie niemals zuvor ein naturgetreues Abbild eines Mannes auf Leinwand gesehen hatten. Es schien als ob keiner mehr Catlin Porträt sitzen wolle, bis die Händler One Horn überzeugen konnten, dass dieses Bild eine Ehre für ihn sei. Catlin beschrieb One Horn folgendermaßen: „Seine Kleidung ist wirklich besonders schön und so wird sein Bild einen besonders ehrenvollen Platz in meiner Indianer-Galerie erhalten. Sein Hemd besteht aus Elchleder und hat Fransen aus einer Mischung aus Stachelschwein-Stacheln und Skalp-Locken. Sein eigenes Haar trägt er quer über den Kopf gelegt und mit einem einfachen Knoten festgemacht, so dass es fast wie ein Turban aussieht."*

127 ***„Der Wolf", ein Kansa, 1832*** *Dem Stamm der Kansa gehörten 1832 nur 1500 Menschen an, die in Erdhäusern entlang des Kansas lebten. „Der Wolf" war ein „Häuptling, der sich deutlich von den anderen unterschied", schrieb Catlin. „Sein Kopf hatte verwegene, männliche, eher europäische Form. Er trug einen seltsamen Kopfschmuck und um seinen Hals hingen die verschiedensten Perlenketten." Catlin malte 1832 etliche Indianer vom Stamm der Kansa in Fort Leavenworth.*

Haus stammenden Catlin sicherlich eine sehr gute Partie war. Das junge Paar zog nach New York; Catlin erhielt aber nur wenige Aufträge für die Anfertigung von historischen Gemälden und so blieb er weiterhin frustriert. 1828 bekam er allerdings die Gelegenheit, eine Delegation von Winnebago in Washington zu malen; auch reiste er einige Male in die Region nördlich von New York, um dort Irokesen zu porträtieren. Zu diesem Zeitpunkt sah er die immer größer werdende Indianergalerie von Thomas McKenney, dem Beamten für indianische Angelegenheiten in Washington. McKenney bestärkte Catlin in seiner Angelegenheit und händigte ihm Passierscheine aus, die ihm einen Besuch in den Indianerreservationen ermöglichten. Auf Wunsch von Red Jacket malte er diesen ein zweites Mal mit den Niagarafällen im Hintergrund.
Während dieser Zeit stellte Catlin fest, dass er nicht genügend Geld haben würde und dass ihm außerdem auch das nötige Glück fehlte, um die Malerei zu seinem Hauptberuf werden zu lassen. Er ging außerhalb von New York auf Arbeitsuche, aber er erhielt weder in Washington noch in Richmond (Virginia) Aufträge für die Anfertigung von Porträts. 1830 erhielt er den bedeutenden Auftrag, die Gruppe von 101 Delegierten der Virginia Constitutional Convention zu malen; trotzdem brachte ihn seine berufliche Situation mehr und mehr zur Verzweiflung. Er vollendete das Bild, obwohl die Gestalten unproportioniert und der Hintergrund grob blieben, warf anschließend alles hin, um gegen den Willen seiner Frau und seiner Familie nach St. Louis und in den Westen zu gehen und dort seinen Traum zu verwirklichen, die Indianer in ihrem Lebensraum zu malen. Catlin hatte ebenso wie die meisten Bewohner der Ostküste wahrscheinlich eine sehr romantische Vorstellung von der „primitiven Lebensführung" der Indianer, bis er die ersten traf. Auch er beklagte die Veränderungen ihrer Lebensweise, bezog aber nicht mit ein, dass sich bis zu diesem Zeitpunkt viel für die Indianer verändert hatte. Bei seiner Ankunft in St. Louis wollte Catlin einige Männer treffen, die Indianer kannten und mit diesen Umgang pflegten. Einige dieser Männer, wie z. B. Vertreter für indianische Angelegenheiten und Pelzhändler wollten die Indianer so schnell wie möglich und ohne Blutvergießen christianisieren und zivilisieren. Pelzhändler nahmen diese häufig aus, indem sie von den Indianern Jagdtechniken und Kenntnisse für das Aufstellen von Fallen lernten und ihnen im Gegenzug wertlosen Tand und Whiskey gaben. Die Euro-Amerikaner drangen immer weiter in den Westen vor, musterten dabei das indianische Gebiet genau und fragten sich, ob dort wohl Edelmetalle zu finden wären. Wenn sich Indianer gegen die „Vorteile der Zivilisation" sperrten, waren die Euro-Amerikaner immer dazu bereit, sie von ihrem angestammten Land in Richtung Westen zu vertreiben, wobei sie Verträge aushandelten, die Platz für die weißen Siedler schafften. Mit einem Boot machte sich Catlin 1830 in Richtung Westen auf und je näher er an indianisches Gebiet kam, desto mehr fiel ihm die veränderte Lebensweise der Durchschnittsbevölkerung auf.
Catlin legte 1830 in St. Louis, Missouri, am Beginn des westlichen Grenzgebietes an. St. Louis hatte damals 5800 Einwohner, die einzigen öffentlichen Gebäude waren eine große steinerne Kathedrale und ein kleines gemauertes Gerichtsgebäude. Die Stadt sollte im nächsten Jahrzehnt schnell wachsen, aber Catlin fand noch viele alte, hölzerne, im französischen Kolonialstil erbau-

128 oben William Clark, Porträt Catlins aus dem Jahr 1830 *Catlin wurde während seiner ersten Reise im Jahr 1830 bei Clark vorgestellt. Der alte Forscher nahm Catlin zu Besprechungen mit den Indianern mit. Als Leiter für indianische Angelegenheiten in St. Louis war Clark einer der mächtigsten Offiziellen seiner Zeit. Er handelte viele Verträge mit den Indianern aus und konnte viele Stämme dazu überreden, in die Gebiete westlich des Mississippi zu ziehen. Ohne Clarks Hilfe und Schutz hätte Catlins Reise in den Westen in dieser Form nicht stattgefunden.*

128-129 William Clarks Landkarte des westlichen Amerika, 1805 *Die Landkarte entstand während und gleich nach der Lewis-Clark-Expedition in den Jahren 1804–1806. Durch Pelzhändler, Soldaten, Forscher und Indianer, die nach St. Louis kamen, wurde die Karte immer weiter verbessert. So wurde sie zur Quelle mit den meisten Informationen über den Westen Amerikas und blieb dies bis zu Clarks Tod 1838. Catlin benötigte die Karte 1830 und 1832, zusätzliche topografische Informationen über den Westen erhielt er von Clark persönlich.*

128 unten Cock Turkey wiederholt sein Gebet, ein Kickapoo, 1830 *Cock Turkey war ein Anhänger des Shawnee-Propheten; Catlin stellte ihn auf diesem Bild in „Gebetshaltung dar, das er von einem Stab, den er in der Hand hält, abliest.“ Viele Experten sind der Meinung, dass Catlin dieses Bild 1830 in Fort Leavenworth begann und es zu einem späteren Zeitpunkt fertigstellte, da es sehr ausgefeilt und detailgenau ist.*

129 „Wolf auf dem Hügel“, ein Häuptling der Cheyenne, 1832 *Außer den Lakota Sioux traf Catlin noch eine Gruppe Cheyenne in Fort Pierre. Catlin malte „Wolf auf dem Hügel“ und notierte über ihn: „Er hatte eine wunderschöne hirschlederne Kleidung an; Stachelschwein-Stacheln und Skalp-Locken zierten Ärmel und Hosen. Sein Haar war sehr üppig und lag auf seinen Schultern; in seiner Hand hielt er eine schöne Sioux-Pfeife, die ihm soeben der Händler Mr. McKenzie gegeben hatte. Er gehört zu den bestaussehendsten und würdigsten Männern, die ich je auf indianischem Boden gesehen habe.“ Die Sioux gaben diesem*

Stamm den Namen „Cheyenne", d. h. „Menschen mit anderer Sprache". Die Cheyenne nannten sich selbst „Tsistsistas", d. h. „wunderschöne Menschen". Gegen Ende des 16. Jahrhunderts waren die Cheyenne aus ihrem Gebiet in Minnesota verdrängt worden. Ende 1700 erkannten sie den Nutzen der Pferde, zogen in die Plains und wurden dort halbnomadische Büffeljäger. Sie lebten jetzt nicht mehr vom Ackerbau, sondern stellten in der Übergangsphase getöpferte Gebrauchsgegenstände her. Als dieses Bild entstand, spalteten sich die Cheyenne gerade in zwei Gruppen.

te Gebäude vor, einige stammten sogar noch aus der Gründungszeit der Stadt. St. Louis wurde 1764 von den beiden französischen Unternehmern Pierre Laclede und Auguste Chouteau als Pelzhandels-Außenstelle gegründet. Da St. Louis am Mississippi, einer der Haupthandelsrouten lag, war diese Stelle als Umschlagplatz in nördliche wie südliche Richtung ideal. Sein Damm, ein flaches Ufer entlang des Flusses war für die vielen Kielboote, Einbaumboote und Kanus ideal, um die Pelze den Missouri flussabwärts und im Gegenzug die Handelsware flussaufwärts zu den Indianern zu bringen. Gleich hinter dem Damm befanden sich die Reste eines Kalkstein-Riffs, auf dem die Stadt als Schutz vor Überflutungen erbaut worden war. Die Siedler hatten sich westlich entlang des Missouri niedergelassen, aber dennoch blieb St. Louis die größte Gemeinde in der Region und Ausgangspunkt für weitere Reisen in den Westen.
Um sein Projekt erfolgreich durchführen zu können, war es für Catlin unbedingt erforderlich, William Clark, den Leiter für indianische Angelegenheiten in St. Louis zu treffen. Ohne eine Genehmigung von ihm konnte Catlin nicht legal in Indianergebiet reisen. Clark hatte an der berühmten Expedition von 1804–06 mit Meriwether Lewis teilgenommen, die durch den Westen bis zum Pazifik führte; er kannte die meisten westlichen Stämme und hatte schon mit dem einen oder anderen während seines 25-jährigen Aufenthalts im Westen verhandelt. Clark galt als Experte der verschiedenen westlichen Stämme, ihrer Politik, Bräuche und Einstellung zum Krieg. Er besaß die damals bedeutendste Landkarte vom Westen Amerikas. Diese Karte war anhand von Zeichnungen während der Pazifik–Expedition von 1804–06 entstanden und im Lauf der Jahre immer wieder von Forschern, die Clark besuchten, aktualisiert worden. Alles, was man an geografischen Kenntnissen im Lauf der Jahre gesammelt hatte, war auf dieser Landkarte zusammengefasst. In seinem Buch „Briefe und Notizen" erinnerte sich Clark, dass ihm der Minister für Kriegsangelegenheiten einen Empfehlungsbrief an Clark und „an den Kommandanten jeder militärischen Dienststelle und an jeden Beamten für indianische Angelegenheiten im westlichen Grenzgebiet" mitgegeben hatte. Catlin traf wahrscheinlich den berühmten Forscher Clark das erste Mal im Sitzungssaal und Museum für Indianer, das nur ein paar Blocks vom Damm entfernt lag. Clarks Museum lag auf

130 „Rabbit's Skin Leggings" *In der Sprache der Nez Percé hieß er H Coa H'Coa-Coates-Min. Er gehörte zu einer Gruppe von vier Kriegern, die 1831 nach St. Louis reiste. Die vier nahmen die beschwerliche und lange Reise in Begleitung von Pelzhändlern auf sich, da man ihnen glaubhaft versichert hatte, dass Macht und Wohlstand der Weißen in deren christlicher Religion begründet lägen. Deshalb wollten diese vier Indianer das Priesteramt erlernen. Unglücklicherweise fanden sie keinen geeigneten Dolmetscher, so dass sie nicht gut genug kommunizieren konnten, um ihr Ziel zu erreichen. Tragischerweise starben während des Winters auch noch zwei Indianer an einer Krankheit, nämlich „Black Eagle", der Häuptling der Nez Percé und „Man of the Morning", ein Flathead. Als das Dampfschiff „Yellow Stone" im März 1832 in St. Louis ablegte, war auch „Rabbit's Skin Leggings" mit an Bord. Er wurde jedoch kurz nach seiner Rückkehr in einer Schlacht mit den Blackfeet getötet. Es ist nicht bekannt, ob dieses Bild von Rabbit's Skin Leggings in St. Louis oder während eines Aufenthaltes in Fort Pierre entstanden ist. Rabbit's Skin Leggings trägt ein Elchlederhemd, auf dem in geometrischen Mustern Stachelschwein-Stacheln und Skalps angenäht sind. Als Haarschmuck trägt er Federn und silberne Medaillons. Sein Gesicht ist ganz rot bemalt. Sein Bild ist der Inbegriff des Indianers des Westens, noch nicht verdorben durch den Kontakt mit den Europäern, obwohl er einen Winter in einer Stadt verbracht hatte.*

130-131 Karte, die die Reiserouten George Catlins beschreibt *George Catlin reiste durch weite Landstriche von Amerikas Westen, um möglichst viele indianische Stämme und Bräuche kennenzulernen und zu chronologisieren. Seine Reise kann in fünf Phasen eingeteilt werden: 1830, Reise nach Prairie du Chien und Fort Leavenworth; 1832, Reise flussaufwärts des Missouri nach Fort Union, einschließlich eines Besuches bei den Mandan; 1834 Reise durch Arkansas in das Gebiet der Comanchen; 1835, Reise entlang des Mississippi ausgehend von New Orleans bis nach Fort Snelling; 1836 Reise zu dem „Heiligen Pfeifensteinbruch" in Minnesota.*

131 St. Louis, 1832–1833 *März 1832: Die „Yellow Stone" bricht gerade in Richtung Westen auf. Auf dem erhöhten Deck vor den Schlöten sind vier Indianer zu sehen. Die permanent wachsende Stadt St. Louis befindet sich im Hintergrund, ebenso wie zehn weitere Dampfschiffe, die vor Anker liegen und be- oder entladen werden. Innerhalb von zehn Jahren entwickelte sich St. Louis zu einem der wichtigsten Häfen in Amerika, „bestimmt, das große Warenhaus des Westens zu werden", laut Catlin. „Es ist das große Depot und gleichzeitig Ausgangspunkt aller Pelzhandelsgesellschaften vom oberen Missourigebiet bis zu den Rocky Mountains; aber auch für Handelsgesellschaften aus Santa Fe und anderen Gegenden, die von dort über Land nach Mexiko reisen, um dort mit Silber, das in riesigen Minen gefunden wird, zu handeln." Das kuriose an diesem Bild ist, dass die „Yellow Stone" flussabwärts fährt; sie hätte dann 18 Meilen in Richtung Norden fahren müssen, um die Mündung des Missouri zu erreichen. Es gibt aber doch eine Erklärung dafür: Da die „Yellow Stone" das erste Dampfschiff war, das bis nach Fort Union fahren sollte, ist es möglich, dass es erst noch einmal an der Stadt vorbeifuhr, um dann flussaufwärts in Richtung Fort Union zu fahren. Die lange weiße Rauchwolke, vor allem aber die übergroße amerikanische Flagge machen dies durchaus wahrscheinlich.*

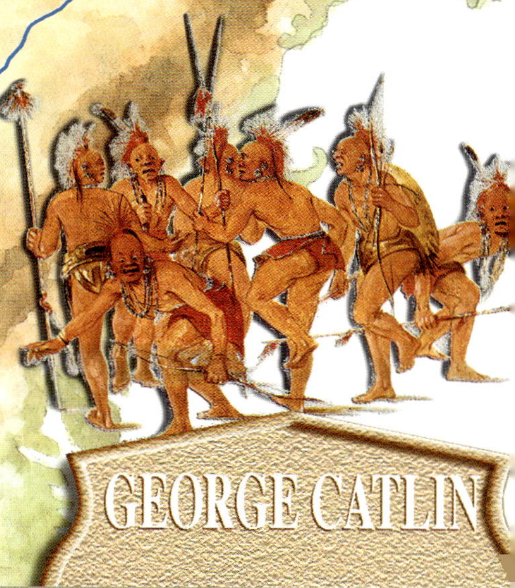

einem kleinen Felsvorsprung in der Nähe seines Hauses, von dem aus man den Fluss gut überblicken konnte. Das Museum selbst beinhaltete weit mehr indianische Ausstellungsstücke als Peales Museum in Philadelphia. Clark hatte fast jeden größeren Stamm vom Taos zum Columbia, von den Großen Seen bis nach Louisiana besucht oder war von diesen besucht worden.

Glücklicherweise war auch Clark sofort von Catlin beeindruckt und so tat er alles, um Catlin zu helfen und zu unterstützen. Clark führte Catlin in die Gesellschaft von St. Louis ein, die eine verblüffende Mischung aus alteingesessenen französischen und neuen Siedlern war, die sich erst nach dem Kauf von Louisiana im Jahr 1803 niedergelassen hatten. Durch den zunehmenden Einfluss der Amerikaner, aber auch durch Diskussionen über den Immobilienmarkt und den Pelzhandel hatten sich Gruppen gebildet. Clark half Catlin diese schwierige Situation zu meistern und Aufträge für Porträts von St. Louis' Elite zu erhalten.

Im Juli 1830 erlaubte Clark es Catlin, ihn auf einer offiziellen Reise zu begleiten, während der ein Vertrag in Prairie du Chien, im heutigen Staat Wisconsin, ausgehandelt werden sollte. Der komplizierte Vertrag beendete die langen Diskussionen mit den Stämmen der Sioux, Sauk, Fox, Omaha, Iowa, Oto und Missouri. Zu diesem Zeitpunkt war Fort Leavenworth im Staat Kansas der westlichste Vorposten der U. S. Armee. Auf Grund der Freundschaft mit Clark gestaltete sich Catlins erster Ausflug in den Westen erfolgreich. 1831, nach seiner Rückkehr in den Osten der Vereinigten Staaten, besaß er bereits eine kleine Sammlung von Indianer-Portäts, die er bald darauf um die Porträts der nach Washington D. C. gereisten Gesandten der Menominee und Seneca erweitern konnte.

Im Dezember 1831 war Catlin bereit, alles zu riskieren und sich in das Abenteuer zu stürzen, die Indianer der Plains in ihrer natürlichen Umgebung zu malen.

Nach seiner Ankunft in St. Louis bekam Catlin eine erste Gelegenheit, einen Assiniboin und einen Häuptling der Creek zu malen, die auf dem Weg nach Washington waren. Anfang 1832 begann er mit den Vorbereitungen für eine Reise in das obere Missourigebiet. Sein Ziel war Fort Union am Yellowstone, von St. Louis aus 2000 Meilen den Missouri flussaufwärts in der Nähe der heutigen Staaten Dakota und Montana. Einmal mehr bat Catlin seinen Freund William Clark um Rat und um Einsicht in seine Amerika-Karte. Auch viele Pelzjäger und -händler boten ihre Hilfe an. Trotzdem würde die Reise nicht einfach werden, es gab viele unbekannte Faktoren und wenig öffentliche Transportmöglichkeiten, da bis zu diesem Zeitpunkt nur wenige Nicht-Indianer dieses Gebiet bereist hatten.

Diese Reise in den Oberlauf des Missouri kann man mit einem heutigen Space-Shuttle-Flug vergleichen. Nur wenige Menschen mit speziellen Kenntnissen wagten diese Unternehmung in erster Linie aus wirtschaftlichen, aber auch aus politischen Gründen. Die meisten französischen, spanischen und später amerikanischen Pelzjäger verwendeten für diese anstrengende Reise Kielboote, die mit Segeln ausgestattet waren. Blies

132-133 Die Erdhäuser des Arikara-Dorfes, 1832 *Das Arikara-Dorf, das flussabwärts des Mandan-Dorfes lag, bestand aus 150 Erdhäusern. Die Arikara waren den Weißen gegenüber zunächst freundlich und hilfsbereit eingestellt, insbesondere gegenüber der Lewis-Clark-Expedition. Dies änderte sich jedoch radikal, als ihr oberster Häuptling während eines Besuches in Washington starb. Sie schworen immerwährende Feindschaft und griffen alle weißen Händler, Trapper und mit den Weißen verbündete Indianer an. Catlin vermied daher das Dorf der Arikara bei seiner Reise flussaufwärts ebenso wie während seiner Rückreise in dem kleinen Boot. Er skizzierte es jedoch 1832 von der „Yellow Stone" aus.*

133 Umzug einer Gruppe von Sioux, 1837–1839 *Dieser Umzug faszinierte Catlin; er schrieb darüber in seinen „Letters and Notes": „Für diese fremd anmutende Szene wurden folgende Vorbereitungen getroffen: Die Stangen eines Zeltes wurden zu zwei Bündeln zusammengefasst, die kurzen Enden wurden an der Schulter des Pferdes festgemacht, darüber wurde eine Stange oder Strebe befestigt, die die langen Stangen in immer gleichem Abstand hielten; darauf wurde hinter dem Pferd die Hütte oder das Zelt, das vorher zusammengerollt worden war, zahlreiche Haushaltsgegenstände und Möbelstücke befestigt; darauf wiederum saßen zwei, drei ja sogar vier Frauen und Kinder! Jedes dieser Pferde hat eine Führerin, die manchmal vor ihm hergeht und es leitet und selbst mit ungeheuren Lasten bepackt ist. Andernfalls sitzt sie im Reitersitz auf dem Pferd, ein Kind womöglich an ihrer Brust und ein weiteres hinter ihr, das sich mit einem Arm an ihrer Taille festhält, während es in dem anderen ein Hundejunges hält. 500 oder 600 Wigwams ziehen und kriechen so meilenweit über die grasbedeckten Plains..."*

jedoch kein Wind, mussten die Männer das Boot mit langen Stangen, die sie unisono in das Wasser stachen, weiterbewegen. War der Fluss zu tief, musste das Boot mit am Bug befestigten Seilen vom Ufer aus weitergezogen werden. Schritt für Schritt wurde so das Boot gegen die Strömung, treibende Baumstämme und andere Trümmer den Missouri flussaufwärts bewegt. Nur Hartgesottene hatten diese Reise bisher überhaupt gewagt.

Zudem durfte auch die Unsicherheit der indianisch-weißen Beziehungen nicht außer Acht gelassen werden. Seit ungefähr 70 Jahren gab es Pelzhandel zwischen St. Louis und den am Missouri lebenden Stämmen der Mandan und Hidatsa, in erster Linie mit Biberpelzen, die zu modischen Hüten verarbeitet wurden. Nach 1822 starb dieses „System der Arbeitsteilung" aus. Nicht mehr Indianer, sondern von Pelzgesellschaften in St. Louis angeheuerte Pelzjäger, die man „mountainmen" nannte, verteilten sich im Westen, um den aussterbenden Biber zu stellen. Viele Indianer waren über das Eindringen der Weißen in ihr angestammtes Land nicht glücklich. Die Arikara, die früher den Weißen gegenüber freundlich eingestellt waren, entwickelten eine derart feindliche Haltung, dass das Passieren ihres Gebietes auf dem Fluss zu einem gefährlichen Unterfangen wurde. Der mächtige Stamm der Lakota, den die Franzosen auch „Teton-Sioux" nannten, stellten ebenfalls ein größeres Hindernis am Missouri dar. Militant und manchmal aggressiv forderten sie häufig Geschenke und Abgaben von den Fallenstellern, die durch ihr Gebiet kamen. Noch weiter flussaufwärts lebten die Blackfeet, die jedes Jahr einige Trapper umbrachten, die sich ihren Forderungen widersetzten und in ihr Gebiet reisten. Die Beziehungen der Indianerstämme zueinander waren aber schon vor Ankunft der Europäer in Bezug auf politische Verträge, Handelspartner und traditionelle Feinde kompliziert gewesen. Nachdem aber Siedler Anfang 1830 in das Tal des Ohio und in das Gebiet der Großen Seen eingedrungen waren, drängten sie die Indianer nach Westen; diese stießen dadurch unausweichlich auf einen anderen Stamm, wodurch wieder zusätzliche Spannungen entstanden. Unter diesen brisanten Umständen reiste Catlin 1832 nach Fort Union.

Im Gegensatz zu früher reiste Catlin nicht auf einem Kielboot, sondern auf einem Dampfer den Missouri hinauf, den man zu diesem Zeitpunkt erstmals auf westlichen Gewässern einsetzte. Als im Frühjahr 1832 das Eis am Mississippi zu brechen begann, wurde das Dampfschiff „Yellow Stone" zum Auslaufen bereit gemacht. Es war das erste Dampfschiff, das bis nach Fort Union fahren sollte. Catlin nahm auf dieser Reise an einem möglicherweise gefährlichen Experiment teil. Das Dampfschiff ersparte dem Menschen zum einen unendlich viel Arbeit und Zeit, auf der anderen Seite wusste man aber nicht, ob die in dem sumpfigen Wasser schwimmenden Baumstümpfe den Schiffsrumpf nicht aufreißen würden, wenn der Kapitän diese übersehen würde. Am 26. März 1832 ging Catlin an Bord der „Yellow Stone". Diese Unternehmung hatte Pierre Chouteau, einflussreicher Manager der Amerikanischen Pelzgesellschaft und eigentlicher Herrscher der westlichen Handelsstützpunkte und Forts, für ihn arrangiert. Begleitet von Pierre Chouteau, einigen rauen Trappern, einer kleinen Gruppe nach Hause reisender Indianer, John

134 Bisonjagd mit Wolfshautmaske, 1832–1833 *Dieses Bild zeigt eine alte Methode der Bisonjagd, die auf die Zeit vor der Beteiligung von Pferden zurückgeht. Ein Jäger verkleidete sich als Wolf und schlich sich langsam in eine Bisonherde ein. Bisons duldeten Wölfe in ihrer Mitte, da diese nur alte und kranke Tiere angriffen. Die List mit der Wolfshaut funktionierte offensichtlich, wenn der Jäger jegliche menschliche Spuren verwischte. Langsam schlich sich der Jäger an seine Beute heran und bohrte dann seinen Speer tief in den Körper und das Herz des Tieres, um nicht Gefahr zu laufen, dass der Ein-Tonner ihn niedertrampelte oder aufspießte.*

134-135 Bisonjagd mit Bogen und Lanzen, 1832-33 *Catlin beschrieb dieses Bild in seinen Letters and Notes: „... Ich habe eine Gruppe Indianer bei der Bisonjagd gemalt, wobei einige mit Lanzen, andere wiederum mit Pfeil und Bogen jagen. Im Vordergrund ist die Gruppe in dem Moment zu sehen, in dem der Pfeil ins Herz geschossen wurde. Die Indianer sind in diesem Augenblick sehr schnell, das Lasso hängt hinter dem Pferd. Das Lasso ist ein langer, ungegerbter, 3–5 Meter langer Lederriemen, der geflochten oder gewickelt ist und vornehmlich dazu verwendet wird, Wildpferde einzufangen... Während der Bisonjagd oder im Krieg hängt dieses Lasso immer am Boden, manchmal mehrere aneinandergebunden, so dass ein Reiter, wenn er vom Pferd gefallen ist, dieses packen und sich so lange daran festhalten kann, bis das Pferd angehalten hat; dann sitzt er sofort wieder auf diesem und beteiligt sich wieder an der Jagd.“*

134 rechts unten Bisonjagd, Bison greifen Männer und Pferde an, 1832–1833
„Der Bison ist ein scheues Tier“, schrieb Catlin „und scheut die Umgebung der Menschen wo immer er kann; wenn er aber eingeholt, angegriffen oder verwundet worden ist, wendet er sich wütend gegen seine Angreifer. In ihrem verzweifelten Widerstand haben sie schon die schönsten Pferde getötet; der weise und geschickte Indianer findet jedoch meistens einen Weg aus dieser misslichen Lage.“

über gefahren werden, da der Missouri so heikel war, dass das Boot nachts am Ufer festgemacht werden musste. Zusätzlich wurde die Fahrt häufig unterbrochen, um Forts und Handelsstützpunkte zu beliefern und Felle an Bord zu nehmen. Einen ersten Halt legten sie beim Dorf der Poncas, in der Nähe der Niobara-Flussmündung ein, wobei Catlin Gelegenheit hatte, mit Hilfe eines Dolmetschers mit dem Häuptling der Ponca zu sprechen. Dieser beklagte sich, dass die Weißen sich im Territorium seines Stammes niederließen und sie dadurch zwängen, weiter nach Westen zu ziehen. Der Häuptling bestätigte Catlins schlimmste Befürchtungen, dass die indianische Lebensweise so starken Veränderungen unterworfen sei, dass sie schon in ein paar Jahren verschwunden sein werde.
Mit einem neuen Ziel vor Augen stieg Catlin an Bord des Dampfschiffes, das langsam flussaufwärts fuhr, dabei gelegentlich auf versteckte Sandbänke auflief und häufig mit Treibholz zu kämpfen hatte. Er konnte große Bison-, Elch- und Antilopenherden entlang des Ufers beobachten. Später schrieb Catlin: „Tag für Tag kamen wir ein Stück voran, bis unser Boot eines Tages auf Grund lief; nach einem Tag Peilarbeit stand schließlich fest, dass wir nicht weiterfahren würden können, bis der Fluss etwas mehr Wasser führen würde.“ Daraufhin entschloss sich Pierre Chouteau, der unbedingt Fort Pierre an der Mündung des Teton erreichen wollte und wegen der Verspätung schon jetzt recht ungeduldig geworden war, mit F. A. Sanford, einem amerikanischen Beamten für indianische Angelegenheiten, und einer riesigen Fracht für das flussaufwärts gelegene Fort brach Catlin zum größten Abenteuer seines Lebens auf. Später erinnerte er sich: „...Ich war alleine da draußen, ohne jede Hilfe und Rat, entschlossen (sofern ich am Leben bleiben sollte) mit Hilfe meines Pinsels und meiner Feder soviel wie möglich von ihrem Aussehen und ihren Bräuchen vor dem Vergessenwerden zu bewahren, soviel wie der brennende und fleißige Enthusiasmus eines Menschenlebens eben bewerkstelligen kann.“
Während die „Yellow Stone“ flussaufwärts tuckerte, fertigte Catlin kleine Landschaftsbilder an. Auch wenn Catlins Bilder die grüne Graslandschaft entlang des Missouri verzerrt darstellten, sind sie doch die ersten authentischen Zeugnisse der Landschaft entlang des Missouri. Reiht man die Bilder aneinander, erhält man einen Überblick über die Topografie im Missouretal.
Die Reise auf der „Yellow Stone“ dauerte drei Monate. Es konnte nur tags-

135 Bisonjagd, 1832–1833 *Auf vielen Bildern hat Catlin die Bisonjagd dargestellt. Die in den Plains lebenden Stämme ebenso wie viele Stämme im Mittleren Westen, lebten von den Produkten, die sie aus dem Bison gewannen z. B. Unterkunft, Kleidung, Nahrung und Werkzeuge. Hier ist der Indianer gerade im Begriff, den Pfeil abzuschießen. Wenn er das Herz des Bisons nicht trifft, wird der Bison wahrscheinlich seinen Jäger attackieren. In seinen „Letters and Notes“ beschrieb Catlin die Bisonjagd: „Der Jäger entledigt sich und sein Pferd von Schild und Köcher und legt jedes Kleidungsstück ab, das ihn in irgendeiner Weise behindern könnte... Er hält seinen Bogen in der linken Hand; fünf oder sechs Pfeile hat er griffbereit. In seiner rechten Hand oder am rechten Handgelenk befestigt, hält er eine schwere Peitsche, die er ohne Mitleid verwendet.“*

20 weiteren Männern den Landweg zu nehmen. Catlin, der auf Abenteuer aus war, meldete sich freiwillig und bestimmte einige Männer, die ihm beim Transport seiner Malutensilien behilflich sein sollten. Während der Reise schlugen sie sich mit der Bisonjagd durch und erreichten nach einer Woche das Fort. Catlin war begeistert, als er das von einem hölzernen Palisadenzaun umgebene Fort und die 600 darum lagernden, mit Bisonhaut errichteten Tipis der Teton Sioux sah. Fort Pierre war ein bedeutender Umschlagplatz, wohin Bison- und Biberfelle für den Transport an die Ostküste und nach Europa gebracht wurden.

Der Aufenthalt in Fort Pierre dauerte länger als zuvor angenommen worden war, da die „Yellow Stone" weiterhin flussabwärts festhing. Dies gab Catlin die Gelegenheit, die Sioux etwas besser kennenzulernen und zu malen. Als Catlin anfing, diese Indianer zu malen, verwarf er die Vorgehensweise, mit der er bisher porträtiert hatte. Catlin fühlte sich starkem Zeitdruck ausgesetzt und nicht in der Lage, all die Menschen, denen er begegnete, im Bild festzuhalten. Er begann auf jedem Bild mit breiten Pinselstrichen die kennzeichnenden Merkmale festzuhalten, danach malte er mit enormem Zeitaufwand das Gesicht und betonte dabei das Individuelle jedes einzelnen Indianers. Er erstellte genaue Notizen über Kleidung, Haartracht und Gegenstände, die jeder Indianer mit sich führte, Details, die er erst nach seiner Rückkehr in seinem Studio einzeichnen wollte. Er verwendete nur zwölf Farben und verwahrte seine Bilder für einen leichteren Transport in einem großen zylindrischen Behälter. Farbenprächtige Kleidung und herrliche Dekorationen der Indianer hatten einen großen Einfluss auf Catlins Farbpalette, die immer breiter und leuchtender wurde, je mehr Indianer er malte. Wenn Catlin unterwegs malte, trug er nur dünne Pinselstriche auf, damit die Leinwand schneller trocknete und nicht rissig wurde, wenn sie zusammengerollt wurde. Obwohl die Sioux zunächst Catlins realistischen und naturgetreuen Bildern misstrauisch gegenüberstanden, konnte er

136 „Smoked Shield", ein Kiowa, 1834–1835 *Nach seiner aufregenden Reise den Missouri flussaufwärts im Jahr 1832, unterbrach Catlin für ein Jahr seine Reise, um die zahlreichen, nur teilweise vollendeten Bilder fertigzumalen. 1834 erhielt er die Erlaubnis, mit Col. Henry Dodge und seinen Dragonern in das Gebiet der Comanchen zu reisen. Catlin reiste den Arkansas mit dem Dampfschiff flussaufwärts, um die Dragoner in Fort Gibson zu treffen. In der Nähe des Forts beobachtete Catlin einen „Schmelztiegel" verschiedenster Indianerkulturen, Stämme der Plains, die früher in Waldgebieten gelebt hatten wie die Osage und Mitglieder der „Fünf zivilisierten Nationen" aus dem Südosten. Catlin notierte, dass „Smoked Shield", ein Krieger der Kiowa, ein auffallender Mann war – nicht nur wegen „seiner Größe von mehr als zwei Metern, darüber hinaus war er einer der besten Krieger und der schnellste Läufer des ganzen Stammes. Man sagte, dass dieser Mann einen Büffel zu Fuß zur Strecke bringt." Sie verbündeten sich 1790 für mehr als 100 Jahre mit den Comanchen. Die Kiowa lebten zunächst in Montana, wanderten dann nach Süden und ließen sich am Arkansas nieder.*

136-137 *Hundefest der Sioux* *Catlin wurde die große Ehre zuteil, von den Lakota zum Hundefest eingeladen zu werden. Die Lakota hielten Hunde aus vielerlei Gründen: für die Jagd, als Wachhunde, Haustiere oder für den Hunde-Travois, den Transport von Haushaltsgegenständen von einem Lager zum nächsten. Einige Arten wurden auch als Nahrungsgrundlage gehalten. Während einiger Lakota-Zeremonien wurde Hundefleisch gegessen. Auf diesem Bild sind Catlin und seine Begleiter Kenneth McKenzie, John F. Sanford und Pierre Chouteau in einem speziellen, eigens für das Fest aufgebauten Festzelt zu sehen: Zwei Zelte wurden dabei aneinander festgemacht, ohne sie jedoch zu schließen, nur um Schutz vor dem Westwind während des Sonnenunterganges zu haben. Catlin erzählte, dass 150 Männer zusammensaßen und feierten; in der Mitte stand eine Stange, an der eine weiße Fahne und Zeremonienpfeifen befestigt waren, „beides Symbole ihrer Freundschaft uns gegenüber". Eiserne Töpfe voller Hundefleisch standen in einer Reihe in der Mitte des Kreises. Die ersten Indianer zünden sich gerade die Zeremonienpfeifen an, ein Zeichen dafür, dass die Zeremonie ihrem Ende entgegengeht und dass die Teilnehmer fertig gegessen haben.*

schließlich einen ihrer Häuptlinge davon überzeugen, dass den Bildern nichts Teuflisches anhaftete.
Catlin schrieb, dass die Sioux einer der stärksten und kriegerischsten Stämme wären, ca. 40 000 oder 50 000 Menschen umfasste und, wenn der Stamm versammelt wäre, mindestens 8000 bis 10 000 Krieger zusammenkämen, die gut beritten und bewaffnet wären. Zu Catlins Zeit jagten und kämpften die Sioux hauptsächlich mit Pfeil und Bogen oder langen Speeren, sie besaßen nur wenige qualitativ hochwertige und präzise Gewehre.
Die Teton-Sioux, die sich selbst Lakota nannten, waren der westlichste dreier miteinander verwandter, zur gleichen Sprachfamilie gehörender Stämme. Während des letzten Jahrhunderts waren die Lakota hervorragende Reiter geworden und wurden dadurch vollkommen bewegliche Jäger und Sammler. Um 1832 wuchs der Stamm der Lakota beträchtlich und vertrieb daraufhin andere Stämme, um die eigenen Jagdgebiete vergrößern zu können.
Während seines Aufenthalts in Fort Pierre hatte Catlin Gelegenheit, sich Aufzeichnungen über Spiele, Sportwettkämpfe und Tänze der in der Nähe lagernden Sioux zu machen und diese zu malen. Catlin wurde als einer der wenigen Euro-Amerikaner auch Zeuge des „Sonnentanzes", einem Ritual, bei dem auserwählte Männer große Schmerzen, Hunger und Durst durchstehen mussten, um dadurch Visionen zu bekommen. Man steckte diesen Tänzern Pflöcke, an denen Lederriemen befestigt waren, in die Brustmuskeln. Diese wiederum waren an einer zentralen Stange angebunden und spannten sich durch das Tanzen und Ziehen der Männer an, sodass Blut aus den Wunden strömte. Der „Sonnentanz" wurden jeden Sommer abgehalten und sollte die Lebensgeister des Stammes neu wecken, für eine gute Ernte und erfolgreiche Jagd sorgen.
Als die „Yellow Stone" endlich in Fort Pierre ankam, wurde keine Zeit verschwendet, weiter flussaufwärts zu fahren. Durch einen längeren Aufenthalt wäre man nämlich Gefahr gelaufen, dass der Wasserstand wieder gesunken wäre und damit das Schiff bis zum nächsten Jahr festgehalten worden wäre. So tuckerten sie weitere 800 Meilen gegen die Strömung bis sie Ende Juni Fort Union erreichten. Dieses lag an der heutigen Grenze zwischen Dakota und Montana, 2000 Meilen nordwestlich von St. Louis und war ein Außenposten der Amerikanischen Pelzgesellschaft inmitten des Gebiets der Assiniboin. Das Fort war

138-139 Reiterisches Können der Comanchen, 1834–1835 *Die Comanchen führten den Dragonern ihre reiterischen Fähigkeiten vor Augen. „Die Entfernung zwischen den beiden Gruppen betrug eine viertel Stunde lang ungefähr eine halbe Meile; in dieser Zeit machte er sein Pferd durch ständiges Zügeln und Anspornen verrückt; allmählich näherte er sich uns und ließ sich dabei ständig auf die linke oder rechte Seite des Pferdes wie ein im Wind schaukelndes Boot fallen. Schließlich kam er tänzelnd und springend bis an die Regimentsflagge heran, lehnte seinen Speer einen Augenblick lang gegen diese, blickte dem Träger voll ins Gesicht, wendete dann sein Pferd und stürzte mit ausgestreckter Hand auf Col. Dodge zu, die dieser sofort nahm und schüttelte. Wir gaben ihm alle zur Begrüßung die Hand; da die restliche Gruppe beobachtet hatte, dass er unerwartet freundlich empfangen und nicht getötet wurde, ritten sie in voller Geschwindigkeit direkt auf uns zu und bildeten wie eine schwarze Wolke einen Kreis um uns!“*

139 „Little Spaniard“, ein Krieger der Comanchen *„Little Spaniard“ oder auch „His-oo-san-ches“ war einer der Anführer im Krieg bei den Comanchen. Er wurde „Little Spaniard“ genannt, weil er ein Halb-Spanier und Halb-Comanche war. Catlin schrieb über ihn: „Er stürzte mit einer weißen Fahne auf seiner Lanzenspitze so kühn auf uns zu, ...dass ich ihn so gemalt habe wie er vor uns stand: seinen Schild im Arm, seinen Köcher umgehängt und seinen 4,5 m langen Speer in seiner rechten Hand. Dieser außerordentlich kleine Mann schien nur aus Muskeln und Knochen zu bestehen und demonstrierte mit seiner Arm- und Beinmuskulatur seine ungeheure Stärke.“ Er hatte nur einen Lendenschurz, mit Fransen verzierte Beinlinge und Mokassins an. Sein langes Haar ist geflochten und an den Enden mit Bändern zusammengehalten.*

140 links Tenskwatawa, ein Shawnee, 1830 *Tenskwatawa oder „Der Prophet" war der jüngere Bruder von Tecumseh. Tenskwatawa hatte versucht, ein Bündnis, dem alle Indianerstämme angehören sollten, ins Leben zu rufen, um die Weißen wieder über den Ohio zurück zu treiben. Dieser Traum zerplatzte 1811 durch die Niederlage am Tippecanoe Creek und den Untergang der britischen Truppen im Krieg von 1812. Catlin malte Tenskwatawa, als dieser „mit seinem medizinischen und mysteriösen Feuer und einer heiligen Perlenkette" von Stamm zu Stamm entlang des Missouri wanderte. Junge Krieger übernahmen dieses Feuer, versprachen, es niemals ausgehen zu lassen und berührten die Perlenkette als Zeichen ihrer Unterstützung von Tenskwatawas Anliegen. Tenskwatawa war ungefähr 65 Jahre alt, als Catlin dieses Bild von ihm im Fort Leavenworth in Kansas malte. Auch James Otto Lewis porträtierte Tenskwatawa 1823 in Detroit; dieses Bild kopierte Charles Bird King 1829.*

drei Jahre zuvor gebaut worden; es maß etwa 3700 Quadratmeter, war aus Stein gebaut und beherbergte „acht bis zehn Holzhäuser und Läden", in denen 40 bis 50 Mann und 150 Pferde lebten, schrieb Catlin. 1832 war das Fort ein beliebter Treffpunkt und anerkannter neutraler Handelsplatz für viele, teilweise sehr verfeindete Stämme, die weite Entfernungen zurücklegten, um es zu erreichen. Kenneth McKenzie, ein Angestellter der amerikanischen Pelzgesellschaft, war Kommandant des Forts. Er hieß Catlin herzlich willkommen und lud ihn zu verschiedenen Festessen ein. Catlin blieb über einen Monat im Fort und malte die Häuptlinge der umliegenden Stämme, im Durchschnitt fünf bis sechs teilweise nicht ganz fertig gestellte Bilder pro Tag. Die „Yellow Stone" wurde mit dem Pelzertrag eines Jahres beladen und trat die Rückreise nach St. Louis an. Catlin hatte sich jedoch entschlossen auf eigene Faust seine Reise in einem Kanu oder Einbaum fortzusetzen, wobei er einige Zeit bei den Stämmen im oberen Missourigebiet verbringen und gegen Anfang des Winters nach St. Louis zurückreisen wollte. Er nahm an einigen Bisonjagden mit den Indianern teil, die er im Nachhinein zeichnete und malte. Seine realistischen Porträts ließen Catlin bald unter den Indianerstämmen zu einer Legende werden und so reisten viele indianische Würdenträger in das Fort, um sich von ihm porträtieren zu lassen. Catlin richtete im Fort ein Studio ein und arbeitete „auf einer kühlen Zwölf-Pfund-Kanone sitzend" an seiner Staffelei. Catlin verwendete viel Zeit darauf, eine Abordnung vom Stamm der Blackfeet zu malen, die in das Fort gekommen waren, um dort Handel zu treiben. Die Blackfeet waren ein großer und mächtiger, ca. 50 000 Menschen umfassender Stamm, dessen Gebiet sich bis nach Kanada und in

140 rechts Chee-A-Ka-Tchee, Frau von Not-To-Way, eine Irokesin, 1835–1836
Catlin malte dieses Bild von Nottoways Frau. Die Kleidung weist allerdings mehr charakteristische Merkmale der Ojibway als der Irokesen auf. Über der Babytrage sind Glocken, Anhänger und ein Kreuz angebracht.

141 Nottoway *Catlin malte dieses Bild in Fort Snelling oder Saulte Ste. Marie irgendwann zwischen 1835 und 1836. Der Irokese Nottoway lebte mit den Ojibway, weit von den Jagdgründen seines eigenen Stammes entfernt, im Staat New York und im Ohio-Tal. Catlin beschrieb ihn folgendermaßen: „Er war ein außergewöhnlicher Mann und hatte sich für das Bild besonders schön gekleidet… Seine Stammesgeschichte ignorierte er ebenso wie Standort und Wohlbefinden der wenigen noch lebenden, weit verstreuten Stammesangehörigen… Obwohl er ein Irokese war, was er mir stolz verkündete, wollte er doch normalerweise für einen Chippewa gehalten werden.“*

142 Mah-Ta-Toh-Pa, ein Mandan, 1832
Mahtatohpa bedeutet „Vier Bären". Er war zweiter Häuptling der Mandan. Catlin erinnerte sich, dass er einen ganzen Vormittag benötigte, um sich für dieses Bild herzurichten, sodass er erst mittags in seinem provisorischen Studio ankam. In seinen „Letters and Notes" schrieb er dazu: „Ich schaute aus der Tür meines Wigwams und sah ihn mit festem, federnden Schritt kommen. Eine Menge bewundernder Frauen und Kinder begleitete ihn bis zu mir. Kein tragischer Held, kein Gladiator trat jemals mit größerer Anmut und Würde auf, als dies Mahtatohpa bei seinem Eintritt in mein Wigwam tat, in dem ich bereits auf ihn wartete. Er nahm Haltung vor mir an und blieb dann mit dem Ernst eines Brutus und der Regungslosigkeit einer Statue stehen, bis die Dämmerung die einzigartige Stille abbrach." Mahtatohpa trug ein Hemd, das aus dem Leder eines Bergschafes angefertigt worden war. An beiden Armen waren Stachelschwein-Stacheln aufgenäht; ein Hermelinfell bildete den Hemdabschluss. Seine Beinlinge bestanden aus Hirschleder und auch auf diesen waren Stachelschwein-Stacheln, zusätzlich zu den Skalplocken seiner Feinde aufgenäht. Als Kopfschmuck trug er Adlerfedern, die an einem Hermelin befestigt worden waren und bis zum Boden reichten und hochpolierte Büffelhörner. Während seines Aufenthaltes bei den Mandan genoss Catlin die langen Gespräche mit Mahtatohpa; von ihm wurde er auch zu festlichen Essen eingeladen, bei denen es Bisonrippen, Markknochenfett und einen Pudding aus Prärie-Rüben und Beeren gab.

die Rocky Mountains erstreckte. Da sie gegenüber Außenseitern misstrauisch waren, verhinderten sie erfolgreich das Eindringen der weißen Gebirgsjäger in ihr Gebiet und trieben stattdessen selbst Handel in Fort Union, in das sie Pelze und andere Handelswaren brachten. Zunächst waren sie sehr erstaunt über Catlins Fähigkeit, Freunde und Bekannte naturgetreu abzubilden, standen aber später, wie auch die Sioux, Catlins fabelhaften Künsten positiv gegenüber. Ein Medizinmann der Blackfeet, der nach langem Hin und Her zustimmte, sich von Catlin porträtieren zu lassen, war dann so von seinem Porträt angetan, dass er Catlin im Gegenzug seine gesamte Kleidung schenkte. Für Catlin war dies der Anfang seiner Sammlung von indianischen Gegenständen.
Nach ein paar weiteren Wochen befürchtete Catlin, dass er durch einen längeren Aufenthalt andere faszinierende Kulturen, die William Clark ihm beschrieben hatte, nicht sehen und malen könnte und so packte er seine Sachen, einschließlich der indianischen Kunstgegenstände, in ein Einbaum-Boot. Da ein schmales Boot wie der Einbaum, das mit Paddeln und Ruderpinne gesteuert wurde, in der schnellen Strömung des Missouri nicht von einem einzigen Mann befahren werden konnte, heuerte Catlin die Frankokanadier Ba'tiste und Bogard für seine lange Reise nach St. Louis an. Catlin legte viele Pausen ein, um die Landschaft zu malen und die Geologie zu studieren, durch die sie gerade reisten, und zeigte damit wieder einmal sein Interesse an der Wissenschaft. Außer seiner Sammlung von indianischen Gegenständen und seiner Malausrüstung hatten sie noch einen ausgewachsenen zahmen Kriegsadler dabei, der auf einer sechs Fuß hohen Stange am Bug des Bootes saß. Die Pirogge muss ein bemerkenswerter Anblick gewesen sein, als sie

143 oben Mah-Ta-Toh-Pa, ein Mandan, 1832 Über die Mandan schrieb Catlin mehr als über jeden anderen Stamm. Im Juli und August 1832 versuchte Catlin so viel wie möglich über diesen faszinierenden Stamm zu lernen. Dem Stamm der Mandan gehörten ungefähr 2000 Männer, Frauen und Kinder an; sie lebten in Erdhäusern in zwei ungefähr drei Kilometer auseinander gelegenen Dörfern entlang des Missouri in der Nähe des heutigen Bismarck in Nord-Dakota; sie nannten sich selbst See-pohs-ka-nu-mah-ka-kee oder „Volk der Fasane". Ihr Dorf lag in der Mitte eines Handelsnetzes, durch das sie viele Kontakte mit anderen Indianerstämmen, aber auch mit europäischen Pelzhändlern bekamen, mit denen sie seit ungefähr 100 Jahren Handel trieben. Catlin war der Ansicht, dass die Beständigkeit ihres Dorflebens es ihnen ermöglichte, in einem gewissen „Komfort, wenn nicht sogar Luxus.." zu leben. Die Mandan waren trotz ihrer Kontakte zu den Weißen sehr ursprünglich geblieben. Catlin glaubte, dass die Vielfalt ihrer Haut-, Haar und Augenfarben auf walisische Kolonialisten zurückzuführen war, die bereits vor Kolumbus nach Nord-Amerika gekommen waren. Catlin schätzte die Mandan sehr, insbesondere Mahtatohpa, den Häuptling der Mandan, von dem er behauptete, er sei der „außergewöhnlichste Mann, der heutzutage unter den Indianern lebt." Deshalb sei er auch der „beliebteste und bevorzugteste Mann seines Stammes", obwohl er nur zweiter Häuptling sei. Der erste Häuptling, der auch „Wolf-Häuptling" genannt wurde, war nach Catlins Meinung „ein hochmütiger, strenger und herrischer Mann, der von seinem Volk mehr respektiert und gefürchtet als geliebt wurde." Auf diesem Bild ist Mahtatohpa als Trauernder dargestellt, einige Locken sind aus seinem Haar geschnitten; auf Körper und Armen sind Narben, die von der Okipa-Zeremonie stammen, zu sehen.

mit der Strömung ins Land der Mandan trieb.
Catlin und seine Begleiter blieben lange Zeit bei den Mandan. Der Stamm der Mandan führte ein dörfliches Leben, pflanzte Mais an, jagte Büffel und lebte in großen, runden Erdhäusern. Es war ein kleiner, friedlicher Stamm, der in zwei Dörfern mit ungefähr 2000 Einwohnern in der Nähe der heutigen Stadt Bismarck in Nord Dakota lebte. In der Nähe der beiden Mandan-Dörfer hatte die Amerikanische Pelzgesellschaft im Jahr 1831 Fort Clark erbaut; dort begrüßte

143 unten Selbstporträt Catlins während des Malens von Mah-Ta-Toh-Pa Auf diesem Bild stellt sich der Künstler während des Porträtierens von Mahtatohpa dar. Dieses Gemälde wurde als Titelbild für Catlins 1841 erschienenes Buch „Letters and Notes" verwendet. Catlin berichtete, dass Mahtatohpa die Pockenepidemie von 1837 überlebte, obwohl er „am Krankenbett jedes Familienangehörigen, seiner Frau und seiner kleinen Kinder saß und ihnen beim Sterben beistand… und über das Sterben seines Stammes weinte." Aus Kummer hungerte er sich anschließend zu Tode. Andere Quellen berichten, Mahtatohpa sei an den Pocken gestorben. Auch Karl Bodmer malte Mahtatohpa 1834.

144 „Der Hund", ein Lakota, 1832 *An seinem letzten Tag in Fort Pierre porträtierte Catlin Mah-to-chee-ga oder auch „Kleiner Bär". Er wollte diesen im Profil darstellen. „Kleiner Bär" war ein herausragender Häuptling der Hunkpapa, eines zu den Lakota gehörenden Stammes. Als Shon-ka „Der Hund", ein Rivale aus einem anderen Stamm das Werk des Künstlers sah, verspottete er „Kleiner Bär" und behauptete, dieser sehe wie ein halber Mann aus. Kleiner Bär nannte ihn daraufhin einen Feigling und provozierte einen Kampf vor Catlins Tipi. Bei diesem Kampf kam „Kleiner Bär" ums Leben; die auf dem Bild nicht zu sehende Gesichtshälfte war ihm bei diesem Kampf weggeschossen worden. Ein Aufruhr entstand im Lager der Lakota, Catlin packte hastig seine Malutensilien und floh in das sichere Fort. Am nächsten Tag ging er an Bord der „Yellow Stone" und setzte seine Reise flussaufwärts fort. Später erfuhr er, dass „Der Hund" in den Black Hills von „Kleiner Bärs" Anhängern getötet worden war.*

145 „Zwei Krähen", ein Hidatsa, 1832
Laut Catlins Katalog von 1848 malte er „Zwei Krähen" in einem „schönen, mit Hermelin verzierten Hemd und einer Bärenklauenkette um den Hals". Auf seinem Hemd sind seine Heldentaten dargestellt. Ein Streifen aus Stachelschwein-Stacheln verziert die Ärmel. Die meisten nordamerikanischen Stämme glätteten und färbten die Stacheln der Stachelschweine und webten oder nähten sie in Mustern auf Kleidungsstücke. Im Lauf des 19. Jahrhunderts ersetzten Glasperlen, einige von den Indianern hergestellt, meistens jedoch aus Europa importiert, diese Muster aus Stachelschwein-Stacheln. Im Herbst 1832 unternahm Catlin den Missouri flussaufwärts eigens einen Abstecher in das Dorf der Hidatsa.

der leitende Angestellte James Kipp Catlin herzlich. Das Volk der Mandan war sehr gastfreundlich und gab Catlin alle gewünschten Informationen, da auch sie glaubten, Catlin verfüge wegen seiner künstlerischen Fertigkeiten über magische Kräfte. Sie bestanden darauf sich porträtieren zu lassen und Catlins magische Pinselstriche zu verfolgen, die wiedererkennbare Bilder von Nachbarn und Freunden entstehen ließen. Catlin führte stundenlange Gespräche mit „Vier Bären", dem zweiten Häuptling und lernte dadurch Zeremonien und Rituale kennen wie z. B. das Okipa, bei dem er sogar anwesend sein durfte. Die Okipa-Zeremonie dauerte vier Tage und ähnelte der Sonnentanz-Zeremonie, war aber für die Tänzer noch selbstkasteiender. Catlin konnte die religiöse Bedeutung dieser Tortur sicherlich nicht ganz verstehen, ihm verdanken wir jedoch die einzigen jemals gemachten Aufzeichnungen über diese Zeremonie. Nach einem Monat bei den Mandan reiste Catlin acht Meilen flussaufwärts, um den Stamm der Hidatsa zu besuchen. Der Stamm der Hidatsa umfasste ungefähr 1500 Menschen, die in drei Dörfern lebten. Ihr größtes Dorf bestand aus 40 bis 50 Erdhäusern und lag mitten in einem Maisfeld. Ähnlich wie bei den Mandan stieß Catlin auch bei den Hidatsa auf großes Interesse. Da aber der Herbst vor der Tür stand, nahmen Catlin, Ba'tiste und Bogard Abschied und fuhren wieder flussabwärts. Im Mandan-Dorf holten sie ihr Gepäck und nahmen traurig Abschied. Catlin hatte die Mandan aufrichtig gern und war beeindruckt von der Geradlinigkeit dieser Menschen, die weder logen, stahlen oder betrogen und gänzlich anders waren, als sie in den Berichten der Weißen dargestellt wurden. Fünf Jahre später erreichte ihn die Nachricht, dass fast alle Mandan bei einer Pockenepidemie ums Leben gekommen waren; er war zutiefst erschüttert.
Langsam setzte er seinen Rückweg nach St. Louis fort, hielt dabei häufig an, bestieg die umliegenden Hügel und betrachtete die wilde, endlose Schönheit des noch unverdorbenen Westens. Er kehrte in das Leavenworth-Gebiet zurück und malte dort Iowa-, Kansas-, Missouri-, Omaha-, Oto- und Pawnee-Indianer, die um das Fort herum ihre Zelte aufgeschlagen hatten um Handel zu treiben.
Im Oktober 1832 erreichte Catlin St. Louis; er hatte innerhalb der letzten 86 Tage über 130 Bilder angefertigt und trotzdem hielt er seine Arbeit für dieses Jahr noch nicht beendet. Ein „großer" Krieg zwischen Iowa- und Illinois-Indianern und den Weißen war ausgebrochen und Black Hawk, der Häuptling der Indianer, saß nur drei Meilen südlich von St. Louis im Gefängnis. Black Hawk, der Führer der Sauk, leistete Widerstand gegen die Regierung der Vereinigten Staaten, die seinem Stamm das Land wegnehmen wollte. Er konnte der U. S. Armee aber nur kurze Zeit trotzen und wurde in der Schlacht von Bad Axe vernichtend geschlagen, Black Hawk und die anderen Führer des Widerstands wurden in Ketten nach St. Louis gebracht. Catlin malte alle Gefangenen, einschließlich Black Hawk und seine beiden Söhne,

*146 **Eine Ojibway mit Kind, 1835** Catlin malte Ju-ah-kis-gaw 1835 in Fort Snelling in Minnesota. Catlin schrieb, dass die Nabelschnur des Babys „als übernatürlicher Schutz vor dessen Gesicht hing". Bei vielen Stämmen trug man die Nabelschnur in einem speziell versiegelten Beutel, der an einer Lederschnur unter der Kleidung hing, sein ganzes Leben lang mit sich herum. Manchmal wurde sie auch in dem Medizinbeutel eines Kriegers aufbewahrt. „Die Kleidung der Frau stammte größtenteils von zivilisierten Herstellern, war jedoch kurioserweise nach indianischer Tradition verziert", bemerkte Catlin weiter.*

bevor er gegen Ende Dezember zu seiner Frau nach New York zurückkehrte. 1833 vervollständigte er seine Skizzen, malte Details von Landschaften, Büffeljagden, Präriefeuern und nächtlichen Tänzen der Indianer hinein. Danach reiste er mit seinen Bildern durch den Mittleren Westen und stellte seine Bilder in Pittsburgh, Cincinnati und Louisville aus. James Hall, Autor des Buches „The Indian Tribes of North America" lobte Catlins fertig gestellte und gerahmte Bilder in den höchsten Tönen. Catlin legte ungeheure Strecken zurück, um den Weißen die Verschiedenartigkeit der indianischen Kultur nahezubringen. Seine Gemälde stellten die Indianer in vollkommen anderem Licht dar, denn Aussehen und Bräuche der Indianer waren realistisch wiedergegeben. Seine Bilder zeigten den Weißen erstmals eine bildliche Darstellung des Westens.

Catlin hatte während seiner Reisen in den Westen viele Kenntnisse über und vor allem Respekt vor den Indianern gewonnen. 1841 schrieb er dazu: „Ich habe eine große Menge dieser wilden Menschen gesehen. Ich habe große Mühen, Schwierigkeiten und Gefahren auf mich genommen, sie zu besuchen, durfte aber viele angenehme Erfahrungen machen. Als ich mit ihnen unterwegs war, habe ich ihre freundlichen Hände geschüttelt, die noch nie durch die Berührung mit Geld verunreinigt wurden oder die der Geldbeutel fest im Griff hatte; ich wurde immer freundlich in ihre Wigwams aufgenommen und konnte stets unversehrt in ihrem Gebiet reisen. Und wenn ich voreingenommen gesprochen habe, wird der Leser wissen, in welchem Rahmen dies für mich erlaubt ist als Fürsprecher dieses Volkes, das mich freundlich behandelt hat, dem ich mich verpflichtet fühle und das keine Möglichkeit hat, für sich selbst zu sprechen."

Catlin war mit einer idealisierten Vorstellung in den Westen aufgebrochen. Nach seiner Rückkehr und einer ernsthaften Beobachtung der Indianer, die er detailliert in Wort und Bild festhielt, sah er alles aus einer anderen Perspektive. Er behandelte seine „Modelle" respektvoll, bildete keinen als der „Gattung Indianer" zugehörend, sondern mit dessen persönlichen charakteristischen Merkmalen ab. Seine Porträts von Frauen mit ihren Kindern auf dem Schoß zeigten die Indianer als Menschen und nicht als Kuriositäten. Im Gegensatz zu den Bildern von Charles Bird King und anderen frühen Künstlern arbeitete Catlin in seinen Porträts die charakteristischen Merkmale der Indianer heraus. Zusätzlich war er auch als Künstler reifer geworden, hatte durch die vielen Gelegenheiten und seine Freude an diesen Bildern einen persönlichen Stil entwickelt und seine Technik entscheidend verbessert.

Nachdem er einen Winter in New Orleans verbracht hatte, ließ er seine Frau wieder zurück und brach zu seinem nächsten Abenteuer auf. 1834

*147 **Tcow-ee-put-o-kaw, eine Creek, 1834** Diese Creek trägt eine wunderschöne Kette aus Perlen und türkisfarbenen, flachen Steinen.*

hatte er von Lewis Cass, dem Kriegsminister, die Erlaubnis erhalten, Colonel Henry Leavenworth's Dragoner bei deren erster diplomatischer Kontaktaufnahme mit den Comanchen zu begleiten. Die Comanchen waren harte Krieger, die Fallensteller und Händler, die durch ihr Gebiet kamen, angriffen. Auch die Santa-Fe-Eisenbahn, die auf der wichtigen Handelsverbindung zwischen St. Louis und dem damals noch zu Mexiko gehörenden Santa Fe fuhr, wurde immer wieder von Comanchen überfallen; dies ließ eine diplomatische Kontaktaufnahme dringend erforderlich werden. Im April erreichte Catlin mit dem Dampfschiff Fort Gibson am Arkansas in der Nähe der heutigen Stadt Tulsa im Staat Oklahoma. Fort Gibson war 1824 erbaut worden und südwestlichster Außenposten unter amerikanischer Hoheit. Im Gegensatz zu den als Pelzhandelsstationen geführten Forts am Oberlauf des Missouri war Fort Gibson ein Außenposten der amerikanischen Armee mit stationierten Truppen.

Viele Indianer, die in der Nähe von Fort Gibson lebten, waren von weißen Siedlern im Osten vertrieben, aus ihrem ursprünglichen Land entfernt und in diese neuen Reservationen abgeschoben worden. Als Catlin diese Indianer sah, wurde ihm bewusst, dass die indianische Lebensweise sich für immer verändern würde. Mehr als zwei Monate malte er Cherokee, Choctaw, Creek und Osage-Indianer und konnte die Choctaw auch bei ihrem einzigartigen Ballspiel beobachten und malen.

Im Juni brach Catlin mit den Dragonern unter Leitung von Colonel Leavenworth auf, um Kontakt mit den Comanchen aufzunehmen. Unterwegs bestaunte er das Red-River-Gebiet; nach vielen Tagen Querfeldeinritt tauchte plötzlich eine Gruppe von Comanchen auf, aber es war Colonel Leavenworth nicht klar, in welcher Absicht sie kamen und sie waren ihnen zahlenmäßig so überlegen, dass sie die Dragoner leicht überwältigen hätten können. Die Comanchen schienen nicht feindlich gesinnt zu sein, sondern demonstrierten zunächst ihre reiterlichen Fähigkeiten. Sie ritten ihre ungesattelten Pferde im offenen Gelände hin und her, hingen dabei auf einer Seite des Pferdes und feuerten aus dieser Stellung ziellos Pfeile unter den Hälsen der Pferde ab.

148-149 Comanchen treffen die Dragoner, 1834-1835 *Dieses Bild stellt das Aufeinandertreffen der amerikanischen Dragoner mit den Comanchen dar. Catlin erinnerte sich: „Am vierten Tag... bemerkten wir eine große Gruppe Reiter, die uns beobachtete, einige Meilen entfernt von uns... Col. Dodge befahl dem Haupttrupp, stehen zu bleiben, während er mit ein paar seiner Männer und einem Fähnrich, der eine weiße Fahne trug, weiterritt. Ich ritt mit dem Vortrupp; die Indianer blieben stehen, bis wir bis auf eine halbe Meile an sie herangekommen waren. Dann hielten wir an und die weiße Fahne wurde vor der Gruppe hin- und hergeschwenkt als Zeichen, dass die Indianer sich nähern sollten. Daraufhin galoppierte einer aus dieser Kriegergruppe auf einem Schimmel heran; er hatte als Antwort auf unsere weiße Fahne ein Stück weiße Büffelhaut auf seine lange Lanze gespießt.“*

149 „Roter Donner“, Sohn von „Schwarzer Mokassin“, ein Hidatsa, 1832 *Catlin erinnerte sich in seinen „Letters and Notes“, dass „Roter Donner“ den Ruf hatte, „einer der entschlossensten Krieger seines Stammes zu sein...“ Er schrieb, dass er „Roter Donner“ in “voller Körpergröße, in kriegerischem Aufzug, mit Bogen in der Hand, Köcher umgehängt und den Schild auf seinem Arm gemalt habe. In diesem Aufzug, ohne Kopfschmuck, ohne Umhang und ohne irgend etwas, das ihn in irgendeiner Weise belastet hätte; fast vollkommen nackt, reichlich mit roter und schwarzer Farbe bemalt, damit sie fast perfekt getarnt waren, machten die indianischen Krieger für gewöhnlich ihre Attacken.“*

150 „Der die Osage tötet", ein Missouri, 1832 *Catlin beschrieb den Häuptling der Missouri so: Er war ein „alter Mann mit einer Bärenklauenkette um den Hals und einer schön geschnitzten Pfeife in der Hand." Der Pfeifenkopf war aus rotem Stein, den man später „Catlinit" nannte. Auf dem Pfeifenkopf ist außerdem ein Tier, das „Der die Osage tötet" selbst angefertigt hatte. Dieses Bild entstand wahrscheinlich 1832, während Catlins zweitem Besuch in Fort Leavenworth. Auch Charles Bird King porträtierte den Häuptling zu einem späteren Zeitpunkt.*

151 Black Hawk, ein Sauk und Fox, 1832 *Black Hawk oder auch Muk-a-tahmish-o-kah-kaik (nach Catlins phonetischer Aussprache) war der Anführer im nach ihm benannten Black-Hawk-Krieg von 1832. Catlin begegnete Black Hawk im Oktober 1832 unmittelbar nach seinem Aufenthalt in St. Louis in den Jefferson Barracks, einem Militär-Stützpunkt südlich von St. Louis. Als das Bild entstand, war Black Hawk dort Gefangener. Für das Porträt legte er die volle Kriegskleidung an, zu der auch Ohrgehänge und eine Kette um den Hals gehörten. „In der Hand hielt er seinen Medizinbeutel, in dem sich Haut eines Schwarzen Falken befand, dessen Namen er übernommen hatte und dessen Schwanzfedern, die er nahezu immer als Fächer verwendete." Black Hawk war ungefähr 65 Jahre alt, als dieses Bild entstand. Catlin begegnete Black Hawk noch ein weiteres Mal 1836 bei Vertragsverhandlungen auf Rock Island, bei denen die Sauk und Fox 1000 Quadratkilometer Land am Iowa abgeben mussten. Catlin schrieb nach diesem Zusammentreffen über Black Hawk: „Er sah bemitleidenswert aus. Er hatte einen alten Gehrock an und einen braunen Hut auf; in der Hand hielt er einen Stock. Die ganze Zeit über stand er in dumpfem, trübseligem Schweigen außerhalb der Gruppe..." Auch Charles Bird King malte Black Hawk 1837.*

Da die Pfeile in großer Entfernung harmlos herunterfielen, waren die Dragoner sich nicht sicher, ob die Comanchen in guter oder in böser Absicht gekommen waren. Endlich ritt der Führer der Gruppe direkt auf den Offizier zu und schüttelte seine Hand. Nach allgemeinem Händeschütteln, Gelächter und Erleichterung auf allen Seiten, luden die Comanchen die Gruppe in ihr Dorf am Fuß der Wichita-Berge ein.

Catlin malte Bilder von den Häuptlingen der Comanchen, ihrem Dorf, ihren Reitkünsten und einer Bisonjagd. Als die Dragoner wieder abreisen wollten, war Catlin bereits gesundheitlich angeschlagen und wurde kurze Zeit später schwer krank. Auf der Rückreise entlang des Canadian erkrankten viele Dragoner ebenfalls ernstlich und mussten auf Bahren transportiert werden. Colonel Leavenworth ließ viele Männer zurück, unter ihnen auch Catlin, da er noch die Pawnee treffen und mit ihnen verhandeln wollte. Catlin und viele andere waren zu krank, um gegen ihr Zurückgelassenwerden zu protestieren. Ungefähr ein Drittel der 455 Männer starb bei der Unternehmung von 1834 und wurde entlang des Weges begraben. Catlin überlebte.

Nach einer kurzen Genesungszeit wollte Catlin seine Frau wieder treffen, die auf ihn in St. Louis wartete. Er entschloss sich, die 540 Meilen lange Reise nach St. Louis alleine auf seinem Pferd „Charley" anzutreten. Während dieser Reise kam er schließlich wieder vollends zu Kräften.

Nachdem er seine Frau in Alton im Staat Illinois getroffen hatte, fuhren beide gemeinsam auf einem Dampfschiff nach New Orleans und von dort nach Pensacola in Florida, um eine Weile bei Georges jüngerem Bruder James zu bleiben.

Im Frühjahr 1835 kehrten George und Clara wieder nach New Orleans zurück, wo George seine Bilder vorstellte und Vorträge über Indianer vor vielen begeisterten Zuhörern hielt.

Danach reisten die Catlins auf einem Vergnügungsdampfer von New Orleans den Mississippi flussaufwärts nach Fort Snelling in Minnesota, wo er die Ojibway (Chippewa) malte. Catlin wurde bei dieser Arbeit von Indianern angepöbelt, die dem Whiskey verfallen waren und die Schwierigkeiten hatten, die durchgreifenden Veränderungen von ihrer traditionellen

152 Keokuk, ein Sauk und Fox, auf einem Pferd, 1835 *Catlin reiste den Mississippi flussabwärts, um das Leben der Sauk und Fox in Wort und Bild festzuhalten. Über Keokuk, den Häuptling des Stammes, schrieb er: „Er war ein sehr stolzer Mann, der vor allem auf seinem schwarzen Pferd ein prächtiges Bild abgibt. Er besitzt das schönste Pferd im ganzen Gebiet und ist sehr eitel, wenn er es im vollen Geschirr und Aufmachung reitet. Es war sein ausdrücklicher Wunsch, dass er auf dem Pferderücken abgebildet werde. Er ritt und zügelte sein tänzelndes Ross vor meiner Tür auf und ab, bis an seinen Seiten Blutspuren zu sehen waren…“*

153 Keokuk, ein Sauk und Fox, 1835 *In „The Indian Tribes of North America“ schrieb Catlin, dass Keokuk ein „würdevoller und stolzer Mann mit den unterschiedlichsten Talenten sei; er besitze jedoch auch so viel Eitelkeit, dass er seinen ganzen Verstand und Urteilsvermögen in die Waagschale werfe, um Aufmerksamkeit und Respekt von allen zu erhalten… Auf diesem Bild ist er genau so wiedergegeben, wie er für mich Modell stand; er hat seinen Schild im Arm und die Insignien für sein Amt in der linken Hand. Zu diesem Zeitpunkt gab es im Grenzgebiet keinen berühmteren Indianerhäuptling als Keokuk, der darüber hinaus ein exzellenter Redner bei öffentlichen Veranstaltungen war.“ 1837 wurde Keokuk auch von King gemalt.*

Lebensweise zur euro-amerikanischen zu bewältigen. Auch Catlin hatte zu dieser Thematik eine paradoxe Einstellung: Auf der einen Seite beklagte er das Ende der indianischen Kultur, auf der anderen Seite träumte er davon, dass dieses Gebiet bald von Weißen besiedelt sein würde und „Städte, Türme und Villen“ die Gegend prägen würden. Er hatte sich damit abgefunden, dass diese Veränderungen und der „Fortschritt“ kommen würden, obwohl er wusste, dass damit auch die indianische Kultur, die er lieben gelernt hatte, verschwinden würde. Als letzte Station in diesem Sommer besuchte Catlin die Dörfer der Sauk und Fox und malte zwei Porträts von Häuptling Keokuk.

Im Frühjahr 1836 wollte Catlin zu einer letzten großen Unternehmung in den Westen aufbrechen und den legendären „Heiligen Pfeifensteinbruch“ besichtigen, dessen rötlich gefärbten Stein viele Indianerstämme für die Herstellung ihrer Zeremonienpfeifen verwendeten. Nachdem Catlin in Green Bay, Wisconsin, angekommen war, zeichnete er einige Ojibway und Menominee; dort traf er den Engländer Robert Sherill Wood, der ihn auf seinem Weg zum Steinbruch per Kanu und Pferd begleitete. Dieser Steinbruch war für die Indianer ein heiliger Ort und obwohl Catlin mehrere Male von Santee-Sioux aufgefordert worden war, umzukehren, widersetzte er sich den Wünschen der Indianer und reiste weiter. Am Steinbruch angekommen, rätselte er über die geologische Beschaffenheit dieses einzigartigen rötlich gefärbten Steines vor ihm.

Catlin nahm einige Proben von diesem Steinbruch mit, die der berühmte Mineraloge Charles Thomas Jackson untersuchte und feststellte, dass dies ein bisher unbekanntes Mineral sei. Es

154 links Der „Heilige Pfeifensteinbruch“ auf dem „Coteau des Prairies“ in Minnesota, 1836–1837 *Catlins letzter Exkurs in den Westen ging in den „Heiligen Pfeifensteinbruch“. Während all seiner Studien über die Indianer kam Catlin immer wieder mit den heiligen Pfeifen in Berührung. Fast alle bestanden aus einem hölzernen Stiel und einem steinernen, ausgehöhlten Kopf. Bei den meisten Stämmen wurden die Pfeifenköpfe aus einem rötlichen Stein angefertigt, der aus diesem „Heiligen Pfeifensteinbruch“ stammte. Dieser Steinbruch lag an einem abgelegenen Ort und war für Weiße nicht zugänglich. Auch für verfeindete Stämme war dies ein neutrales Gelände. Um einen Eindruck von Größe und Höhe des Steinbruchs zu vermitteln, bildete Catlin einige Indianer am oberen Rand des Steinbruches und einen Mann vor den Felsblöcken, die „Die Drei Mädchen“ genannt wurden, ab. Dies ist keine naturgetreue Abbildung; Catlin bildete z. B. die Quarzschicht größer ab als sie in Wirklichkeit war und versetzte „Die Drei Mädchen“ nach rechts, um sie noch ins Bild zu bringen. Heute steht der Steinbruch unter dem Schutz des National Park Service; sein Stein wird weiter von den Indianern verwendet.*

154 rechts „Cheyenne“, ein Republican, 1832 *Als Catlin dieses Bild 1832 in Fort Leavenworth malte, litten die Pawnee unter den starken Veränderungen, die durch die Euro-Amerikaner hervorgerufen worden waren. Die Delaware, die früher an der Ostküste gelebt hatten, waren in ihre traditionellen Jagdgründe eingedrungen, da sie von der amerikanischen Regierung zu einer Umsiedlung in den Westen gezwungen worden waren. Der Stamm der Pawnee war mittlerweile auch nur noch halb so groß, weil fast die Hälfte an Krankheiten, in erster Linie an Pocken, gestorben waren. Die Pawnee lebten normalerweise in Erdhäusern, zogen jedoch im Sommer in Tipis wie hier auf dem Bild zu sehen. Um 1700 hatten sich die Pawnee in vier Gruppierungen gespalten, die Skidi, Grand, Tapage und Republican.*
Dieser hier abgebildete Krieger heißt „Cheyenne“ oder auch Te-ah-ke-ra-lee-re-coo. Er trägt sein Haar wie eine Skalplocke, hat Ohrringe im Ohr und um den Hals eine Kette aus Perlen und Muscheln. Das Auffallendste an ihm ist seine Gesichtsbemalung, eine um den Mund gemalte Hand. Dies soll bedeuten, dass er einen Feind Mann gegen Mann getötet hat. Um seinen Hals trägt er auch noch eine große silberne Friedensmedaille. In der linken Hand hält er eine Zeremonienpfeife und in der rechten eine Pferdepeitsche.

155 „Double Walker", ein Omaha, 1832
Catlin malte diesen Krieger, während er eine Zeremonienpfeife rauchte. Er trägt eine Friedensmedaille und Beinlinge mit Skalpfransen.

erhielt den Namen „Catlinit".
Ende 1836 war Catlin mit seinen Bildern in Utica, im Staat New York und bereitete diese für eine Ausstellung in New York vor. Während seines Aufenthalts unter den Indianern litt Catlin chronisch an Geldmangel und war stets auf das Wohlwollen zahlreicher Gönner angewiesen; die Winter verbrachte er meist bei Verwandten. Glücklicherweise waren Claras Vater und Bruder ziemlich wohlhabend, so dass sie Clara während der Reisen ihres Mannes unterstützen konnten. Am 25. September 1837 eröffnete Catlin seine „Indian Gallery" in der Clinton Hall in New York, die sofort ein voller Erfolg wurde, da sie den Amerikanern Bilder aus dem Westen vermittelte, die man nicht erwartet hatte und völlig neuartig waren. Bis zu diesem Zeitpunkt hatte es nahezu keinerlei Bilddokumente gegeben. Die Beschreibungen in den Magazinen von Lewis, Clark und Major Stephen H. Long ebenso wie die Aufzeichnungen von Washington Irving konnten der Weite der Landschaft und der farbenprächtigen und festlichen Kleidung der Indianer des Westens nicht gerecht werden. Die „United States Gazette" behauptete, dass „seit Hogarth keiner mehr in diesem Maß und mit solcher Geschicklichkeit den richtigen Augen-

156 Osceola, ein herausragender Krieger, 1838 *Dies gehört zu den schönsten Bildern, die Catlin gemalt hat. Catlin war eigens in das Fort Moultrie in South Carolina gereist, um dort Osceola zu malen. Er ahnte nicht, dass es Osceolas letzte Tage waren. Später erinnerte er sich, dass mit ihm ungefähr 250 Seminolen dort gefangen gehalten wurden. Weiter schrieb er: „Ich malte ihn genau in dem Aufzug, in dem er vor mir stand, sogar mit allen Ketten und anderen Schmuckstücken. Auf seinem Kopf hatte er drei Straußenfedern und einen aus einem bunten Baumwollschal gewickelten Turban. Er trug einen Kattun, der in der Taille von einem schönen Perlengürtel zusammengehalten wurde." Man weiß nicht, wie Osceola starb. Vielleicht wurde er von seinen Feinden vergiftet oder er fiel einer Krankheit zum Opfer. Vielleicht beging er auch aus Enttäuschung über seine Gefangennahme oder aus Erbitterung und Hass gegenüber den Weißen, die ihn durch einen Verrat besiegt hatten, am 30. Januar 1838 Selbstmord. In McKenneys und Halls „Indian Tribes of North America" war auch eine Lithografie eines unbekannten Künstlers abgebildet.*

blick abgepasst und diesen Eindruck vor seinen Augen auf die Leinwand übertragen hat." George Catlin wurde als Künstler öffentlich in den höchsten Tönen gelobt und erlangte einige Berühmtheit. Seine „Indian Gallery" war mit Neugierigen gefüllt, die an Hand seiner Bilder sich zu einem imaginären Trip in den Westen aufmachen konnten. Es gab aber auch einige, die den Bildern keinen Glauben schenkten. Zu seinen Bildern hatte Catlin jedoch auch eine Sammlung von Alltags- und Kunstgegenständen der Indianer ausgestellt, die dem Ganzen einen noch realistischeren Anstrich gaben. Speere, Keulen, Lanzen, Pfeile und Bögen, Kleidung und sogar ein Tipi aus Bisonleder waren in voller Größe ausgestellt und repräsentierten die grundlegende Kultur von einigen Stämmen.

Jede Nacht hielt Catlin Vorträge in der Clinton Hall und versuchte seinen Zuhörern klarzumachen, dass die Indianer weder edle Krieger noch blutrünstige Wilde seien, sondern nur Menschen mit einer gänzlich anderen Kultur als die Euro-Amerikaner des Ostens. Die Ausstellung wurde von solchen Massen besucht, dass sich Catlin gezwungen sah, die Ausstellung in eine größere Halle zu verlagern, in das Stuyvesant Institute am Broadway. Mit seiner Popularität sah sich Catlin in der Lage, sich für die Angelegenheiten der Indianer einzusetzen, die Euro-Amerikaner wie z. B. die Angestellten der Pelzhandelsgesellschaften zu kritisieren, weil sie keine Rücksicht auf die indianische Kultur nahmen und in deren Lebensweise eingriffen.

Catlin schloss die Ausstellung im Dezember, als ihm zu Ohren gekommen war, dass Osceola, der Häuptling der Seminolen, in Fort Moultrie in Charleston, South Carolina, im Gefängnis saß. Osceola war Führer des Widerstan-

157 „The Cloud" ein Häuptling der Seminolen *Dieses Bild entstand 1838 in Fort Moultrie, in South Carolina und zeigt einen Mitgefangenen von Osceola. Catlin notierte, dass „The Cloud" „zu den herausragenden Kriegern gehört habe, im Gegensatz zu Osceola jedoch ein sehr gutmütiger und heiterer Mensch gewesen sei, der während seiner Gefangenschaft fett wurde."*

158 „Das Licht", ein Assiniboin, 1831
Catlin malte „Das Licht" in St. Louis während seiner Reise nach Washington. „Er erschien mürrisch wie der Tod in meinem Studio und fixierte mich wie eine Statue mit seinen Augen. Mit natürlichem Stolz stand er perfekt für mich Modell; der Aberglaube gab seinen Lippen einen sehnsüchtigen, sein Stolz einen verächtlichen Ausdruck." Die Zurückhaltung, mit der „Das Licht" Catlin Modell stand, begegnete Catlin auf seinen Reisen in den Westen immer wieder. Jeder neue Stamm musste überzeugt werden, dass Catlins Fähigkeiten gut und nicht teuflisch seien.

des der Seminolen gegen das Vordringen der Weißen; da er mit militärischen Mitteln nicht besiegt oder gefangen genommen werden konnte, wandte man eine List an: Man bat Osceola zu Waffenstillstandsverhandlungen und nahm ihn gefangen, als dieser unbewaffnet erschien. Catlin eilte zum Gefängnis und malte ihn dort mit Erlaubnis des Amtes für indianische Angelegenheiten. Es entstand eines der vortrefflichsten und sorgfältigsten Bilder, die Catlin je ausgeführt hat. Der Respekt, den Catlin vor Osceola hatte, kommt durch das Bild selbst, aber auch durch den Untertitel „Ein Krieger von hohem Rang" zum Ausdruck. Als Catlin Osceola malte und sich mit ihm in seiner Zelle unterhielt, war Osceolas gesundheitlicher Zustand bereits sehr schlecht. Er starb einen Tag nachdem Catlin sich von ihm verabschiedet hatte; viele sagen, er sei an gebrochenem Herzen über den Verlust seines Landes und die unausweichliche Abschiebung seines Volkes in den Westen gestorben.
Catlin hatte sich vom unbedeutenden Künstler zu einer berühmten Persönlichkeit emporgearbeitet und entwickelte sich jetzt zum Sprecher für die Indianer in Nordamerika. Der nächste Schritt, den er tat, erscheint in diesem Zusammenhang logisch, da er seine Sammlung indianischer Gegenstände auch den folgenden Generationen erhalten wollte. Er versuchte deshalb, den Amerikanischen Kongress davon zu überzeugen, dass mit dem Kauf dieser Sammlung dieses historisch bedeutende Zeugnis der Nachwelt erhalten werden könnte. Um diese Idee positiv zu beeinflussen, brachte er im April 1838 seine Sammlung in die Hauptstadt des Landes. Der Kongress sah jedoch den Sinn eines solchen Kaufes nicht ein und so nahm Catlin seine Bilder wieder mit nach Baltimore, Philadelphia und Boston. 1839 stellte er seine Arbeit nochmals in New York und Philadelphia aus und drohte damit, sie nach Europa mitzunehmen, wenn der Kongress diese nicht kaufen würde. Auch als er den Preis auf 60 000 $ herabsetzte, konnte er den Kongress nicht davon überzeugen, seine Sammlung zu kaufen und so segelte er im Dezember 1839 nach Liverpool in England. Obwohl Catlin dies damals noch nicht wissen konnte, sollte sein Traum vom Erhalt dieser Sammlung durch den Kauf des Kongresses niemals Realität werden, sondern ihn für den Rest seines Lebens frustrieren. Mit seiner Reise nach Europa begann ein weiterer, weniger erfolgreicher Lebensabschnitt.
Als Catlin in England ankam, schien ein erfolgreicher Ablauf der Ausstellung sicher. Am 1. Februar 1840 wurde seine Ausstellung, die aus acht Tonnen Bildern und einer Kunstsammlung bestand, in der Egyptian Hall in London eröffnet. Insgesamt 485 Landschaftsbilder und Porträts hingen an den Wänden; in der Mitte der Halle stand ein Tipi der Crow, indianische Handwerkskunst und Bekleidung. Catlin betrachtete man einerseits als bäuerlichen Hinterwäldler, andererseits jedoch wollte das britische Publikum, vor allem Wissenschaftler, Neues über Indianer und deren Kultur erzählt bekommen. Deshalb konnte er einen großen Erfolg in der britischen Gesellschaft verbuchen. Im ersten Ausstellungsjahr besuchten 32 500 Menschen die Ausstellung und bezahlten dafür insgesamt 9433 $.
Clara reiste mit ihren beiden Töchtern aus Amerika an und Catlin setzte die Schreibarbeiten an seinem Buch „Letters and Notes on the Manners, Customs, and Condition of the North American Indians" fort. Als aber das Interesse an der Ausstellung nachließ, hielt Catlin trotzdem an seinem aufwendigen Lebensstil fest und verbrauchte das Geld im selben Augenblick, in dem er es eingenommen hatte. Um das Interesse an seiner indianischen Ausstellung wieder zu beleben, begann er damit, sogenannte „Tableaux Vivants", indianische Tänze, Lieder und Kriegsrituale aufzuführen. Dazu verkleideten sich Catlins Bruder Burr und 19 andere Europäer als Indianer. Die Einkünfte stiegen trotzdem nicht an.
Daraufhin wollte Catlin seine „Letters and Notes" veröffentlichen, konnte aber keinen Herausgeber finden und finanzierte daraufhin mit 8000 $ die zweibändige, 312 Illustrationen enthaltende Ausgabe selbst. Gleich nach

159 „Das Licht" vor und nach seiner Reise nach Washington, 1837–1839 *Als Catlin 1832 den Missouri flussaufwärts reiste, traf er an Bord einen europäisch gekleideten Assiniboin. Er schrieb, der Mann habe Wi-jun-jon oder „Eierkopf der Taube" geheißen, sein tatsächlich gebräuchlicher Name war jedoch Ah-jon-jon, „Das Licht". An Ah-jon-jon, dem Sohn eines Assiniboin-Häuptlings konnte man sehen, wie sehr ein Besuch beim Präsidenten in Washington den Krieger verändert hatte. Catlin war Ah-jon-jon bereits 1830 in St. Louis begegnet: „Damals trug er noch seine traditionelle Kleidung und diese war außergewöhnlich schön. Seine Beinlinge und sein Hemd waren aus Bergziegenleder, reich verziert mit Stachelschwein-Stacheln und Skalp-Fransen, die er von den Köpfen seiner Feinde genommen hatte..." Aber Ah-jon-jon liebte das Leben in Washington mit seinen vielen Partys und Tänzen. Nach seiner Rückkehr aus dem Osten konnte Catlin eine signifikante Veränderung in Haltung und Kleidung des jungen Mannes erkennen. Zu seiner Uniform und seinen Schulterstücken trug Ah-jon-jon „einen hohen Biberhut mit einem breiten Silberband, in dem eine fast 60 cm große rote Feder steckte. Er trug einen Mantel, dessen steifer Kragen bis über seine Ohren hinaufging; über diesem fiel sein langes, rotes, zu Zöpfen zusammengebundenes Haar bis zu seinen Hüften hinunter." Ah-jon-jon ging einen Yankee Doodle pfeifend auf dem Deck umher und zwei Whiskeyflaschen schauten aus seinen Gesäßtaschen. Als er bei seinem Stamm angekommen war, kamen sie sich wie Fremde vor. Die Geschichten, die Ah-jon-jon über die Weißen erzählte, klangen zu unglaublich, um wahr zu sein, folglich hielten sie ihn für einen Lügner. Er lief weiterhin in seinen euro-amerikanischen Kleidern herum, auch als sie schon abgetragen waren. Als er einem jungen Mann die Größe der Gebäude in Washington erklären wollte, konnte dieser die Geschichten nicht länger ertragen und tötete „Das Licht". Catlin dachte noch lange über diese Ereignisse nach und gelangte zu der Überzeugung, dass sie die rasanten kulturellen Veränderungen und die Unfähigkeit der Menschen widerspiegelten, auf einer gemeinsamen Grundlage miteinander zu kommunizieren.*

Erscheinen im Oktober 1841 wurde dieses zu einem Klassiker und von Kritikern in Europa und Amerika hochgelobt. Catlins „Letters and Notes“ werden auch heute noch von vielen Ethnologen wegen ihrer wertvollen, von den Weißen wenig beeinflussten Augenzeugenberichte der Indianer geschätzt. Damals kostete das Buch mit einem Preis von 3000 $ ein Vermögen und so war Catlin für dessen Vertrieb von Verlagen abhängig.
Catlin, der zu diesem Zeitpunkt bereits eine Familie mit drei Kindern hatte, musste seine Ausgaben zurückschrauben. Da seine Einnahmen in London zurückgegangen waren, nahm er 1842 ein Angebot vom Institut für Maschinenbau an, seine Ausstellung dort aufzubauen. Im Winter 1843 reiste er mit seiner Show „Tableaux Vivants“ durch verschiedene englische Städte, durch Dublin und Irland; das Echo darauf war unterschiedlich. Nach seiner letzten Ausstellung in Manchester kündigte er der Presse an, dass er seine Kunstsammlung und Bilder wieder mit nach Amerika nehmen werde.
Bevor er jedoch aufbrach, überzeugte ihn der Kanadier Arthur Rankin davon, dass es noch eine Möglichkeit für einen Erfolg gebe. Er hatte von einer Amerikareise eine Gruppe Ojibway-Indianer mitgebracht, die authentische, traditionelle Tänze vorführen konnten. Rankin argumentierte dahingehend, dass die Ojibway als Ergänzung zu seinen Bildern und dem indianischen Kunsthandwerk einen Erfolg sicherstellen würden. Daraufhin entschloss sich Catlin noch einmal zu einer Ausstellung, die ein großer Erfolg wurde. Die Tanzvorführung sahen sogar Queen Victoria und Charles Dickens.“ Erstmals wurde Catlin beschuldigt, seine Sammlung auszubeuten; darüber geriet er mit Rankin in Streit, was zu einem Abbruch, drei Monate früher als geplant, führte. Ende 1843 zog sich Catlin ins englische Hinterland zurück, um dort für sein Buch unter dem Titel „The North American Indian Portfolio“ (Die Kollektion der nordamerikanischen Indianer) zu schreiben und Lithografien vorzubereiten. Einmal mehr versprach Catlin seiner Familie nach der Veröffentlichung dieses Buches nach Hause zurückzukehren. Catlin brach dieses Versprechen aber wieder, nachdem eine Gruppe Iowa in London angekommen war. Catlin kannte viele dieser Indianer, da er diesen auf seiner Reise in den Westen begegnet war. Im Sommer 1844 mietete er die Egyptian Hall in London noch einmal und ließ die Iowa nachts in seiner Galerie tanzen; im Herbst nahm er sie mit auf eine Tour durch ganz Europa. Tragischerweise starben jedoch unterwegs zwei Iowa an einer Krankheit. Trotz dieses Rückschlages begleiteten sie Catlin im Frühjahr 1845 nach Paris.

Auch in Paris, wie zuerst in London, war die Ausstellung obligatorisch für die Gebildeten. König Louis Philippe empfing die Iowa-Tänzer persönlich, während George Sand und Victor Hugo die Ausstellung besuchten.
Aber die Katastrophe war schon im Anmarsch. Die Iowa brachen wieder in Richtung Amerika auf und Catlins Frau starb an Lungenentzündung und hinterließ ihm vier Kinder. Die Einnahmen wurden immer weniger, obwohl eine neue Gruppe Ojibway für ihn zu tanzen begonnen hatte. Catlin lagerte daraufhin seine Sammlung ein und brach mit den Ojibway zu einer Tour durch ganz Europa auf. Acht Indianer bekamen die Pocken, zwei starben daran. Diese zweite Tragödie mit Indianern, die mit europäischen Krankheiten in Berührung kamen, überzeugte Catlin davon, seine „Wild-West-Shows" zu beenden.
Da er vier kleine Kinder zu ernähren hatte, kehrte er nach Paris zurück und fertigte dort im Auftrag von König Louis Philippe einige Kopien von Bildern an. Aber Unglück verfolgte ihn auch weiterhin. 1846 starb sein Sohn an Typhus. Nachdem Catlin die 15 Indianer-Gemälde fertig gestellt

160-161 Ballspiel der Choctaw, Ball Down, 1834–1835 *Das Ballspiel der Choctaw war eine Form von Kricket. „Es war durchaus nicht ungewöhnlich, dass 600, 700 oder sogar 1000 Spieler an diesem Ballspiel beteiligt waren und die fünf- oder sechsfache Zuschauermenge um sie herumstand. Ich habe eine solche Szene dargestellt mit Hunderten von schönen Modellen, die entblößt und in den verschiedensten Farben bemalt waren. Sie rannten und sprangen in den außergewöhnlichsten und verschiedensten Arten in die Luft, um den Ball zu erreichen. Diese Szene war eine wahre Schule für den Maler oder Bildhauer, ähnlich denen, die die Künstler bei den Olympischen Spielen oder im Forum Romanum inspiriert haben", schrieb Catlin. Der Ball durfte nur mit dem Netz am Stockende von einem Spieler zum anderen abgegeben werden. Hände durften nicht verwendet werden. Ziel war es, den Ball durch das Tor des Gegners zu werfen. Es gab keine anderen Spielregeln, keine Strafen für allzu hartes Vorgehen oder gar Schiedsrichter! Die Mannschaft, die als erste 100 Tore erzielte, war Sieger.*

161 „He Drinks the Juice of the Dress", ein Choctaw, 1834 *Anfang 1830 wurden die Choctaw gezwungen, in die Gebiete westlich des Mississippi zu ziehen. Catlin begegnete den Choctaw 1834 in der Nähe von Fort Gibson, als sie sich gerade in ihrer neuen Heimat eingewöhnten. Er notierte dazu: „Als ich an dem Verwaltungsgebäude der Choctaw in der Mitte ihres Stammes stand, hatte offensichtlich gerade die Feiertagssaison begonnen; der ganze Stamm war um das Gebäude versammelt; jeden Tag wurden wir durch Spiele oder Kunststücke unterhalten, die in höchstem Maße unterhaltend waren: Pferderennen, Tänze, Ringkämpfe, Wettläufe und Ballspiele; von all diesen war das Ballspiel das schönste. Dieses wunderbare Spiel ist die Lieblingsbeschäftigung aller Stammesangehörigen und kann von denen, die es noch nie gesehen haben, gar nicht richtig geschätzt werden." Laut Catlin war „He Who Drinks The Juice of the Stone" der „beste Ballspieler der Choctaw". Er stand dem Künstler für dieses Bild Modell. An seinem Lendenschurz ist ein „Schwanz" aus Pferdehaar angebracht. Der Schwanz wurde an einem perlenverzierten Gürtel befestigt. Auch um seinen Hals trug er eine „Mähne" aus Pferdehaar. Die zwei Stöcke, die er in der Hand hält, wurden dazu verwendet, den Ball zu werfen und zu fangen. Es war Ballspielern verboten, andere Kleidung oder Mokassins an den Füßen zu tragen.*

162 „Kleiner Wolf", ein Iowa, 1844 *Auf diesem Bild hat „Kleiner Wolf" all seinen Schmuck angelegt. Er ist über und über mit Ohrringen und Ketten behängt; sein Gesicht hat er für den Kampf rot bemalt. Seine Bärenklauenkette überdeckt zwei Friedensmedaillen, eine aus Silber, die andere aus Bronze. Die Skalplocke wurde mit Pferdehaar vergrößert. Im Gegensatz zu den meisten anderen Bildern in diesem Buch, entstand dieses Bild nicht in den Plains von Nordamerika. Catlin begann dieses Bild in London und führte es in Paris zu Ende; Es ist eines der beiden Bilder, die Catlin 1846 im Salon ausstellte. William Truettner nannte es „das Meisterstück von Catlins europäischer Karriere". „Kleiner Wolf" gehörte zu den Tänzern in Catlins Indian Gallery; tragischerweise starben seine Frau und sein Kind während ihres Aufenthaltes in Europa an einer Krankheit.*

163 „No English", ein Peoria, 1830 *„No English" war ein einflussreicher Mann innerhalb seines Stammes, aber er war auch ein Dandy. Catlin malte ihn mit kurioser Kriegsbemalung und Spiegel in der Hand. Federhut und Nasenring waren typisch für seinen Stamm, jedoch extrem modisch arrangiert von „No English". Das Verschwinden der Stämme wie der Peoria und der Wea ließen Catlins Anliegen, eine Chronologie aller Indianerstämme zu erstellen, immer dringender werden.*

hatte, wurde er gebeten, zur Erinnerung an die Reisen von LaSalle 29 Bildersequenzen zu malen, für die er je 100 $ erhalten würde. Die Bilder waren fast fertig, als 1848 die Revolution in Paris ausbrach. König und Königin flohen außer Landes und Catlin wurde niemals für seine Arbeit bezahlt. Er war fast nicht mehr in der Lage mit seinen drei Töchtern und der Sammlung Frankreich zu verlassen.

Catlin kehrte wieder nach London zurück, mietete dort einen Studio-, Wohn- und Ausstellungsraum und veröffentlichte eine Fortsetzung von seinen „Letters and Notes". Dieses Buch verkaufte sich nicht gut. Catlin erhielt nur wenige Aufträge und lieh sich deshalb Geld in Höhe des Schätzwertes seiner Ausstellung in der festen Überzeugung, dass der Kongress diese eines Tages kaufen würde. Er schrieb daraufhin Briefe an den Amerikanischen Kongress und an das Britische Museum, in denen er seine Ausstellung zum Verkauf anbot. Trotz der Unterstützung einflussreicher Leute wurden seine Angebote abgelehnt.

1852 erstickte Catlin bereits in Schulden. Eine Fehlinvestition in eine texanische Immobiliengesellschaft veranlasste Catlins Gläubiger, seine Rückstände bei ihnen auszugleichen. Da er nicht in der Lage war zu zahlen, wurde er ins Gefängnis geworfen. Ein Freund fuhr daraufhin über den Atlantik, um Catlins Töchter auf ihrer Rückreise nach Amerika zu begleiten und um ihn aus dem Gefängnis zu holen. Catlin reiste nach Paris und bettelte den amerikanischen Senat noch einmal an, seine Sammlung zu kaufen, erhielt jedoch wieder einen abschlägigen Bescheid. Da Catlin keine Anlaufstelle mehr hatte, stand er kurz davor, seine Ausstellung abzubrechen und seine wertvollen Gemälde auf einer Auktion zu verkaufen. Seit dem Augenblick, als er nach Europa gesegelt war, ging sein Leben kontinuierlich bergab. Einem amerikanischen Lokomotiven-Fabrikanten, der durch Europa reiste, hatte Catlin es zu verdanken, dass seine Sammlung erhalten blieb. Als Harrison von Catlins Misere hörte, bezahlte er dessen Schulden in Höhe von 40 000 $ im Tausch gegen seine Bilder, die er nach Amerika sandte und in seiner Fabrik lagerte. Nachdem er von seinem Schuldenberg und von seiner Sorge um die Sammlung befreit war, kehrte Catlins alter Ehrgeiz wieder zurück. 1853 reiste er nach Südamerika, um nach Gold zu suchen. 1857 zeichnete er viele südamerikanische Stämme und reiste an die Westküste der Vereinigten Staaten, wo er die Indianer Kaliforniens malte. Anfang 1860 reiste er wieder nach Europa, ließ sich in Brüssel nieder und malte Szenen aus dem Westen Amerikas aus dem Gedächtnis. Dazu verwendete er die über 300 Skizzen, die er von den Indianern Südamerikas und der Westküste angefertigt hatte. Mittlerweile taub geworden, lebte er mehr als zehn Jahre lang zurückgezogen in Brüssel, malte über 600 Bilder und schrieb ein weiteres Buch mit dem Titel „Leben unter den Indianern" (1867), mit unterhaltsamen, für Jugendliche geeigneten Geschichten. Er schrieb auch detaillierte Essays über die „Okipa-Zeremonie" und verteidigte seine in den „Letters and Notes" niedergeschriebenen Beobachtungen von 1832, die Kritiker immer wieder angezweifelt hatten. Catlin träumte immer noch davon, dass er eines Tages eine triumphale Rückkehr in die Vereinigten Staaten erleben würde. Immer noch versuchte er seine Gemälde an den Kongress zu verkaufen und machte ein Angebot von 120 000 $ für beide Sammlungen; er vergaß jedoch dabei, dass die erste Sammlung bereits im Besitz von Joseph Harrison war und in einer Dampfkes-

selfabrik in Philadelphia lagerte.
Nach 32 Jahren Aufenthalt in Europa und Südamerika kehrte George Catlin schließlich an die Ostküste der Vereinigten Staaten zurück. Im Oktober 1871 stellte er seine Bilder in einer New Yorker Galerie aus, aber die Ausstellung stieß bei Presse und Publikum auf wenig Interesse. Anfang 1872 zog er nach Washington D. C. um, wo ihm Joseph Henry, ein alter Freund, der mittlerweile Leiter des Smithsonian Institutes war, ein Zimmer im Schloss des Smithsonian Institutes zur Verfügung gestellt hatte. Beide hegten die Hoffnung, dass der Kongress eines Tages Catlins Bilder, die im Gang des zweiten Stockes hingen, kaufen würde. Aber Kongressabgeordnete wie auch die breite Öffentlichkeit hatten Catlin fast vergessen.
1872 war die Faszination der Indianer auf die meisten Amerikaner schon längst verflogen; die Weißen waren vielmehr daran interessiert, die Indianer beiseite zu schieben und sich nach dem Bürgerkrieg mehr und mehr Gebiete zu eröffnen. Man schuf Reservationen und versuchte die Indianer in die unfruchtbarsten Gegenden zu vertreiben; dabei zettelte die Armee die letzten Kriege mit den Indianern an, mit den Stämmen der Plains, der Wüsten und den Modoc. Im Oktober 1872 wurde Catlin ernsthaft krank; im Verlauf dieser Krankheit wurde er nach Jersey City in New Jersey transportiert, wo ihn seine Töchter pflegten. Er starb am 23. Dezember 1872 im Alter von 76 Jahren und wurde auf dem Friedhof von Brooklyn neben seiner Frau und seinem Sohn begraben. George Catlin konnte seinen Jugendtraum, die Lebensweise aller Indianer Amerikas zu malen niemals verwirklichen, auch konnte er die abenteuerliche Reise, die ihn Anfang 1830 zu den Indianern führte, niemals mehr wiederholen. Catlins Name steht jedoch synonym mit dem Traum, die Kultur der Indianer der Nachwelt zu erhalten. Man schätzt, dass Catlin bei 48 Stämmen mindestens 310 Einzelporträts und 200 Alltagsszenen gemalt hatte.
Catlins künstlerisches Werk gammelte viele Jahre vor sich hin. Die originalen Bilder von den Indianern, die Joseph Harrison 1852 gekauft hatte, blieben bis 1878 in der Fabrik in Philadelphia, wurden allerdings durch einen Wasser- und Feuerschaden stark beschädigt. Thomas Donaldson, der mit Spencer F. Baird vom Smithsonian Institute zusammenarbeitete, konnte Harrisons Witwe dazu überreden, die Überbleibsel der indianischen Sammlung 1878 dem Smithsonian Institute zu stiften. Dort blieb der Hauptteil von Catlins Werk erhalten. Donaldson legte 1885 einen Katalog von den verbliebenen Werken an, der 900 Seiten stark war und 445 der 585 originalen Bilder umfasste. Catlins Töchter erbten die zweite Bildersammlung, die „Cartoon-Sammlung", die während seines Europaaufenthaltes gegen Ende seines Lebens entstanden war. Das „American Museum of Natural History" erwarb diese Sammlung 1912, verkaufte sie schließlich aber wieder. 1965 erwarb sie Paul Mellon, der 351 Skizzen der National Gallery of Art schenkte. 35 Ölporträts von Indianern am Oberlauf des Missouri, die Major Benjamin O'Fallon in St. Louis in Auftrag gegeben hatte, blieben im Field Museum in Chicago erhalten. Eine Sammlungen von Catlins Aquarellen befindet sich im Gilcrease-Institut von Tulsa in Oklahoma. Weitere kleine Sammlungen befinden sich an verschiedenen anderen amerikanischen Orten.
Obwohl Catlin viele junge Künstler wie John Mix Stanley, Charles Deas, Paul Kane, Carl Wimar, George Caleb Bingham und etliche andere inspirierte, bildete er keine nachfolgenden Künstler aus; deshalb geriet sein Werk bereits um 1870 in Vergessenheit. Bis zum amerikanischen Bürgerkrieg beeinflussten Catlins Bilder die Einstellung der Euro-Amerikaner gegenüber dem Westen. Eine neue Sichtweise kam durch die veränderte Siedlungspolitik, die Haltung gegenüber kriegerischen Auseinandersetzungen mit den Indianern der Plains und die ersten Fotos auf. Erst als Anthropologen vom Smithsonian Institute Catlins Bilder wieder entdeckten, begann man sie für bedeutende Bilddokumente zu halten. Erst um 1940 erkannten Historiker wie Bernard DeVoto und Ethnologen wie John C. Ewers Catlins Bedeutung für die amerikanische Geschichte; diese Rehabilitation kam allerdings viel zu spät.

164-165 Kampf zwischen den Sioux und den Sauk und Fox *Catlin hat diese Szene nie beobachtet, sondern sie sich viele Jahre später in Paris (zwischen 1846 und 1848) ausgedacht und gemalt. Das Bild führt vor Augen, auf welche Weise sich Catlin romantisierend an seine Tage in der Prärie erinnerte und dies bildlich festhielt.*

166 „Broken Arm" oder „Der hinten Augen hat", ein Plains Cree, 1831 *„Broken Arm" begleitete „Das Licht" 1831–1832 nach Washington. Den Schmuck, den er in sein Haar geknüpft hat, nennt man Haarpfeifen; er besteht aus weichen Schalen von Meerestieren, stammte aus den Bahamas und wurde in New Jersey für den Handel mit den Indianern präpariert. Die Cree lebten im heutigen British Canada, das sich vom Ottawa in Quebec bis zum Saskatchewan im Westen Kanadas erstreckte. Eine Untergruppe der Cree wanderte in die Plains aus und führte dort das für die Plains typische Leben in Tipis, die aus Bisonleder errichtet wurden, und nicht in Wigwams aus Birkenrinde.*

167 links „Grizzly Bear", Häuptling der Menominee, 1831 *„Grizzly Bear" leitete eine aus 15 Menominee bestehende Delegation nach Washington; dort „respektierte man ihn wegen seiner Eloquenz und seines würdevollen Auftretens". Dieses Porträt entstand wahrscheinlich im Januar 1831 in Washington während der Vertragsverhandlungen der Menominee mit der Regierung: Durch diesen Vertrag verkauften die Menominee einen Teil ihres Gebietes an die amerikanische Regierung.*

167 rechts „Bread", Häuptling der Irokesen, 1831 *Nach seiner ersten Reise nach St. Louis kehrte Catlin 1830 wieder an die Ostküste zurück. Dort hatte er Gelegenheit, einige Häuptlinge zu malen, die nach Washington kamen. Besonders beeindruckte ihn „Bread", der Häuptling der Oneida: „Er war ein kluger, talentierter und gebildeter Mann, der gut Englisch sprach. Seine Haltung war freundlich, höflich und zuvorkommend." Catlin war der Meinung, dass er auch europäisches Blut in seinen Adern habe. Dieses Porträt entstand im Januar 1831 in Washington als „Bread" einen Vertrag unterzeichnete, durch den die Oneida von New York State an die Green Bay in Wisconsin ziehen mussten. Das bestätigte wieder einmal Catlins Überzeugung, dass die Lebensweise der Indianer dem Untergang geweiht war.*

168-169 „Pferdehäuptling", Häuptling der Grand Pawnee, 1832 *Auf diesem Bild trägt der Häuptling der Grand Pawnee ein Büffelfell mit der Fellseite nach innen und eine Friedensmedaille. Catlin skizzierte viele Pawnee, stellte jedoch nur die wenigsten fertig. Dies gehört zu den wenigen vollendeten.*

169 oben „Vogel der in den Krieg zieht", ein Tapage-Pawnee *Obwohl dieses Porträt nicht vollendet ist, ist das Modell doch schon als Individuum zu erkennen. Catlin war in erster Linie daran interessiert, die Indianer im oberen Missourigebiet zu malen, die noch nicht in Kontakt mit den Weißen gekommen waren. Das kann ein Grund dafür gewesen sein, dass so wenige der Pawnee-Porträts vollendet wurden.*

169 unten „Tapferer Häuptling", ein Skidi (Wolf) Pawnee, 1832 *Die Skidi-Pawnee wanderten am weitesten in Richtung Norden von allen Pawnee-Stämmen und siedelten sich entlang des Platte, Lou und der Gabelung des Republican am Kansas in Nebraska an. Sie sind auch als Nord-Pawnee bekannt. „Tapferer Häuptling" trägt eine Friedensmedaille um den Hals und hat Adlerfedern und einen Pfeil als Kopfschmuck. Die auf seinen Oberkörper gemalten Hände symbolisieren, dass er einen Feind Mann gegen Mann getötet hat.*

170 „Büffel-Bulle", ein großer Pawnee-Krieger, 1832 *„Büffel-Bulle" oder La-doo-ke-a gehörte zum Stamm der Grand Pawnee. Für dieses Bild hatte er sein persönliches Symbol auf Oberkörper und Gesicht gemalt. Die Grand Pawnee wurden wie die Tapage und Republican auch Süd-Pawnee genannt und lebten bis 1770 entlang des Arkansas, wanderten dann jedoch in Richtung Norden, um sich den Skidi anzuschließen. Sie waren gezwungen umzuziehen, da sie nicht mehr vom Pelzhandel mit den Franzosen leben konnten. Diese waren im „französisch-indianischen Krieg" von den Engländern geschlagen und 1763 aus Nordamerika vertrieben worden.*

171 „Großer Elch" *In seiner Sprache hieß er Om-pah-ton-ga; er war der Häuptling der Omaha, was daran sichtbar wird, dass er die größte Friedensmedaille, die die amerikanische Regierung verlieh, trägt. Seine schwarze Gesichtsfarbe symbolisiert, dass er einen Feind in der Schlacht getötet hat. Catlin malte „Großer Elch" 1832 in Fort Leavenworth; auch Charles Bird King malte ihn 1821.*

***172 oben* Beratung der Sioux, Häuptlinge im Gespräch, 1832–1837** *Catlin schrieb nichts zu dieser Szene; vielleicht hat er sie sich auch nur ausgedacht. Dargestellt ist eine Gruppe Häuptlinge um ein Feuer, vielleicht bei Kriegsberatungen.*

172-173 Selbstgeißelung während einer Sioux-Zeremonie, 1835–1837 *Catlin konnte diese Szene, die ein Teil der Sonnentanz-Zeremonie war, 1832 mitverfolgen: „Ich ging zu einer kleinen Ebene am Fuß der Klippen, wo 15 bis 20 Behausungen der Tiny-ta-to-ah standen. Dort stand er bis auf seinen Lendenschurz nackt, zwei Splitter oder Spieße waren durch beide Brüste gebohrt worden und er lehnte sich zurück und hing mit seinem ganzen Körpergewicht am oberen Ende einer Stange, die im Boden befestigt worden war. An dieser Stange war ein Lederriemen befestigt, an dem wiederum die Splitter festgemacht worden waren. In dieser Haltung lehnte er sich zurück und hing mit seinem ganzen Körpergewicht an der Stange, dessen oberes Ende sich nach vorne bog und ihm dadurch die Möglichkeit gab, halb auf den Boden zu sinken... In seiner linken Hand hielt er seinen Lieblingsbogen und in seiner rechten festgeklammert seinen Medizinbeutel. Das Blut tropfte an seinem mit weißem und gelbem Ton bedeckten Körper hinunter. In diesem Zustand stand er mitten in einer Menschenmenge, die ihn anfeuerte, mit ihm litt und ihn ermutigte; er schaute in die Sonne von den frühen Morgenstunden bis in den Abend, wenn die Sonne wieder untergegangen war. Wenn er bis zu diesem Zeitpunkt durchgehalten hatte, wurde er von seinen Spießen befreit und mit Geschenken überhäuft... Er erhielt Namen und Aussehen eines Arztes und wurde für den Rest seines Lebens mit Respekt behandelt.“ Catlin konnte nur den Teil der Sonnentanz-Zeremonie beobachten, in dem die Krieger ihr Blut für die Erneuerung ihres Stammes und der Erde jedes Jahr vergossen. Ihr Blutopfer sollte auch ihrem eigenen Wohlergehen dienen. Catlin wurde Augenzeuge dieser Sonnentanz-Zeremonie in der Nähe von Fort Pierre im Jahr 1832.*

173 unten „Schwarzer Fels“, ein Two-Kettle-Häuptling der Lakota, 1832 *Catlin stellte fest, dass „Schwarzer Fels“ ein „permanenter und treuer Freund von Mr. McKenzie war... Er war ein großer und schöner Mann, ungefähr 1,80 m groß, hatte wunderschöne Kleidung an und einen Speer in seiner Hand. Sein bemalter Umhang fiel schön über seine Schulter und sein Kopfschmuck aus Adlerfedern und Hermelinhaut fiel wie ein Kamm von seinem Rücken bis auf den Boden. Ein Paar Hörner auf seinem Kopf symbolisierten, dass er Häuptling seines Stammes war.“ Jede der Adlerfedern in seinem Kopfschmuck hatte sich der Häuptling in einer Schlacht verdient. Sie wurde für das Töten eines Feindes mit einem Stock, einer Lanze, einem Kriegsknüppel oder am besten mit den bloßen Händen verliehen. Man musste im Nachhinein mit der Tat prahlen und Zeugen dafür haben. Federn konnten auf vier verschiedene Weisen angebracht werden und eine erste, zweite, dritte und vierte Tat symbolisieren. Eine Kriegshaube konnte bis zu 30 Federn beinhalten, daran konnten zusätzlich Schwanzfedern angebracht werden. Jede Feder musste von dem Krieger selbst von einem jungen Seeadler geholt werden. Übrige Federn konnten mit anderen zu Dekorationszwecken aber nicht als Kopfschmuck verwendet werden. Die Two Kettles waren einer der sieben Stämme der Lakota.*

174-175 Skalp-Tanz der Lakota, 1835–1837 *Nach einem Sieg über die Feinde brachten die Krieger die Skalpe in ihr Dorf und zeigten sie Müttern und Schwestern. Catlin beschrieb den Skalptanz in seinen „Letters and Notes": „Wie ich während meines Aufenthaltes lernte, gehört der Skalptanz zur Siegesfeier und wird in der Nacht im Schein von Fackeln, kurz bevor man Schlafen geht, getanzt. Wenn eine Gruppe von einem Krieg zurückkehrt, bringen sie die Skalpe ihrer Feinde mit nach Hause und „betanzen" diese in den nächsten 15 Nächten und preisen ihre hervorragende Kriegskunst, während sie ihre Waffen schwingen. Sie wählen ein paar Frauen aus (die allerdings nicht mittanzen dürfen), die in der Mitte eines Ringes stehen und die Skalpe, die die Krieger erobert haben, in die Höhe halten, während die Krieger um sie herum tanzen (oder eher springen), ihre Waffen schwingen und ganz schrecklich dazu heulen und schreien und mit beiden Füßen gleichzeitig aufstampfen."*

175 Kriegstanz der Sioux, 1845–1848
„Ein Krieger nach dem anderen springt durch das Feuer, dann tritt er hervor und leistet unter Rufen und Prahlen seinen Schwur, indem er gegen den rot gefärbten Pfahl schlägt." Dieses Bild entstand in Europa zu einem wesentlich späteren Zeitpunkt anhand von Skizzen, die Catlin 1832 in Fort Pierre gemacht hatte.

176-177 Bisonjagd der Sioux auf Schneeschuhen *Schneeschuhe waren eine große Hilfe bei der Bisonjagd, „sie ermöglichten es ohne einzusinken mit erstaunlicher Geschwindigkeit auf Schnee zu gleiten; außerdem hinterließ man keine Spuren", schrieb Catlin. Die Bisonjagd im Winter war einfacher, da die Bisons nicht so leicht fliehen und die Bullen von den Kühen getrennt werden konnten. Da Catlin keinen Winter im Westen verbrachte, malte er dieses Bild wahrscheinlich anhand von Erzählungen und persönlichen Erfahrungen.*

177 Bisonjagd im Winter, 1832–1833
Die Bisonjagd im Herbst warf normalerweise genügend Fleisch für einen Stamm ab, um über den Winter zu kommen. Im Winter jagte man, um Felle für den Handel mit den Euro-Amerikanern zu erhalten, die damit oft enorme Gewinne erzielten. Der Anthropologe John C. Ewers stellte fest, dass dieses Bild der Beweis dafür ist, dass Catlin niemals eine Jagd im Winter beobachtet hat, da die Indianer hier nur Sommerkleidung tragen. Diese Winterbilder stellen Catlins Versuch dar, ein abgerundetes Bild über die Lebensweise der Indianer zu erstellen, obwohl er sich immer nur eine sehr begrenzte Zeit bei jedem einzelnen Stamm aufgehalten hat. Obwohl die Details teilweise nicht stimmen, vermitteln sie doch einen guten Eindruck, was eigentlich auch das Anliegen von Catlin war.

178 „Rippe des Adlers", ein Piegan-Blackfeet, 1832 *Als Catlin mit der „Yellow Stone" in Fort Union angekommen war, hatte er den westlichsten Punkt seiner Reise erreicht. In Fort Union traf und malte Catlin auch den verrufenen Blackfeet. „Rippe des Adlers" prahlte offen damit, dass an den Nähten seines Hemdes und seiner Beinlinge die Skalpe von acht Trappern und seinen indianischen Feinden hingen. „Ich habe ihn in voller Körpergröße mit seinem Kopfschmuck aus Hermelinfell und Bisonhörnern gemalt. Nur die tapfersten Männer eines Stammes durften hochpolierte Bisonhörner als Krone ihres Kopfschmuckes tragen", schrieb Catlin. Er bildete ihn außerdem mit Lanze und zwei Medizinbeuteln ab. Die Blackfeet waren ein Bund von Stämmen, die große Gebiete der nordöstlichen Plains, vom nördlichen Saskatchewan in Alberta bis zum oberen Missouri in Montana kontrollierten. Die drei Hauptgruppen waren: die Blackfeet (Siksika), die im nördlichsten Gebiet lebten; die Blood (Kainah), die so hießen, weil sie ihre Körper mit rotem Ton bemalten; die Piegans (Pikini), deren Name im Süden „wenig bekleidet" bedeutet. Die Blackfeet waren ein halbnomadischer Stamm, der das ganze Jahr über in Tipis lebte und dessen Lebensgrundlage der Bison war.*

179 Medizinmann versucht seine Heilkunst an einem sterbenden Mann, 1832 *Catlin malte den „Weißen Büffel" in seiner vollen Medizinmann-Ausrüstung während dieser versuchte, einen Häuptling der Blackfeet wiederzubeleben, der bei Fort Union von einem Cree niedergeschossen worden war. Zuschauer wie Catlin bildeten dabei einen im Durchmesser 9 bis 12 Meter großen Kreis um den Sterbenden und verharrten in Schweigen. „Nichts war zu hören außer einem leisen Klimpern der Rasseln an seinem Gewand, als er langsam durch die kleine Gasse schritt, die man ihm offen gelassen hatte... Er näherte sich dem Ring in gebückter Haltung in langsamen, schaukelnden Schritten. Sein Kopf und Körper war vollkommen von einem Grizzlybärenfell bedeckt, der Kopf des Grizzlybären war zu einer Maske umgeformt worden, in der sich sein eigener Kopf befand; die riesigen Klauen schaukelten um seine Handgelenke und Knöchel; in einer Hand schüttelte er eine furchtbare Rassel, während er in der anderen seinen Medizin-Speer schwang..." Das Ritual des Medizinmannes, eine Imitation des Grizzlybären-Tanzes, dauerte ungefähr eine halbe Stunde, „bis der Mann starb; dann tanzte der Medizinmann zu seinem Quartier zurück und packte zusammen, geschützt vor den Augen der Menge durch seine mysteriöse Kleidung und sein Zubehör."*

180 „Fetter Rücken des Büffels", ein Blackfeet, 1832 Nach Catlins Angaben wurde der Name des Häuptlings der Blood (Kainah) „Stumickosucks" ausgesprochen und bezog sich auf das große Rückenteil des Bullen, „die Stelle, an der sich das beste Fleisch des Büffels befand". „Stumickosucks war ein gutaussehender, würdevoller Indianer, ungefähr 50 Jahre alt und schön angezogen. Während er Porträt saß, war er umringt von seinen eigenen Leuten und Kriegern, aber auch seinen Feinden, den Crow, Knisteneaux, Assiniboin und Ojibway. Einige hochgestellte Persönlichkeiten belagerten den ganzen Tag eine Seite meines Raumes; sie redeten über die Schlachten, die sie gefochten hatten und zeigten als Beweise ihrer Siege Skalpe, die an den Nähten ihrer Hemden und Beinlinge befestigt waren. Es war schon eine kuriose Szene, als alle diese leicht erregbaren Menschen zum ersten Mal in ihrem Leben unbewaffnet zusammensaßen..." William Truettner, der erste Chronist und Student Catlins hielt dieses Bild für ein Meisterstück.

181 „Weißer Büffel", ein Blackfeet, 1832 Wunnestow oder „Weißer Büffel" war ein mächtiger Medizinmann der Blackfeet. Catlin berichtete, dass er „Aussehen und Haltung" eines älteren Häuptlings hatte, der durch sein hohes Amt den geheimnisumwitterten Titel des Medizinmannes erhalten hatte, mit dem die Titel Doktor – Magier – Prophet – Wahrsager – Jongleur – und hoher Priester verbunden waren. Dieser Medizinmann wurde von dem ganzen Volk als „Allwissend" betrachtet... Auf seinem linken Arm hält er seine mystische Trommel, in der die geheimen, heiligen und mystischen Utensilien seiner Heilkunst untergebracht sind.

182-183 „Brick Kilns", Erdpyramiden, 1900 Meilen nördlich von St. Louis, 1832
Während seiner Rückreise nach St. Louis 1832 im Einmannboot, ging Catlin an Land, um diese vulkanischen Felsformationen zu sehen. Über dieses Gebiet schrieb er in „Letters and Notes": „Das ganze Land hinter uns scheint aufgegraben und zu riesigen Pfeilern aufgeworfen zu sein, als ob ein gigantischer Steinmetz hier seinen Mörtel und seine Farben gemischt und seine gewaltigen Modelle zu einer erhabenen, großen Stadt aufgeworfen hätte... und während des Aufbaus seine Arbeit verlassen und dem zerstörerischen Zahn der Zeit überlassen hätte, die bereits etliches zum Einsturz gebracht und ihr edles Aussehen verunstaltet hat..." Zusätzlich stellte Catlin Vermutungen über die frühere Vulkanlandschaft und den Einfluss von Wasser und Erosion auf diese an.

183 links oben „Thighs", eine Wichita, 1834 *Die Wichita waren auch unter den Namen „Tätowierte Pawnee" oder „Pawnee Picts" im 19. Jahrhundert bekannt. In „Letters and Notes" schrieb Catlin dazu: „In diesem Stamm gibt es viele außergewöhnlich schöne Frauen in Bezug auf ihr Aussehen, ihre Figur und ihren Gesichtsausdruck, obwohl ihre Haut sehr dunkel ist... Sie sind immer anständig und bequem gekleidet, haben ein Kleid oder Unterkleid an, das vom Kinn bis zu den Knöcheln reicht und aus Hirsch- oder Elchleder hergestellt ist..." Dies ist eine Wichita, die mit einem anderen Mädchen namens „Wild Sage" von den Osage gefangen gehalten wurde. Die Dragoner von Col. Dodge hatte 1834 unter anderem den Auftrag, „Thighs" zu ihrem Volk zurückzubringen. Die Freiheit der beiden Mädchen erkaufte ein Mann namens Schemmerhorn.*

183 rechts „The Six", ein Plains Ojibway, 1832 *„Der Häuptling dieses in den nördlichen Gebieten lebenden Stammes der Ojibway hat eine riesige Statur, eine würdige Haltung und ist stolz und eitel. Für dieses Bild hatte er wunderschöne Kleidung angelegt, die übervoll mit Fransen aus Skalplocken verziert war; diese hatte er in seiner Jugend seinen Feinden geraubt und trug sie jetzt voller Stolz als Trophäen seiner kriegerischen Leistungen. Sein Hemd aus Büffelleder ist wunderschön bestickt und mit den eigenartigsten Hieroglyphen bemalt, die seine Leistungen in den Kriegen und die Stationen seines Lebens symbolisieren sollen", schrieb Catlin.*

184 „Häuptling Wolf", Häuptling der Mandan, 1832 *Ha-na-ta-nu-mauk oder „Häuptling Wolf" war der Häuptling der Mandan. Catlin hielt ihn für einen „hochmütigen, asketischen und herrischen Mann, der von seinem Volk mehr respektiert und gefürchtet als geliebt wurde." „Häuptling Wolf" war der Erste, den Catlin bei den Mandan porträtierte. Die anderen reagierten erstaunt, als sie sahen, dass der Mann auf dem Bild tatsächlich „Häuptling Wolf" ähnlich sah. „Häuptling Wolf" trägt einen ungewöhnlichen Kopfschmuck aus Rabenfedern und hält eine reich geschmückte Zeremonienpfeife in der Hand.*

185 „Mint", ein Mädchen der Mandan, 1832 *„Mint" oder Shakoha war zwölf Jahre alt, als dieses Bild entstand. Wie viele der Mandan hat sie weiße Strähnen im Haar. Catlin faszinierte diese Anomalie der Mandan: „Menschen beiderlei Geschlechts, jeden Alters haben silbergraues und in manchen Fällen sogar fast weißes Haar." Catlin hielt dies für eine vererbte Anlage, da sie einer von zehn hatte. Catlin erzählte, dass die Frauen sehr stolz auf ihr graues Haar gewesen seien und es wachsen ließen, bis es über ihre Schultern oder sogar bis zu den Knien fiel. Catlin berichtete, dass „Mint" berühmt für ihre „Siege, nicht mit Bogen oder Speer, sondern mit ihren kleinen schwarzen Augen war, die unter ihren noch unreifen Brauen hervorblickten und den kühnsten und hitzigsten Häuptling bis ins Herz trafen."*

186-187 Eine Gruppe von Kriegern der Mandan bei der Beratung, 1832 *Diese Gruppe von Kriegern traf sich gleich hinter dem Dorf der Mandan, nachdem sie von einem erfolglosen Angriff auf die Arikara zurückgekommen waren. Während „sie den Spuren der Feinde folgten, ...waren sie von einer zahlenmäßig überlegenen Gruppe angegriffen worden und hatten einige Männer und alle ihre Pferde verloren.“ Catlin malte sie, während „sie auf ihren im Gras verstreuten Büffelfellen saßen; ihre Waffen lagen vor ihnen im Gras und sie zündeten sich gerade ihre Pfeifen an dem kleinen Feuer an, das sie in ihrer Mitte entfacht hatten. Der Häuptling oder Führer dieser Gruppe hatte die Waffen hinter sich aufgestellt und sein Kopfschmuck aus Adlerfedern und Hermelinfell fiel seinen Rücken hinunter. Er saß in nachdenklicher, beinahe niedergeschlagener Stimmung da. Er gehört sicherlich zu den bemerkenswertesten und schönsten Helden, die ich jemals gesehen habe.“*

187 oben „Archery“-Spiel der Mandan, 1835–1837 *Dieses Bild zeigt ein weiteres beliebtes Spiel der Mandan. Jeder Mann versuchte, einer nach dem anderen, möglichst viele Pfeile in die Luft zu schießen, bevor der erste wieder den Boden berührte. Einige Mandan konnten bis zu acht „mit einem Bogen“ schießen, bis der Erste wieder unten angekommen war.*

187 unten Ein Mandan skalpiert einen Feind *Da Catlin niemals Zeuge einer Skalpierung war, basiert dieses Bild wahrscheinlich auf Erzählungen von Kriegern. In „Letters and Notes" schrieb er dazu: „Der Skalp ist ein Stück Kopfhaut, das von einem in der Schlacht getöteten Feind genommen wurde; er wurde von dem Besitzer konserviert und in Ehren gehalten als Dokument eines mit der Hand errungenen Sieges über einen Feind; dieser Skalp leistete dem Mann häufig viele Dienste während seines Lebens, da die Menschen damals keinen Historiker hatten, der die Namen der berühmten Krieger und deren Taten aufschrieb, die sie im tödlichen Kampf mit ihren Feinden vollbrachten..." Ein Skalp musste „von dem oberen Teil oder der Mitte der Kopfhaut genommen werden, an der Stelle... an der das Haar von der Mitte her auseinanderfällt." Unter Wissenschaftlern hat es jahrelang Debatten gegeben, ob die Praxis des Skalpierens von den Europäern eingeführt wurde oder bereits vor 1492 bei den Indianern existiert hat. Der Historiker James Axtell hat mittlerweile jedoch schlüssig nachweisen können, dass schon vor der Ankunft der Europäer skalpiert wurde. Die Europäer nutzten und erweiterten diese Praxis, indem sie den mit ihnen verbündeten Indianern Kopfgeld für jeden getöteten Feind zahlten.*

188-189 Bitte um Regen bei den Mandan, 1837–1839 *„Haar des Weißen Büffel" steht hier auf dem Dach eines Mandan-Hauses und bittet den Himmel um Regen. In dem Haus versuchte der Medizinmann seine Zauberkünste, während ein Freiwilliger den ganzen Tag über auf dem Dach stand. „Jeder muss sich der Schande aussetzen (wenn er nach Sonnenuntergang absteigt), die ein erfolgloser Versuch mit sich bringt; wer es jedoch erfolgreich versucht hat, wird sein Leben lang den Ruf eines Medizinmannes genießen."*

189 Inneres der Unterkunft eines Medizinmannes, Okipa-Zeremonie *Am zweiten Tag der Okipa-Zeremonie verließ der alte Bär sein Haus und fing an, durch die Straßen zu tanzen. Daraufhin tauchten die Männer auf, die die Opfer und Leiden dieser viertägigen Tortur auf sich nahmen. Der alte Bär führte sie zum Haus des Medizinmannes, in dem sie bis zum Ende der Zeremonie bleiben würden. Zu diesem Zeitpunkt führte Mahhatohpa George Catlin und James Kipp persönlich in das Haus des Medizinmannes. Es war eine außergewöhnlich hohe Ehre für einen Außenseiter, bei der heiligsten Zeremonie der Mandan anwesend sein zu dürfen. Während der nächsten Tage fasteten die jungen Männer und wurden vom Medizinmann und den Stammesältesten ermahnt, die kommende Tortur tapfer durchzustehen. Ihre Prüfung begann am vierten Tag, als sich gegen Mittag eine einzelne Gestalt dem Dorf näherte. Diese Figur war schwarz mit weißen Ringen bemalt und hatte große weiße Zähne auf das Gesicht gemalt. Um seine Taille hing ein riesiges, rotes männliches Sexualorgan aus geschnitztem Holz. Dies war O-kee-hee-de, der Böse. Er rannte schnell ins Dorf und erschreckte Frauen und Kinder, machte schließlich beim „Bull Dance“ mit und verlor seine Macht; danach griff er wieder Frauen und Kinder an, dabei wurde ihm aber sein rotes Organ entrissen und er wieder in die Prärie hinaus getrieben. Die Frau, die das Organ hatte, feuerte die Menge eine Zeit lang an und befahl dann, mit dem „Bull Dance“ aufzuhören: Der Pohk-hong begann. Die Zeit für die Kandidaten sich der Tortur zu stellen, war gekommen. Die Kandidaten meldeten sich, einer nach dem anderen, bereits schwach von vier Tagen ohne Essen und Schlaf. Catlin erinnerte sich: „Der Mann, der das Messer hielt, nahm ungefähr drei Zentimeter Fleisch von jeder Schulter oder Brust zwischen Daumen und Zeigefinger; dann fuhr das Messer, das vorher eingekerbt worden war, um einen möglichst starken Schmerz zu verursachen, zwischen die beiden Finger; ein anderer Helfer bohrte einen Spieß unter den Muskeln (um diese nicht zu zerreißen) durch die Wunden. Danach wurden zwei Riemen, die von der Decke des Hauses herabhingen, an den Spießen befestigt und nach oben gezogen. Nun wurde der Mann so weit hinaufgezogen, bis er keinen Boden mehr unter den Füßen hatte. Danach wurden in ähnlicher Weise Spieße durch die beiden Arme unterhalb der Schulter, durch die Oberschenkel und unterhalb der Knie gebohrt.“ Und so hing jeder Kandidat an kräftigen Riemen, die an den Spießen an ihrer Brust angebracht worden waren, von der Decke des Hauses. Als zusätzliche Gewichte wurden an Oberschenkeln und Ellbogen ihr persönlicher Schild, Bogen und andere Gegenstände einschließlich eines Bisonschädels angebracht. Anschließend drehten die Zuschauer die Kandidaten mit langen Stangen herum, bis diese anfingen, zum Großen Geist zu schreien und schließlich wegen der großen Schmerzen in Ohnmacht fielen.*

190 Tal-Lee, ein Osage, 1834 *Catlin schrieb über ihn: „Von allen tapferen und außerordentlichen Kriegern wird Tallee am meisten geschätzt." Er ist hier in voller Körpergröße abgebildet, mit seiner Lanze in der Hand, seinem Schild auf dem Arm und seinem Bogen und Köcher über den Rücken gehängt. Auf diesem Bild sind typische Kleidung, Erscheinung und Gesichtszüge der Osage zu sehen: Form und Charakter des Kopfes, Art und Dekoration der Kleidung mit Helmbusch und Adlerfeder.*

191 links Wa-ho-beck-ee, ein Osage, 1834 *Catlin schrieb in seinen „Letters and Notes": „Die Osage sind ein Volk, das sich den Kopf rasiert und sich viele Ohrlöcher für Ohrringe sticht, um daran große Mengen an Wampum (Muscheln)-Ketten und Tand zu hängen. Auch um ihre Hälse hängen Unmengen von Wampum- und Perlenketten. Da sie in einem warmen Klima leben, ist es nicht so unbedingt notwendig warme Kleidung zu tragen wie bei den im Norden lebenden Stämmen… Ihre Schultern, Arme und Oberkörper sind normalerweise nackt und mit einer riesigen Menge silberner Ringe um die Handgelenke und Finger geschmückt. Die freien Körperstellen sind mit ungeheurer Vielfalt bemalt." Catlin hielt Wa-ho-beck-ee für den schönsten Mann seines Stammes.*

191 rechts Clermont, erster Häuptling der Osage, 1834 *Dieses Porträt entstand in Fort Gibson und veranschaulicht Catlins künstlerische Weiterentwicklung. Das Modell ist richtig proportioniert und naturgetreu abgebildet. Laut Catlins „Letters and Notes" war Clermont der „oberste Häuptling der Osage zu diesem Zeitpunkt… und Sohn eines hervorragenden Häuptlings gleichen Namens, der vor kurzem gestorben war. Er hinterließ mit Zustimmung seines Volkes seinen Sohn als Nachfolger. Ich habe ihn in voller Körpergröße gemalt und er hat sich dafür wunderschön angezogen: Seine Beinkleider sind mit Skalp-Fransen dekoriert und in seiner Hand hält er seinen Lieblings-Kriegsstab." Catlin war der Ansicht, dass die Osage zu den größten Männern in Nordamerika zählten, was andere Zeitgenossen bestätigten: „Nur wenige Männern sind kleiner als 1,80 m, viele sind jedoch 2 m oder sogar noch größer. Ihre Körper sind wohlproportioniert, es sind überhaupt schöne Menschen, sie haben schmale Schultern und neigen wie viele große Menschen dazu, leicht gebückt zu gehen… Clermont's Vater hat Handelsbeziehungen mit Pelzhändlern in St. Louis aufgenommen, hat sich aber entschieden gegen den Konsum von Alkohol und gegen andere Versuchungen gestellt."*

192 „Der einen Wolf trägt", ein hervorragender Krieger, 1834 *Dieser Krieger der Comanchen „führte die Dragoner in das Dorf der Comanchen". Seinen Namen hatte er erhalten, weil er einen Medizinbeutel aus Wolfspelz trug. Auf diesem Bild hat „Der einen Wolf trägt" einen Schild in seiner linken und eine Peitsche in seiner rechten Hand. Die Comanchen lebten in einem großen Gebiet im Südwesten, zu denen die heutigen Staaten Kansas, Texas, Neu Mexiko, Oklahoma, Colorado und das nördliche Mexiko gehörten. Sie entwickelten sich zu berühmten Pferdezüchtern und -trainern und hatten riesige Herden, die sie bei Überfällen einfingen und mit denen sie manchmal mit anderen Stämmen Handel trieben. Um 1790 hatten sich die Comanchen mit den Kiowa verbündet und gehörten zu den am meisten gefürchteten Stämmen im Südwesten. Sie wurden die „Herren der südlichen Plains" genannt.*

193 Berittene Krieger der Comanchen, 1834–1837 *Catlin missfiel das Aussehen der Comanchen: „Sie sind ziemlich klein und neigen zu Korpulenz. Ihre Bewegungen sind schwerfällig und alles andere als elegant; sie gehören zu den unattraktivsten und verlottertsten indianischen Rassen, die ich gesehen habe. In dem Augenblick, in dem sie auf ein Pferd steigen, wirken sie wie umgewandelt und überraschen den Beobachter durch leichte und elegante Bewegungen. Sie sind die außergewöhnlichsten Reiter, denen ich auf all meinen Reisen begegnet bin und ich bezweifle, dass sie irgend jemand auf der Welt in dieser Disziplin übertrifft." Krieger besaßen manchmal Herden mit über 200 Pferden. Der Status eines Kriegers stieg, je mehr Pferde er von anderen Stämmen stahl.*

194 oben Tipi der Comanchen aus Büffelhaut, 1834–1835 *Als Catlin im Gebiet der Comanchen ankam, erkrankte er schwer und war dadurch nicht mehr in der Lage, zu malen oder sich Notizen über das Gesehene zu malen. Bevor er zusammenbrach, waren trotzdem schon einige sehr schöne Bilder entstanden. Catlin schrieb später: „Die Tipis der Comanchen waren aus Bisonhaut und in genau der gleichen Weise gebaut wie die der Sioux und anderer Missouri-Stämme. Das Dorf mit Tausenden von Menschen, Pferden und Hunden stellte eine kuriose Szenerie dar. Die Indianer gehen vor allem wilden Spielen oder ihren alltäglichen Arbeiten nach. Verhalten und Aussehen der Menschen boten vielfältige Motive für Pinsel und Feder."*

195 „Bogen und Köcher", erster Häuptling der Comanchen, 1834 *Catlin schrieb, dass der oberste Häuptling der Comanchen ein „milder und angenehm aussehender Mann gewesen war, der keinerlei auffällige oder eigenwillige Merkmale gehabt habe; er war sehr einfach gekleidet, trug nur wenig Schmuck und ließ sein Haar lässig über Gesicht und Schultern fallen... Der einzige Schmuck, den er trug, waren ein paar, an seinen Ohren befestigte Muscheln und ein Eberzahn, den er an einer Kette um den Hals trug." Die Comanchen griffen andere Indianerstämme an, wenn sie in ihr Gebiet eindrangen. 1829 attackierten sie sogar einen Wagentreck der Armee, der die Santa Fe-Eisenbahn zwischen Missouri und Neu Mexiko vermaß. Diesem Auftrag von Col. Dodges im Jahr 1834 wurde für den Handelsverkehr entlang der Santa Fe-Strecke eine große Bedeutung beigemessen.*

194-195 Dorf der Comanchen, Frauen bei der Fellbearbeitung und beim Fleischtrocknen *„Ich habe nur einen Teil des Dorfes gemalt; dieser ist jedoch identisch mit den anderen Teilen des Dorfes, sowohl was die Wigwams als auch, was die Bräuche anbetrifft. Im Vordergrund ist das Wigwam des Häuptlings zu sehen; an vielen anderen Stellen sind Holzgerüste aus verbundenen Längs- und Querstangen zu sehen, auf denen die Frauen Fleisch trocknen oder Bisonfelle bearbeiten." Catlins Art, Tipis in Form und Größe immer gleich darzustellen, stieß auf heftige (berechtigte!) Kritik.*

196-197 „Tabak", ein Lakota, 1832
„Tabak" oder Tchan-dee war zweiter Häuptling der Oglala-Lakota und gehörte zu den „tapfersten Kriegern seines Stammes". Er hat das Haar zu einem modischen Einhorn-Knoten zusammengebunden, in den er für jede bedeutende Tat eine Adlerfeder steckte. Die Arbeiten aus Stachelschweinstacheln an seinem Hemd sind besonders auffallend.

197 „Blaue Medizin", ein Santee-Sioux, 1835 *Catlin porträtierte diesen Medizinmann 1835 in Fort Snelling, Minnesota. Er hat seine „Medizinmann- oder Mysterientrommel in den Händen und sein magisches Glas auf der Brust. Seine Rassel war aus Antilopenhufen und seine Trommel aus Hirschhaut." „Blaue Medizin" gehörte zur Ting-ta-to-ah-Gruppe der Santee-Sioux (Dakota).*

198-199 Blick auf den St. Peters-Fluss, Sioux-Indianer bei der Verfolgung eines Hirsches mit dem Kanu, 1836–1837 *Dieses Bild entstand während Catlins Reise zum „Heiligen Pfeifensteinbruch" im Jahr 1836. Es zeigt Sioux-Indianer bei der Verfolgung eines Hirsches, der schwimmend zu entkommen versucht.*

199 oben „Großer Adler", ein Santee-Sioux (Dakota), 1835 *„Großer Adler" wurde 1835 in Fort Snelling, Minnesota, gemalt. Fort Snelling war eine offizielle Außenstation der amerikanischen Armee und lag am Mississippi an der Stelle des heutigen Minneapolis. „Großer Adler" war Häuptling der O-hah-kas-ka-toh-y-an-te-Gruppe der Ost-Sioux. Diese Indianer hatten weit mehr Kontakt mit den Europäern als die Lakota-Sioux, die Catlin 1832 am Missouri malte.*

199 unten Sonnenanbeter der Sioux an den „Roten Felsblöcken" *Diese Szene stellt die Dakota-Sioux beim angeblichen „Sonnenanbeten" dar. Die Dakota hatten diese drei Felsen rot angemalt, um eine Bisonkuh mit ihren zwei Kälbern zu symbolisieren. Catlin konnte es nicht nachvollziehen, dass die indianischen Kulturen nicht zwischen lebenden und leblosen Objekten unterschieden. Häufig dachten Europäer, dass Indianer ein lebloses Wesen anbeteten, aber in Wirklichkeit waren dies nur Symbole für andere Gegenstände oder Lebewesen, zu denen sie eine lebendige Verbindung herzustellen versuchten. Nur so ist zu verstehen, dass die Dakota mit den „Roten Felsen" in Kontakt zu den Bisons treten wollten, die immer an diese Stelle kamen. Sie beteten um die Wiederkehr der Herde und eine gute Jagd.*

200-201 Vor einem Präriefeuer fliehende indianische Familie, 1846–1848 *Dies ist eines von Catlins fiktiven Bildern, die zwischen 1846 und 1848 in Paris entstanden. Es belegt, wie sehr der Westen Catlin im Gedächtnis geblieben ist. Präriefeuer, die sich mit ungeheurer Geschwindigkeit ausbreiteten und immensen Schaden anrichteten, stellten eine ernsthafte Gefährdung der Indianer in diesen Gebieten dar. Die extrem mobilen Stämme der Plains waren in der Lage innerhalb von 15 Minuten ihr Lager abzubrechen, wie sie es hier auf diesem Bild tun. Breitete sich das Feuer zu schnell aus, ließen die Familien ihre Habseligkeiten zurück und versuchten auf ihren schnellen Pferden dem Feuer zu entkommen.*

202 oben Karl Bodmer, Porträt von Loys Delteil, 1894 *Das Porträt zeigt den 60-jährigen Karl Bodmer nach seiner Amerika-Reise. In der zweiten Hälfte seine Lebens wurde er zum Einsiedler und lebte von der Veröffentlichung seiner Bilder in Magazinen. Zu Beginn seiner Karriere wurde er als Maler von amerikanischen Landschaften und Indianern berühmt. Diese Bilder machen auch seinen Ruhm über seinen Tod hinaus aus.*

202-203 Der Missouri *Dieses Bild zeigt die „Yellow Stone", die auf einer Sandbank festsitzt. Diese Verzögerungen während der Reise ermöglichten es Bodmer, detaillierte Skizzen und Aquarelle aus dem Alltag anzufertigen wie hier z. B. das Schiff aus der Entfernung. Im Gegensatz zu Catlin, der seine Szenen Monate, manchmal sogar Jahre später aus dem Gedächtnis malte, entstanden Bodmers Bilder in unmittelbarem Bezug zum Geschehen und sind nahezu fotografisch genau.*

203 links Pasesick-Kaskutau, ein Assiniboin *Dieser Mann hat sich für die Jagd vorbereitet; er hat sich für einen Herbsttag auf den Plains warm angezogen. Er hat keinen Kriegsschmuck angelegt; seine alltägliche Kleidung vermittelt uns einen Eindruck, wie Männer während der Arbeit für ihren Stamm ausgesehen haben. Am 21. Oktober 1833 schrieb Prinz Maximilian darüber in sein Reisetagebuch: „Einige Assiniboin, die wir vorher noch nicht gesehen hatten, kamen nacheinander an... Einer trug eine Mütze aus Dachsfell und Handschuhe, die man bei den Indianern sehr selten sieht. Sein Name war Pasesick-Kaskutau, was soviel wie „Gewehrpulver" bedeutet. Herr Bodmer malte von ihm ein wunderschönes Porträt in voller Körpergröße."*

KARL BODMER: „INDIANER WAREN MEINE FREUNDE"

Im Winter 1834 blies ein rauer Wind über das flache Land der Dakota, Schneeflocken drangen durch die schmalen Ritzen in den Wänden der baufälligen Holzhütte. Fahles Licht fiel auf einen schwachen, kranken Mann, der in ein Bisonfell gehüllt in einem Bett in der Ecke lag, während ein junger Mann, dick eingepackt gegen die Kälte, die auch das Herdfeuer nicht mildern konnte, an einer Staffelei stand und einen Hidatsa-Krieger in vollem Schmuck malte. Diese einfache Hütte stand innerhalb von Fort Clark, in der Nähe des Mandan-Dorfes Mih-Tutta-Hangkusch am Missouri. Der kranke Mann war Prinz Maximilian, ein Wissenschaftler, der nach Nordamerika gereist war, um Flora, Fauna und die indianische Bevölkerung in der „Neuen Welt" zu studieren. Für die Dokumentation seiner Entdeckungsreise hatte er den jungen schweizerischen Künstler Karl Bodmer mitgenommen. Doch während des unglaublich strengen Winters in den Plains war Prinz Maximilian krank und unsicher geworden, ob er seine Heimat jemals wiedersehen würde. Es war ihm aber auch klar, dass diese Reise zu den Höhepunkten seines Lebens zählte und dass sein und Karl Bodmers Name durch das bereits fertig gestellte künstlerische Werk der Nachwelt erhalten bleiben würden.

Die Bedeutung dieser Reise und der dabei entstandenen Kunstwerke konnte gleich nach der Heimkehr noch nicht so positiv beurteilt werden, da der sensible, aber großmütige Prinz

***203 rechts Sih-Chida, ein Mandan** Sih-Chida war ein indianischer Künstler, den Bodmers und Maximilians Arbeit sehr interessierte. Maximilian und Bodmer wiederum waren fasziniert von ihm und verfolgten seinen Lernprozess in Bezug auf das Verständnis von Form und Perspektive. Er malte Bilder von Europäern und seinen Freunden unter den Mandan mit Malutensilien, die ihm Bodmer gegeben hatte. Sih-Chida oder auch „Gelbe Feder“ trägt viel Dekoratives aus Otterfell, z. B. eine Stola um seine Schultern und Anhänger um seine Füße. Der Prinz notierte, dass er „sehr gute Manieren und mehr Feingefühl besaß als die meisten seiner Stammesgenossen“.*

letztendlich enttäuscht war über die Ergebnisse seiner Nordamerika-Expedition. Zudem begegnete der launische und anspruchsvolle Künstler Karl Bodmer seinem königlichen Mäzen nicht mit dem nötigen Respekt. „Dort drüben hatte ich Freunde“, stellte er am Ende seines Lebens fest und meinte damit die Indianer, denen er während seiner Nordamerika-Reise begegnet war und die er gemalt hatte. Mit Ausnahme einiger hervorragender Aquarelle gelangen Karl Bodmer keine weiteren bedeutenden Kunstwerke. Wahrscheinlich bedauerte er es sehr, dass er niemals mehr die Gelegenheit hatte, das Land wieder zu besuchen, in dem er in seiner Jugend so viele Abenteuer erlebt hatte und wo er, wie er später glaubte, wirklich glücklich gewesen war. Anders als Thomas McKenney und George Catlin wollte Bodmer weder eine Chronik über den Westen Amerikas erstellen, noch hatte er die Absicht, diese Information einer Weltöffentlichkeit zu präsentieren. Mit Ausnahme seiner in Nordamerika entstandenen Arbeiten war Bodmer ein frustrierter, sein außerordentliches Talent nicht ausschöpfender Künstler.

Die Bedeutung von Bodmers Bildern liegt trotzdem weniger in der künstlerischen Ausführung, als vielmehr in der naturgetreuen Abbildung des Westens in der vorfotografischen Ära. Zu Bodmers natürlicher Wissbegierde und künstlerischem Talent kommt allerdings noch hinzu, dass für ihn als Europäer alles, was er sah, neu und exotisch war. Amerikaner wie auch Indianer waren für ihn gänzlich fremd und faszinierend, beide malte er mit derselben Neugierde und Präzision. Das Ergebnis ist ein Porträt, das Amerika zwischen 1832 und 1834 an der Schwelle zum industriellen Zeitalter darstellt: Kleiderfabriken, Eisengießereien, Dampfmaschinen für Eisenbahnen und Schiffe, holzverarbeitende Betriebe, Waffen- und Fallenherstellung gewannen mehr und mehr an Bedeutung. Die Bevölkerung wurde dadurch stärker von käuflichen als von selbstgemachten Produkten abhängig. Amerika wuchs in vielfältiger Weise. Im Westen dominierte noch der Pelzhandel, aber Tausende von Siedlern zogen bereits

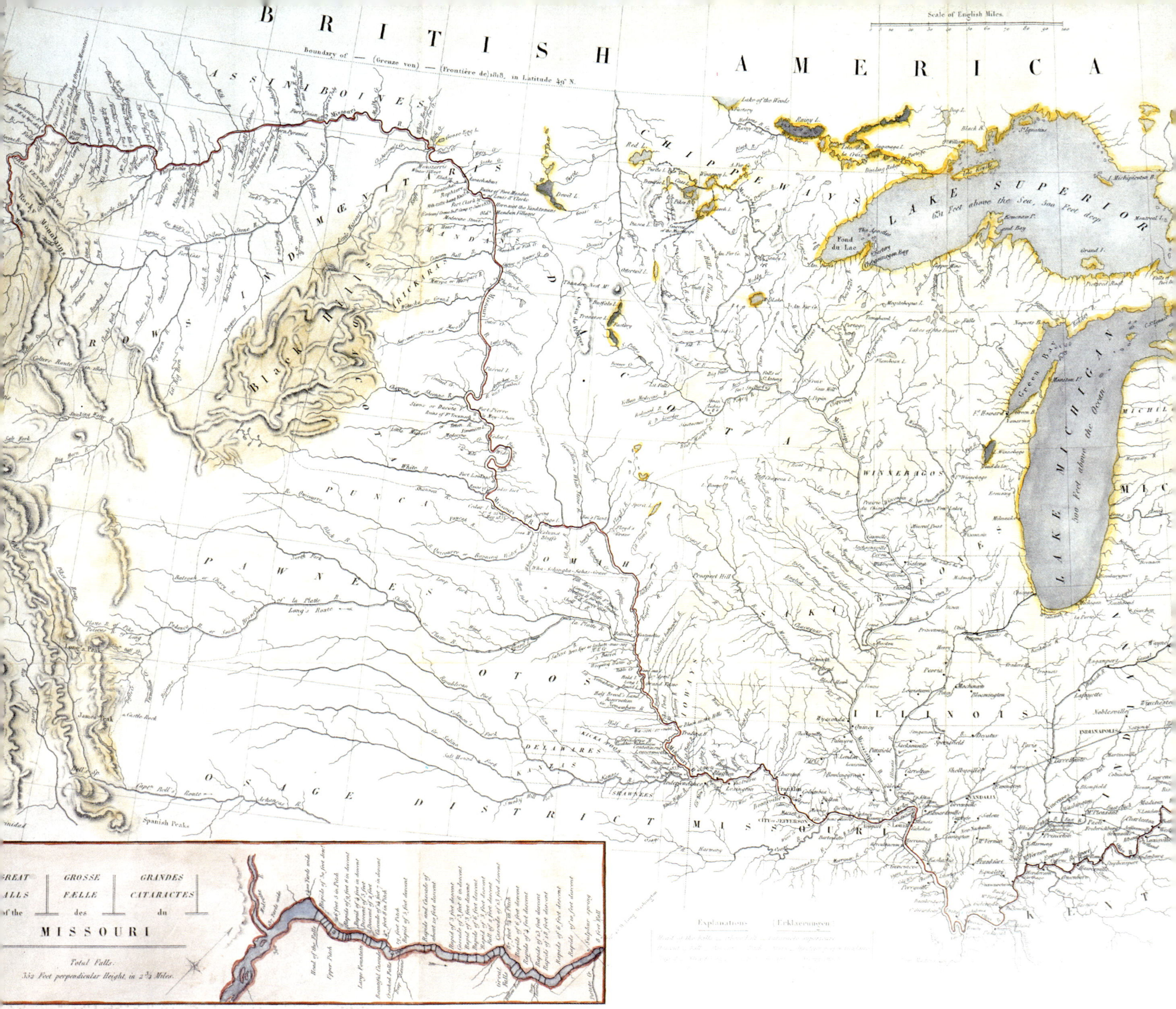

in die Staaten Indiana, Illinois, Missouri und Michigan. Auch die Einwanderungsrate stieg von Jahr zu Jahr. Innerhalb nur eines Jahrzehnts breiteten sich die Pioniere bis in die Plains aus und bis 1850 erstreckten sich die Vereinigten Staaten vom Atlantik bis zum Pazifik.

Karl Bodmers unglaubliche Erfahrungen während seiner Amerikareise lesen sich daher auch eher wie ein Roman als ein geschichtliches Werk. Leider schrieb Bodmer kein Reisetagebuch, so dass wir uns an die Aufzeichnungen von Prinz Maximilian halten müssen. Die Texte stellen Amerika aus der Sichtweise Prinz Maximilians dar, die bildliche Darstellung spiegelt Bodmers Sichtweise wider.

Karl Bodmer wurde am 11. Februar 1809 geboren, sein Vater war der Baumwollhändler Heinrich Bodmer, seine Mutter hieß Elisabeth Meier. Da sein künstlerisches Talent frühzeitig auffiel, wurde er mit 13 Jahren zu seinem Onkel Johann Meier, einem Steinmetz, in die Lehre geschickt; in dessen Geschäft er zehn Jahre lang arbeitete. Mit seinem älteren Bruder und seinem Onkel reiste Bodmer durch die Schweiz und erlernte dabei Techniken, um Aquarelle, Skizzen und Kupferstiche anzufertigen. Obwohl viele Literaturangaben behaupten, dass Bodmer in Paris gelernt hat, gibt es dafür keinerlei Belege. Heute nimmt man an, dass Bodmers künstlerische Ausbildung nur durch seinen Onkel erfolgte.

Am Anfang von Karl Bodmers Laufbahn stand die Landschaftsmalerei, insbesondere von Motiven in der Schweiz und dem Rheinland. 1831 erschien in Koblenz ein Buch mit Bildern aus dem Mosel-Tal, die Karl Bodmer gemalt und sein Bruder Rudolf Bodmer gestochen hatte.

Die Möglichkeit nach Amerika zu gehen, erhielt Karl Bodmer durch Prinz Alexander Philipp Maximilian zu Wied-Neuwied, der Ende 1831 plante, zu einer Zwei-Jahres-Unternehmung in die „Neue Welt" aufzubrechen; der Höhepunkt dieser Reise sollte eine Jagd- und Forschungstour in den Rocky Mountains sein. Als Naturforscher mit gutem Ruf plante Maximilian ein Buch mit vielen Details über seine Erfahrungen zu verfassen.

Maximilians Familie regierte das Fürstentum Neuwied, das am Rhein in der Nähe von Koblenz lag. Er selbst wurde am 23. September 1782 in einem Schloss aus dem 18. Jahrhundert als achtes von zehn Kindern geboren. Er war Veteran der Napoleonischen Kriege; 1806 wurde er in der Schlacht von Jena gefangen genommen; Sein Bruder, der in Wellingtons Armee diente, war während der Spanien-Feldzüge ums Leben gekommen. Nach dem Gefangenenaustausch erhielt Maximilian den Orden des Eisernen Kreuzes in Chalons und nahm mit den alliierten Streitkräften 1814 am Einmarsch in Paris teil.

Trotzdem galt Maximilians hauptsächliches Interesse nicht dem Militär, sondern der Wissenschaft. Er hatte bei dem Göttinger Professor Friedrich Blumenbach Anatomie und Naturgeschichte studiert; sein Vorbild war Alexander

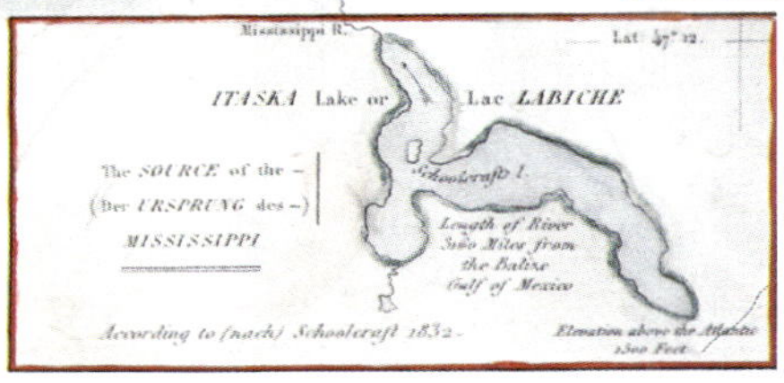

204-205 Landkarte des Gebietes, in dem Prinz Maximilian und Karl Bodmer reisten *Zwischen 1832 und 1834 legten Maximilian und Bodmer eine unglaubliche Odyssee auf dem nordamerikanischen Kontinent zurück; sie reisten von Boston über Pennsylvania und Indiana nach St. Louis, von dort den Missouri flussaufwärts nach Fort McKenzie durch den halben heutigen Staat Montana. Sie verbrachten den Winter 1833/34 unter den Mandan bei Fort Clark und kehrten über New York im Sommer 1834 nach Europa zurück. Die Reise war in jeglicher Hinsicht erfolgreich: Sie legten ungeheure Strecken zurück, sammelten dabei vielfältigste Informationen und produzierten ein umfangreiches künstlerisches Werk. Die schwere Erkrankung des Prinzen 1834 war der einzige Wermutstropfen während der ganzen Reise und dies ist umso beachtlicher, bedenkt man die primitiven Transportmöglichkeiten, die ihnen zur Verfügung standen.*

205 rechts Prinz Maximilian zu Wied *Prinz Maximilian war in wissenschaftlichen Kreisen bereits für seine Pionierleistungen im Dschungel von Brasilien bekannt. Der Prinz, der unter dem Namen „Baron Braunsberg" nach Nordamerika gereist war, war ein kleiner, untersetzter Mann von ungefähr 50 Jahren, der fast immer seinen grünen Jagdmantel trug. Sein Reisebericht über den Besuch Amerikas von 1832–1834 ist nach wie vor faszinierend zu lesen. Die Zitate der folgenden Bildunterschriften sind diesem Reisetagebuch entnommen.*

von Humboldt. Maximilian war mit Blumenbachs Theorien über die menschliche „Rasse", die Entwicklung des Menschen und die Bevölkerung der Erde vertraut. Blumenbach war der Überzeugung, dass nicht-europäische Rassen auf einer anderen, niedrigeren Entwicklungsstufe stünden; er stellte Überlegungen an, ob sie sich eines Tages zu dem in Europa bestehenden kulturellen und wissenschaftlichen Standard emporarbeiten würden. Vielleicht waren sie irgendwann in der Geschichte der Menschheit auf dem gleichen Niveau oder sogar über dem der europäischen Kulturen gelegen, waren dann aber wieder in die „Unkultur" abgestiegen. Anfang des 19. Jahrhunderts waren diese Fragestellungen neu und es wurde ihnen eine große Bedeutung in Wissenschaftlerkreisen beigemessen.

Maximilians Verbindung mit Blumenbach ermöglichte ihm auch den Kontakt zu Alexander von Humboldt. Der Abenteurer und Wissenschaftler von Humboldt war ein „vielseitiges Genie, dem niemand gleichkam" und der sich auf keinen geringeren als Goethe bezog.

Inspiriert von Blumenbachs Theorien und von Humboldts Forschungsreise nach Südamerika, reiste Maximilian 1815 mit den deutschen Naturforschern Georg Wilhelm Freyress und Friedrich Sellow nach Brasilien. Zwei Jahre lang erforschten sie den brasilianischen Regenwald und lebten unter der einheimischen Bevölkerung. Nach seiner Rückkehr schrieb Maximilian einen zweibändigen Reisebericht unter dem Titel „Reise nach Brasilien in den Jahren 1815 bis 1817". Maximilian bebilderte seinen Bericht selbst, und obwohl seine Skizzen von seinem talentierten Bruder und seiner Schwester überarbeitet worden waren, stellten sie doch den Schwachpunkt seiner Arbeit dar und wurden von europäischen Kritikern nach Erscheinen des Buches im Jahr 1821 heftig angegriffen. Während seiner Vorbereitung für die 1832 stattfindende Reise nach Nordamerika hielt er deshalb nach einem

206-207 Das Dampfschiff „Yellow Stone“
Prinz Maximilian zu Wied kam 1832 in den Vereinigten Staaten in Begleitung des Künstlers Karl Bodmer und des Jägers David Dreidoppel an. Sein Ziel war es, das Land wissenschaftlich und ethnologisch zu erforschen, wobei die Indianer im Mittelpunkt stehen sollten. 1833, ein Jahr nachdem George Catlin auf dem gleichen Fluss gereist war, brachen Maximilian, Bodmer und Dreidoppel in St. Louis zum Abenteuer ihres Lebens auf. Die „Yellow Stone“, die zum dritten Mal in diesem Jahr flussaufwärts fuhr, sollte dieses Mal nur bis Fort Pierre fahren. Unterwegs saß sie häufig auf Sandbänken fest. Dieses Bild malte Bodmer am 19. April 1833 und zeigt das Schiff in der Nähe von Fort Osage am Missouri. Ein Teil der Ladung wurde abgeladen, um das Schiff leichter zu machen und dadurch über die Sandbank zu kommen. Diese Reise war die letzte Fahrt, die die „Yellow Stone“ den Missouri aufwärts machte. 1835 wurde sie nach Texas verkauft, wo sie auf dem Brazos fuhr; dort spielte sie auch eine Rolle im Kampf um die texanische Unabhängigkeit. Die „Yellow Stone“ wurde letztmals 1837 in der Galveston Bay gesehen. Von diesem Zeitpunkt an ist ihr Schicksal unbekannt.

206 unten Mündung des Big Sioux-River
Dieses Aquarell zeigt den Zusammenfluss von Big Sioux-River und Missouri in der Nähe des heutigen Iowa, einer Sioux-Stadt. Die „Yellow Stone“ tuckerte am 8. Mai 1833 über diese Stelle. Dies ist eine typische Szene am Missouri um 1830. Es ist keinerlei Nutzung der Gebiete entlang der Ufer zu erkennen. Ein paar Baumstümpfe liegen an der einen Seite; diese Detailgenauigkeit spricht für Bodmers künstlerische Fähigkeiten.

207 oben Blick über den Missouri in der Nähe von Fort Leavenworth *Dieses unvollendete Bild wurde am 20. oder 21. April 1833 gemalt und zeigt den Missouri unterhalb von Fort Leavenworth. Maximilian schrieb darüber: „Große, schlanke Bäume wachsen entlang malerischer Felsformationen; wunderschöne Blüten schlagen an den Bäumen aus; es wächst hellgrünes Moos und ein dichter Blumenteppich, der vornehmlich aus den Blättern des Mai-Apfels besteht... Wir befinden uns jetzt in freiem Indianer-Gebiet und begutachten die Wälder sehr interessiert, da wir hoffen, bald auf einige Wilde zu stoßen.“*

Künstler Ausschau, der Deutsch sprach, aber auch die Unbilden des Meeres und der Reise auf dem Festland auszuhalten bereit war. Der 23-jährige Künstler Bodmer schien alle diese Auswahlkriterien zu erfüllen. Es ist nicht bekannt, wie sich die beiden begegnet sind, vielleicht hatten sie gemeinsame Bekannte oder der Prinz hatte eines von Bodmers Bildern aus dem Mosel-Tal gesehen. Auf jeden Fall fragte Maximilian Bodmer und dieser brannte darauf, dieses Abenteuer miterleben zu dürfen. Bodmer sollte ein monatliches Gehalt von 33 Talern erhalten, zuzüglich zu allen für die Unternehmung notwendigen Auslagen. Einige Bedingungen stellte Prinz Maximilian allerdings: Bodmer sollte sich selbst um seine Malerei- und Zeichenausrüstung wie z. B. Farbe und Pinsel kümmern, außerdem sollte er bei gemeinsamen Kunsterzeugnissen assistieren und bei der Jagd helfen. Wichtigster Vertragsbestandteil war jedoch, dass der Prinz Eigentümer aller Kunstwerke sein würde, die auf dieser Reise entstehen sollten.

Bodmer scheute vor diesen Bedingungen zurück, teilte dem Prinz schonungslos mit, dass ihm 33 Taler nicht genügend Geld wären und dass er mehr Besitz- und Veröffentlichungsrechte für seine künstlerische Arbeit wünschte. Prinz Maximilian gab Bodmers Forderungen nach, erhöhte das Gehalt auf 45 Taler monatlich und garantierte ihm die freie Veröffentlichung von Landschaftsbildern nach einer festgesetzten Veröffentlichungssperre.

Maximilians Reisekonzept war unklar. Freunden teilte er in Briefen mit, dass er Flora und Fauna von Nordamerika erforschen, teilweise das Leben der Ureinwohner studieren und dies mit dem Leben der Menschen in Brasilien vergleichen wolle. Er hatte aber keine festgelegte Route, wollte wohl aber in das obere Missouri-Gebiet, nach Lousiana und Neu Mexiko. In seinem Buch „Reise durch Nordamerika“ äußerte er den Wunsch, einige Zeit in den Rocky Mountains zu verbringen.

Mit diesen wenig klar definierten Zielen im Hinterkopf brachen Prinz Maximilian, Karl Bodmer, der Tierpräparator und erfahrene Jäger David Dreidoppel am 17. Mai 1832 von Helvoetsluys in den Niederlanden zu ihrer Amerikareise auf. Sechs Wochen hatte ihre Atlantiküberquerung gedauert, bis sie am 4. Juli 1832 in Boston landeten. Bevor sie in Philadelphia ankamen, sahen sie wenig Interessantes. Dort besuchten sie das Charles Wilson Peales Museum, das mittlerweile nicht mehr in der Independence Hall untergebracht war und das von Peale's jüngstem Sohn Titian verwaltet wurde. Maximilian hob dieses Museum in seinen Reisebeschreibungen lobend gegenüber den Museen von Boston und New York hervor: „Es gab dort eine Anhäufung verschiedenster Arten von Kuriositäten..., die ohne irgendeine Ordnung ausgestellt wurden.“ Es gab aber auch noch andere Ausstellungsstücke als diesen „Unbedeutenden Kleinkram“ wie zum Beispiel ein Mastodon-Skelett, indianisches Kunsthandwerk, das während der Lewis-und-Clark-Expedition von 1804–1806 gesammelt worden war und Gemälde, die während der Expedition von 1819–1820 von Titian Peale und Samuel Seymour entstanden waren. Maximilian wunderte sich, dass er auch nach gründlicher Suche in Buchgeschäften und Druckereien keine gelungene Darstellung von Indianern finden konnte. Gute Bilder waren entweder noch nicht veröffentlicht oder noch nicht einmal entstanden. Noch während Prinz Maximilian in Philadelphia nach Bildern suchte, malte George Catlin bereits Indianer im Westen entlang des Missouri. Es würden noch etliche Jahre vergehen, bis die Bevölkerung diese Porträts sehen und bis diese veröffentlicht werden würden. Währenddessen steckte Thomas McKenney mitten in der Erstellung von Lithografien nach den Vorlagen von Charles Bird King. Prinz Maximilian waren diese Lithografien, wie er in seinem Reisebericht vermerkte, bereits am Ende seines Philadelphia-Besuches bekannt. Wahrscheinlich hatten Maximilian und Bodmer sogar einige der Originale von Kings Gemälden oder deren Kopien von Henry Inman gesehen. Viele Historiker vermuteten, dass die Arbeiten von King und Inman Bodmer entscheidend beeinflusst haben. Bedenkt man, wie Bodmer ethnologische Details darstellt, ist das sogar ziemlich wahrscheinlich.

208 Studie eines Elchs *Diese schöne Studie entstand am 19. September 1833 in den Badlands entlang des Missouri. Bodmer bildete nicht nur den Elch ab, sondern zeichnete aus wissenschaftlichen Gründen auch noch einen Querschnitt.*

208-209 Weiße Schlösser am Missouri *Am 25. Juli 1833 näherte sich die „Flora" den Badlands und fuhr dabei an weißen Sandsteinformationen vorbei, die die Reisenden an die Rhein-Schlösser erinnerten. Maximilian notierte, nachdem sie diesen nähergekommen waren: „Die Ähnlichkeit verschwindet natürlich; auf Herrn Bodmers Bild kann man jedoch einige Antilopen auf der Sandbank erkennen, einige durchschwimmen gerade den Fluss."*

209 unten Nodaway Island *Ein Dampfschiff wie die „Yellow Stone" konnte nicht genügend Holz für eine lange Reise wie bis nach Fort Pierre mit an Bord nehmen. Deshalb wurden an entsprechenden Stellen Männer ausgesandt, um Holz zu schlagen. Am 25. April 1833 landete eine Holzhacker-Gruppe an der Mündung des Nodaway; der Prinz nutzte diese Gelegenheit, um neue Pflanzen- und Tierexemplare zu suchen. Bodmer, der den Prinzen begleitete, malte diese arkadische Szene mit Hirschen und fliegenden Vögeln. Maximilian schrieb „die Kastanien waren schon voll belaubt, die weiße Esche stand in Blüte wie auch einige Birnen- und Pflaumenarten, die aussahen, als seien sie mit Schnee bedeckt. Sie bildeten einen schönen Kontrast zu den roten Blüten der Cercis... In einem dunklen Tal im Wald sahen wir eine lange Hütte, die fast über die ganze Talbreite ging und wohl einer großen Menge Menschen Platz geboten hat."*

Prinz Maximilian musste in Philadelphia lange auf seine Ausrüstung warten, da diese wegen Ausbrechens einer Cholera-Epidemie an der Ostküste nicht von Boston herantransportiert werden konnte. Cholera war die am meisten gefürchtete Krankheit seit der Pest und Maximilian hielt es für sinnvoller diese Krankheit in sicherer Entfernung zu meiden.

Daher änderte Prinz Maximilian seine Reisepläne; er vermied die Erie-Kanal-Route durch den nördlichen Teil des Staates New York nach Westen zu Gunsten der „savage grandeur" (der großen Wildnis) des Delaware Water Gap und der „National Road" nach Zentral-Pennsylvanien. Als der Prinz endlich seine Ausrüstung in Empfang nehmen konnte, brach er Richtung Westen ins Lehigh-Tal von Pennsylvanien auf. Während ihrer Reise suchten Maximilian und Dreidoppel ständig nach Tieren, Pflanzen, Fossilien und alten Indianersiedlungen; Bodmer fertigte währenddessen Skizzen und Aquarelle von den Landschaften an, durch die sie kamen. Bevor sie in den Mittleren Westen aufbrachen, kehrte die Gruppe noch einmal in das östliche Pennsylvanien zurück, um Tierexemplare für die Verschiffung nach Europa zu präparieren. Ende September 1832 brachen Maximilian und Dreidoppel in Richtung der Utopian Community New Harmony auf, die am Wabash in Indiana lag. Bodmer, dessen Jagdgewehr ein paar Tage zuvor explodiert und ihm dabei eine offene, sehr schmerzende Wunde am Daumen zugefügt hatte, blieb hinter ihnen zurück, um wieder zu genesen.

In der Gemeinde New Harmony, in der die gesamte Gruppe am 19. Oktober 1832 ankam, stieß Maximilian auf eine wahre Fundgrube an Informationen und Personen, mit denen er sich austauschen konnte. In New Harmony lebten 600 Menschen, die vor allem Whiskey und Zigarren herstellten und die Rind-, Schweinefleisch und Mais über New Orleans exportierten. Darüber hinaus gab es in dieser Gemeinde herausragende Intellektuelle. In diesem Winter lebten z. B. Thomas Say und Charles-Alexandre Lesueur, zwei der bedeutendsten Wissenschaftler Amerikas, in New Harmony; durch sie gab es hier eine umfangreiche, viele Bücher und Manuskripte über Amerika führende Bücherei. Say, ein Entomologe (Insektenkundler) hatte Stephen Long bei seiner Expedition in die Great Plains und die Rocky Mountains begleitet, von ihm wollte Maximilian so viel wie möglich lernen. Lesueur, Künstler und Naturforscher, war ein Kenner der amerikanischen Tierwelt. Die Gesellschaft der beiden Wissenschaftler genoss Maximilian sichtlich, bis er erkrankte und Symptome zeigte, die auf Cholera hinwiesen. Da die Genesung des verängstigten Prinzen lange dauerte, fertigte Bodmer Landschaftsskizzen im Umland an. Fünf Monate lang studierte Maximilian jedes bedeutende Buch über den Westen und die Indianer und beteiligte sich an philosophischen Diskussionen mit Say und Leseur. Durch die Annäherung an die beiden Wissenschaftler entwickelte sich auch

eine Beziehung zwischen Maximilian und Bodmer, die weit mehr war als die Bindung eines Schirmherren und dessen angestellten Künstler.
Als der Prinz wieder genesen war, brach er zu kurzen Ausflügen nach Indiana und Illinois auf. Er war entsetzt darüber, dass euro-amerikanische Siedler willkürlich Bäume in öffentlichen Gebieten fällten, um sich Häuser, Frachtschiffe und Zäune zu bauen oder um Feuerholz zu gewinnen. Sie hörten nicht auf, den Wald abzuholzen, als sie alles Holz, das sie benötigten, geschlagen hatten, sondern fuhren fort die einheimischen Wälder zu zerstören, um freies Land zu schaffen. Aus der Sicht des Prinzen sah es folgerichtig so aus, dass die Siedler die Indianer mit ihrer unverantwortlichen Zerstörung wertvoller Ressourcen vertrieben und die Landschaft dahingehend veränderten, dass jegliches Tierleben vom Aussterben bedroht war. Maximilian beobachtete diesen Sachverhalt präzise und stellte resümierend fest, dass die Grenzgebiete am Verschwinden waren und dass er

gerade rechtzeitig in Amerika angekommen war, um die letzten Spuren der ursprünglichen Wildnis und, was ihm noch bedeutender erschien, das kulturelle Erbe der Indianer verschwinden zu sehen.

Währenddessen brach Bodmer zu einer Reise an den Mississippi nach Louisiana auf. Am 3. Januar 1833 fuhr Karl Bodmer in Richtung New Orleans mit einem Dampfschiff, malte, zeichnete und schrieb seine Beobachtungen entlang der Reiseroute nieder. Bodmer staunte über die verschiedenen Formen der Wasserkraft, die er entlang der westlichen Wasserwege, wahren „highways", in Amerika zu diesem Zeitpunkt, beobachtete. Er war auch beeindruckt von den starken klimatischen Veränderungen, je weiter er in den Süden kam: „Innerhalb von zwei Tagen wechseln wir vom tiefsten Winter- zum herrlichsten Frühlingswetter!" Überraschenderweise sah Bodmer in New Orleans zum ersten Mal einen Indianer, einen Choctaw in „bedauernswürdiger und passiver" Verfassung. Bodmer zeichnete viele Choctaw, die früher die Herrscher über die Wälder in Alabama und Mississippi gewesen waren und die nun auf Grund von Verträgen aus ihrer Heimat vertrieben und in indianisches Grenzgebiet im heutigen Oklahoma abgeschoben worden waren. Viele Choctaw waren nicht in den Westen gezogen, sondern schlugen sich mehr schlecht als recht in den Straßen von New Orleans, Natchez und anderen am Fluss gelegenen Städten durch. Während seines Abstechers feilte Bodmer weiter an seiner Landschafts- und Porträtmalerei, gewöhnte sich an die neue, faszinierende, von vielen Überraschungen geprägte Welt Amerikas und legte zahlreiche seiner in Europa gewonnenen Vorstellungen von romantischen Landschaften und einer unberührten Natur ab. Im Februar 1833 kehrt Bodmer wieder nach New Harmony zurück.

Im März 1833 war Maximilian wieder in der Lage aufzubrechen und so fuhr die Gruppe den Ohio flussabwärts und den Mississippi flussaufwärts bis nach St. Louis, wo sie am 24. März ankamen. Drei Jahre zuvor hatte George Catlin den gleichen Damm erstmals gesehen; nur drei Monate zuvor war er von dort abgereist. Die Stadt beeindruckte den Prinzen in keinster Weise „sie wirkt nicht anziehend, da sie keine Kirchtürme hat", schrieb er in „Reise durch Nordamerika". „Nähert man sich, breitet sich eine Masse von Häusern vor einem aus; auch die Umgebung ist niedrig und monoton." Während sie sich einrichteten, bemerkte Maximilian sehr schnell Anzeichen von Ungerechtigkeit bei seinem Nachbarn, der

210 Bisonkopf *Dieses Bild gehört zu den besten Naturstudien, die Bodmer gemacht hat; gleichzeitig ist es eine der ersten Darstellungen des Tieres, das die Lebensgrundlage für die Stämme der Great Plains darstellte.*

210-211 Landschaft mit Bisonherde im oberen Missouri-Gebiet *Inmitten schönster Felsformationen konnte Bodmer in den frühen Morgenstunden des 14. Juli eine Bisonherde beim Grasen beobachten.*

„einen seiner Sklaven in den öffentlichen Straßen unermüdlich verprügelte. Manchmal hielt er für kurze Zeit inne, um zu verschnaufen, dann fing er von neuem an.“ Er notierte, dass alle Schwarzen „von den Amerikanern verachtet wurden.“ Auch gegen die Indianer, die Maximilian hier zum ersten Mal sah, richteten sich ungerechtfertigte Taten voller Willkür. Eine Delegation von Sauk und Fox unter Führung von Keokuk kam in St. Louis an, um die Freilassung von Black Hawk zu erbitten. Während die Indianer mit William Clark in seinem Zimmer sprachen, machte sich Maximilian Notizen über ihr Erscheinungsbild. Er stellte fest, dass sie der gleichen „Rasse“ angehörten wie die Ureinwohner Brasiliens, die er 15 Jahre zuvor studiert hatte. Ein Spaziergang zu den Jefferson Barracks, der Militärniederlassung im Süden der Stadt gab ihnen einen Einblick, welch trauriges Schicksal Black Hawk und die anderen Anführer der Rebellion ereilte, die mit Gewichten um ihre Knöchel qualvoll in ihren Zellen dahinvegetierten. Viele von ihnen starben schon kurz nachdem Bodmer und Maximilian sie gesehen hatten. Interessanterweise fertigte Bodmer keine Bilder von diesen Indianern an.
Die nächsten Wochen verbrachte die Gruppe damit, die Vorräte und Handelswaren aufzustocken, die sie für die nächsten Wochen benötigen würden und wartete auf ihr Segelschiff. Das Empfehlungsschreiben, das Maximilian für William Clark dabei hatte, half ihm ebenso, wie es im Jahr zuvor George Catlin geholfen hatte. Clark übergab ihm Pässe für ihre Reise in indianisches

212 *Ungewöhnliche Erhebungen am oberen Missouri* *Dieses Bild malte Bodmer am 9. Juli 1833. „In der Nähe von Lewis' und Clark's Big Horn Island erblickten wir wieder einzeln stehende Berge, ganze Reihen unglaublichster Felsformationen standen zusammen und in den Seitentälern konnten wir interessante Blicke auf diese bemerkenswerte Szenerie werfen... Wir, der Geologe und der Maler, wünschten uns, wir würden hier einige Zeit verbringen, um dieses Gebiet Schritt für Schritt untersuchen zu können...", schrieb Maximilian.*

Gebiet, stellte ihn der führenden Schicht der Stadt vor und zeigte ihm das Museum für indianisches Kunsthandwerk. Zusätzlich hatte er Gelegenheit mit Benjamin O'Fallon, Auguste Chouteau, John F. A. Sanford und Kenneth McKenzie zu reden, die alle bereits Erfahrungen auf dem großen, schlammigen Missouri gesammelt hatten und ihnen mitteilen konnten, auf welche Indianerstämme sie treffen würden. Es war ein glücklicher Umstand, dass Maximilian alle diese Menschen traf, die ihm Kenntnisse vermittelten und ihm für das Erreichen seiner Ziele behilflich waren. Sie legten mit ihm eine Reiseroute fest und rieten ihm von einem Abstecher in die Rocky Mountains ab; stattdessen legten sie ihm nahe, den Missouri zu befahren. Zusätzlich gab O'Fallon dem Prinzen eine Kopie in großem Maßstab der berühmten Clark-Landkarte über den Westen und zeigte ihm die Bilder von Indianern, die George Catlin im Jahr zuvor gemalt hatte. Nachdem Karl Bodmer diese Porträts gesehen hatte, stellte er fest, dass es bis jetzt noch keine sehr guten Bildzeugnisse über die amerikanischen Indianer gab, weder von Charles Bird King in Philadelphia noch von George Catlin in St. Louis. Er nahm sich vor, eine qualitativ bessere Chronik als die von Catlin zu erstellen, von dessen künstlerischem Talent er nicht viel hielt, und auch besser als die von King, dessen Bilder noch nicht einmal in indianischem Gebiet entstanden waren.
Am 10. April 1833 begannen Maximilian, Bodmer und Driedoppel auf dem Dampfschiff „Yellow Stone", das George Catlin im Jahr zuvor nach Fort Union gebracht hatte, ihre Reise den Missouri hinauf. Einmal mehr an Bord war Pierre Chouteau, Direktor der amerikanischen Pelzgesellschaft, in Begleitung seiner Frau und seiner Töchter. Er hatte dieses Mal allerdings nur einen kurzen Abstecher nach St. Charles vor, wo er von Bord ging. In St. Charles stiegen Kenneth McKenzie, der nach Fort Union wollte, und Major. John Dougherty, der zur Omaha Agentur nach Bellevue wollte, an Bord. Beide konnten Maximilian über den Stand der indianischen Angelegenheiten im oberen Missouri-Gebiet informieren. Maximilian notierte in sein Reisetagebuch, dass der Rest der Reisegesellschaft „ungefähr 100 Personen... die als Angestellte oder Reisende bezeichnet wurden, zu den niedrigsten Mitarbeitern der Pelzgesellschaft gehörten. Die meisten von ihnen waren französisch sprechende Kanadier oder Nachkommen der französischen Siedler am Mississippi oder Missouri." Die Reise war nicht ungefährlich, da Baumstämme flussabwärts trieben und den Boden des Schiffes zu zerstören drohten; außerdem musste häufig wegen der zahlreichen Sandbänke angehalten werden. Am Anfang kam das Schiff in ein schweres Gewitter, in dem ein Schlot und ein Teil der Ladung über Bord gingen.
Als das stürmische Wetter sich gelegt hatte, fertigte Bodmer Skizzen und Aquarelle der Landschaft entlang der Route an. Obwohl er teilweise die gleichen Landschaften und Menschen wie Catlin malte, waren seine Bilder doch weitaus präziser und mit mehr künstlerischem Geschick hergestellt. Bodmers Werk ist in jeder Hinsicht dem Catlins überlegen und gehört zum Besten, was bis dahin im Westen Amerikas entstanden war. Bodmer arbeitete mit der heiklen Aquarelltechnik, die keinen Fehler verzeiht. Nur schwer können Korrekturen vorgenommen werden. Die Aquarelltechnik fordert ein hohes Maß an Vorüberlegung und Weitblick bei Planung und Erstellung eines Bildes; Bodmer entwickelte sich zu einem Meister der

212-213 Blick auf die Felswände *Maximilian notierte, dass er mit Bodmer am 6. August 1833 den ganzen Tag auf Deck blieb, um diese fantastische Szenerie zu beobachten: „Wir hatten noch nicht einmal das fantastische Sandstein-Tal verlassen, als wir an eine bemerkenswerte Stelle kamen. Die Sandsteinschicht, die normalerweise in niedrige Hügel eingebettet liegt, erhob sich nun auf beiden, sehr schmalen Uferseiten zu einer hohen, glatten, weißen, fast senkrechten Wand mit kleinen Nadeln an den höchsten Erhebungen."*

213 unten Felsformationen im oberen Gebiet des Missouri *Die „Yellow Stone" reiste den Missouri flussaufwärts bis nach Fort Pierre. Dort pausierte die Gruppe von Prinz Maximilian einige Tage und reiste dann auf der „Assiniboin" nach Fort Union weiter. Den letzten Abschnitt ihrer Reise nach Fort McKenzie legten sie auf einem 20 m langen Kielboot, der „Flora" zurück. Die „Flora" brach am 6. Juli 1833 mit 52 Passagieren an Bord auf, zu denen auch der Pelzhandelsleiter David Mitchell gehörte. Bodmer malte dieses Bild kurz nach ihrem Aufbruch von Fort Union, als die Bootsbesatzung wegen Windstille das Boot entlang der Küste ziehen musste. Maximilian beschrieb diese Szenerie folgendermaßen: „Hohe, fantastische, graue Lehmhügel, die manchmal auch etwas dunkler gefärbte Schichten oder horizontale Streifen aufwiesen und regelmäßige, senkrechte Klippen und Schluchten" erhoben sich vor uns. Dieser Reiseabschnitt war äußerst interessant und so langweilte sich der Prinz nie, sondern studierte die Hügel in der Ferne und stellte geologische Spekulationen über deren Geschichte an.*

Landschafts- und Porträtmalerei mit dieser Technik.

Am 3. Mai 1833 erreichte die „Yellow Stone" Bellevue, nahe dem heutigen Omaha in Nebraska, Major Doughertys Pelzhandelsvorposten. Als sie am nächsten Tag in Cabanne ankamen, bot sich Bodmer die Gelegenheit zwei Omahas, Vater und Sohn, zu malen, während sich Maximilian Notizen zum Willkommenstanz der Indianer im Mondschein machte.

Bodmer porträtierte Indianer auf allen Stationen ihrer Reise entlang des Flusses und im Dorf Ponca. Die „Yellow Stone" erreichte am 25. Mai die Sioux-Verwaltung Fort Lookout, wo ihm Wahktageli, ein Yankton Sioux-Krieger, zwei Tage lang geduldig Modell stand. Der Aberglaube der Indianer

ihren eigenen Bildern gegenüber schien 1833 durch Catlins Werk verflogen. Wahktageli war sogar von seinem Bild so angetan, dass er Maximilian alle seine Kleidung und Kriegerausrüstung gab, die den Grundstein von Maximilians bedeutender Sammlung indianischer Kunstschätze legte.

Am 30. Mai erreichte das Schiff Fort Pierre „zur Freude aller", wie der Prinz bemerkte. Das Fort war quadratisch angelegt, zu je 108 Schritt auf jeder Seite; es gab zwei mit Kanonen ausgerüstete Blockhäuser. Während ihres Aufenthaltes fertigte Bodmer einige sehr schöne Porträts von Yankton-Sioux und Skizzen von deren Zeltlager an, das aus „dreizehn Sioux-Zelten" bestand und in der Nähe des Forts gelegen war.

Maximilian war sichtlich beeindruckt vom Auftreten der männlichen Sioux; die Frauen fand er „wunderschön".

Währenddessen wurde die „Yellow Stone" entladen, die neue Ladung, das Ergebnis der Jagd dieses Jahres, bestehend aus 7000 Bisonfellen, an Bord genommen und das Schiff wieder startbereit gemacht. Indianische und euroamerikanische Jäger und Fallensteller brachten eine große Vielzahl von Fellen in die verschiedenen Forts und Vorposten entlang des Flusses. Zusätzlich zum Büffel gab es die ehemals lukrativen Pelze und Häute von Biber, Otter, Wiesel, Schwalbe, Luchs, Fuchs, Nerz, Bisamratte und Hirsch. Die Verlagerung des Schwergewichts von Biber- auf Büffelfell spiegelt die enormen Veränderungen wider, die sich im Pelzhandel zu diesem Zeitpunkt abspielten. Biberfelle waren nicht mehr als Kopfbedeckungen begehrt, vielmehr verbreitete sich die viel leichtere, aus chinesischer Seide hergestellte Kopfbedeckung, die in Europa und im Osten der Vereinigten Staaten populär wurde. Der Markt veränderte sich und die Pelzhändler passten sich an. Die Händler in Fort Pierre teilten Maximilian und Bodmer unverhohlen mit, dass bald auch der sogenannte „mountainman" (Gebirgsmann), den beide während ihrer Reise noch beobachten konnten, bald verschwunden sein würde.

Um noch weiter flussaufwärts zu kommen, stieg die Gruppe an Bord eines zweiten Dampfschiffes, der „Assiniboin", die am 5. Juni ablegte. Am 18. Juni hielt das Boot kurz an den Mandan Dörfern und am grobbehauenen Fort Clark. Hier kamen sie in den seltenen Anblick einer großen Gruppe von Crow, die von den Big Horn Mountains bis in den heutigen Staat Wyoming gezogen waren. In ihrer eigenen Sprache nannten sie sich Absaroke. Sie hatten 70 Tipis in der Nähe des Forts aufgeschlagen; dies war die einzige Chance für Maximilian sie zu studieren. Seine Gruppe betrachtete die Tipis und die „berittenen Krieger mit ihren verschiedenartig angemalten Gesichtern, Federn in den langen Haaren und Pfeil und Bogen auf ihren Rücken...". Im Lager wurden sie von wolfsähnlichen Hunden angekläfft, die sie mit Steinen vertreiben mussten, „wobei uns einige alte indianische Frauen halfen", schrieb Maximilian in sein Reisetagebuch. Bodmer konnte einige Crow und Blackfeet porträtieren.

Am 24. Juni kam die Gruppe in Fort Union an, wo sie mit Kanonen- und Musketenfeuer willkommen geheißen wurden. Seit 1829 war Fort Union der wichtigste und zentral gelegene Posten für den Handel im oberen Missouri-Gebiet, Stützpunkt für Fort Cass, 200 Meilen den Yellowstone flussaufwärts, und für Fort McKenzie, 650 Meilen den Missouri hinauf. Die Reise von St. Louis bis hierhin hatte 75 Tage gedauert, aber die Route in den Westen war noch nicht zu Ende. Maximilian wollte noch in die Rocky Mountains und wenn möglich noch weiter in den Westen reisen. Wenn die Gruppe nicht in kriegerische Auseinandersetzungen zwischen verschiedenen Stämmen geraten wäre, wären sie wahrscheinlich noch weiter in den Westen vorgestoßen. Im Gegensatz zu George Catlin, dessen Reise in

214 links Ein Abend-Biwak *Reisen auf den Flüssen im Westen war 1833 beschwerlich und rau. Der Prinz war entsetzt über das schlechte Benehmen der Schiffsbesatzung und hungerte nach intellektuellen Gesprächen. Wegen der vielen Gefahrenstellen im Fluss reiste das Schiff nur tagsüber und wurde nachts am Ufer festgemacht. Bodmer malte dieses Nachtlager am 30. Oktober 1833, als das Schiff flussabwärts zwischen Fort Union und Fort Clark unterwegs war; es steht stellvertretend für die vielen hundert Lagerfeuer, die der Prinz und seine Begleiter während der zweijährigen Reise erlebten.*

214-215 Lager der „Gros Ventres of the Prairies" am Oberlauf des Missouri *„Dieses Aquarell veranschaulicht sehr schön die Szenerie mit der ‚Flora' im Vordergrund und den Atsina (‚Gros Ventres of the Prairies'), die gerade kommen, um sie zu sehen." Es gehört zu einer Reihe von Aquarellen, die Bodmer für Maximilians Buch „Reise in das Innere Nord-America in den Jahren 1832 bis 1834" schuf. Die Drucke entstanden anhand von Bodmers Vorlagen, wobei dieser häufig verschiedene Farbtöne miteinander mischte, um bessere Farbschattierungen zu erhalten.*

***215 oben* Grizzlybärenjagd, Lithografie nach Karl Bodmer** *Die Pelzgesellschaften hatten für die langen Reisen auf den Flüssen des Westens Jäger angestellt, die lange vor Sonnenaufgang aufbrachen, in den Gebieten entlang des Flusses auf Jagd gingen und mit dem erlegten Wild die Crew und die Passagiere verpflegten. Hatten sie ein Tier erlegt, markierten sie dieses und gingen weiter. Sobald das Boot um eine Biegung kam, sah die Besatzung die markierte Stelle, ging an Land und holte das Fleisch ab. In dieser Szene haben jedoch Grizzlybären den Bison entdeckt, den die Jäger geschossen hatten und der für das Boot gedacht war. Die Männer wollen ihre Beute mit Waffen verteidigen. Im Vordergrund ist ein kleines Einbaum-Boot und im Hintergrund die „Flora“ mit vollen Segeln zu sehen. Dieses Ereignis fand am 18. Juli 1833 statt; der Bär wurde mit mindestens fünf Schüssen getötet.*

216 rechts Eine Cree *Wie man in Bodmers Tagebuch nachlesen kann, malte er zwei Porträts von dieser Cree. Sie war die Frau von Deschamps, der als Jäger für die Pelzgesellschaft arbeitete. Sie gilt wegen ihrer typischen Tätowierung auf dem Kinn als Cree.*

216-217 Abend-Biwak am Missouri *Auf diesem Bild ist das Boot, mit dem Prinz Maximilian und seine Begleiter im Herbst 1833 flussabwärts nach Fort Clark fuhren, sehr schön zu erkennen. Das Boot ist in erster Linie mit Tieren, Mineralien und indianischem Kunsthandwerk beladen; deshalb war das Boot mit größter Wahrscheinlichkeit sehr voll. Die Männer sitzen Pfeife rauchend um einen großen, gusseisernen Topf, der über dem Feuer kocht.*

216 links Eine Frau der Piegan Blackfeet *Dies ist ein exzellentes Porträt einer in den Plains lebenden Indianerin, obwohl diese sich während des Porträts nicht wohlgefühlt hat. Man muss in erster Linie jedoch ihrem Mann dankbar sein, der Bodmer im Austausch gegen Farbe und Perlen die Erlaubnis gab, seine Frau zu malen. Zu sehen ist eine traditionell gekleidete, in den Plains lebende Frau. Sie trägt ein Kleid, das mit Perlen verziert ist und das von einer farbenprächtigen Schärpe in der Taille zusammengehalten wird. Da dies wahrscheinlich ihr bestes Gewand war, zeigt es die korrekte Länge, die für die Indianerin vorgeschrieben war. Jedes Kleid sollte die Knöchel bedecken; der Anstand verbot es, diesen Körperteil sehen zu lassen. Frauen lernten kunsthandwerkliche Arbeiten wie die Arbeit mit Stachelschwein-Stacheln und Perlen bereits in früher Jugend und wetteiferten in diesen Disziplinen mit den anderen Frauen des Stammes, um als Beste anerkannt zu werden. Frauen stellten dekorative Schärpen aus Perlen und anderem Material her und entwarfen Muster für die Kleidung ihrer Familienmitglieder. Traditionell dekorierten Mutter und Schwester die Kleidung eines Kriegers. All diese kunsthandwerklichen Arbeiten sind auf Kings, Catlins und Bodmers Bildern wiedergegeben. Sie sind das Ergebnis der Geduld und Fertigkeit der Indianerinnen.*

Fort Union endete, war Maximilians Gruppe bereit weiter zu reisen. Da sie den letzten Punkt, der mit Dampfschiffen angefahren wurde, bereits erreicht hatten, mussten sie mit dem 18 Meter langen Kielboot „Flora" fahren, um nach Fort McKenzie im Blackfeet-Gebiet zu gelangen. Bis die „Flora" zur Abfahrt bereit war, standen Assiniboin-Indianer geduldig für Bodmer Modell und erlaubten ihm ihren Lagerplatz zu zeichnen. Bodmer skizzierte auch das Fort selbst, das in einer flachen Ebene lag, in der sich die Indianer während der Haupthandelszeit niederlassen konnten. Das Segelschiff „Flora" startete am 6. Juli; war der Wind zu schwach, um das Boot voranzutreiben, musste die Mannschaft das Schiff mit am Bug befestigten Tauen teilweise in taillentiefem Wasser flussaufwärts ziehen. Die Besatzung war ein wilder Haufen, überwiegend Frankokanadier, die sich ihren Lebensunterhalt entlang des Flusses verdienten, hart tranken, eine wüste Sprache am Leib hatten, schnell in Schlägereien verwickelt wurden und ein aufbrausendes Temperament besaßen. Unerträgliche Hitze und aggressive Moskitos verschlimmerten die Situation der Crew zusätzlich während des schleppenden Vorankommens. Tagsüber sammelte Maxi-

milian Tierexemplare; in seinem Reisetagebuch beschwerte er sich, dass sie nachts von der unhöflichen Mannschaft von Bord gejagt wurden.
Der Fluss wand sich durch malerische Felsformationen der „Badlands", die die verschiedensten Farbschattierungen aufwiesen. Felsen und Klippen erinnerten die Reisenden an die Schlösser entlang des Rheins, das groß gehörnte Schaf ähnelte der Gemse in den Alpen. Der Prinz verglich die endlose, stille Szenerie vor ihm mit dem brasilianischen Regenwald, den er 15 Jahre zuvor gesehen hatte, aufgrund des dichten Baumbestands und ungeheuer reichhaltigen Tierlebens. Er notierte dazu in sein Reisetagebuch: „Die Stille der Badlands wird nur selten durch das Geheul der Wölfe, das Gebrüll der Bisons oder das Krächzen der Krähen unterbrochen." Bodmer malte Landschaftsbilder, zeichnete Bisons und weiße Wölfe (weit präziser als Catlin das getan hatte); er verbesserte die eigenwillige topographische Karte, die so ganz anders aussah als alle, die er bis zu diesem Zeitpunkt in Händen gehalten hatte.
Die Badlands waren eine relativ ruhige, aber trotzdem abenteuerliche Gegend. Als die Jäger eines Tages zur Beschaffung von Fleisch ausgesandt wurden, stießen sie unterwegs auf einen riesigen Grizzlybär, der gerade die Reste eines Büffels verspeiste. Bodmer, der auch zur Jägergruppe gehörte, zeichnete diese Szene, bevor sie den mächtigen Grizzly töteten. Die Reise von Fort Union entlang des Flusses dauerte länger als einen Monat, Stromschnellen mussten überquert oder umfahren werden. Nur knapp entging die Gruppe ernsthaften Schwierigkeiten mit dem Stamm der Atsina (oder Gros Ventre); als das Boot an deren Dorf kurz Halt machte, schwammen die Indianer zur „Flora" und kaperten diese. Sie forderten Geschenke und als man ihnen dies verweigerte, wurden sie fast gewalttätig. „Unsere Situation ist alles andere als einfach; dieselben Indianer haben bereits vor zwei Jahren im Grenzgebiet von Kanada ein Fort vollständig zerstört und dabei einen Angestellten, 18 weitere Personen und darüber hinaus etliche andere Weiße aus dem Umland umgebracht... Wenn sie die Absicht gehabt hätten, uns feindlich zu behan-

218 oben Eine indianische Frau *Dieses Bild einer unbekannten Indianerin entstand im Frühjahr 1834. Um sich zu wärmen, trägt sie ein wunderschön verziertes Büffelfell. Obwohl das Aquarell niemals vollendet wurde, gibt es doch einen guten Eindruck über Kleidung und Haltung der Frauen.*

218 unten Ninoch-Kiaiu, ein Häuptling der Piegan-Blackfoot *Ninoch-Kiaiu oder auch „Häuptling der Bären" hatte sich anlässlich eines erfolgreichen Überfalles, bei dem 47 Krieger der Salish getötet worden waren, einen neuen Namen gegeben. Aus Trauer um den Tod seines Neffen, der von einem Angehörigen der Blood-Indians getötet worden war, kleidete sich Ninoch-Kiaiu einfach. Ninoch-Kiaiu galt als arrogant und aggressiv und wurde weder von Indianern noch von Weißen geliebt. Während Maximilians Aufenthalt im Fort versuchte er immer wieder die Weißen zu Angriffen auf rivalisierende Gruppen und Stämme zu bewegen, wenn er sich über sie geärgert hatte.*

218-219 Aquarell „Die Reisenden treffen Minatarree-Indianer in der Nähe von Fort Clark" *Dieses Bild stellt eine Unterhaltung zwischen Maximilian, Bodmer und den Indianern durch einen Dolmetscher dar. Der Prinz ist der kleinere Mann rechts im Vordergrund; Bodmer steht rechts neben Maximilian, ist ein gutes Stück größer und trägt eine Ledertasche über der Schulter, an der eine Axt befestigt ist und in der sich seine Malutensilien befinden. Bodmer und Maximilian blieben den Winter 1833/34 in Fort Clark und hatten dadurch Gelegenheit, die Kultur der Mandan gründlich zu studieren.*

deln, hätte es für uns kein Entrinnen gegeben", schrieb Maximilian in seinem Reisetagebuch. Die Europäer waren mit ihren Nerven am Ende, als man sich schließlich mit den Indianern einigte und sie endlich Frieden gaben.

Am 9. August, nach über einem Monat auf der „Flora" brachte die Gruppe die letzte Flussbiegung in der Nähe von Fort McKenzie hinter sich; dies war der westlichste Vorposten des Pelzhandels im Missouri-Gebiet. Fort McKenzie lag 650 Meilen flussaufwärts von Fort Union, nahe der Mündung des Maria Flusses; es war brandneu und erst im letzten Jahr fertiggestellt worden, nachdem McKenzie einen Vertrag mit den Blackfeet ausgehandelt hatte. 800 Blackfeet Indianer begrüßten die „Flora" in strömendem Regen bei ihrer Ankunft mit unaufhörlichem Kriegsgeschrei und Musketenschüssen. Einige waren in farbenfrohe, europäisch anmutende, blaue und rote Uniformen gekleidet, während andere die schönsten Stücke ihrer traditionellen Kleidung angelegt hatten. Die Blackfeet führten zu diesem Zeitpunkt Krieg mit ihren Nachbarn, den Assiniboin und Cree, allerdings fochten die drei Stämme der Blackfeet, die Piegan, Kainah (Blood-Indians) und Siksika auch untereinander. Die Lage in Fort McKenzie war ziemlich angespannt, weil das Fort fast 3000 Fluss-Meilen von St. Louis entfernt und von jeglicher Unterstützung durch Händler oder andere Euro-Amerikaner abgeschnitten war. Laut Maximilian war dieses Fort kleiner als Fort Union und maß nur 45 auf 47 Schritte. Die 27 Euro-Amerikaner, die hier lebten, waren alle mit Indianerinnen verheiratet. Die Hütten innerhalb des Forts hatten nur ein Stockwerk und ein flaches Dach, das mit Gras gedeckt war. Die Innenräume waren klein, hatten Lehmböden und die Fenster hatten an Stelle

von Glas Pergament. Die „Flora“ brachte Glas und andere Verbesserungen für den primitiven Vorposten. Offene Prärie mit einer Hügelkette im Hintergrund stellte die Umgebung des Forts dar.
Die Beziehungen der einzelnen Indianerstämme untereinander waren viel zu unsicher, als dass der Prinz seine Reise in Richtung Rocky Mountains hätte fortsetzen können. Zusätzlich dazu hatte eine so große Zahl Indianer Handelsbeziehungen zu den Weißen aufgebaut, dass die Händler ihre Pferde mit der Handelsware flussabwärts gesendet hatten und deshalb gab es keinen Dolmetscher, der für die Reisegruppe zur Verfügung gestanden wäre. Die Gruppe blieb den ganzen August über in Fort McKenzie. Maximilian und Bodmer hatten jetzt Gelegenheit, die Blackfeet gründlich zu studieren. Während Maximilian und Bodmer dort lebten, kamen alle drei Blackfeet-Stämme wegen des Pelzhandels in das Fort und belagerten es buchstäblich. Maximilian bewunderte die Schönheit dieser Menschen und ihre auffallende Körpergröße; einer der Männer maß zwei Meter und zehn Zentimeter!
Bodmer begann Bilder von den im Fort handelnden Indianern herzustellen, die von diesen nach der Fertigstellung sehr angetan waren. Bodmer hatte auch Gelegenheit Indianer vom Stamm der Kutenai und Shoshoni zu malen, die entweder gefangen genommen wurden oder mit einem Blackfeet verheiratet waren. Von den umliegenden Hügeln aus konnte er auch Gemälde der in der Ferne liegenden Berge erstellen. Er studierte das Fort selbst und die außerhalb des Forts liegende Indianersiedlung. Mit größter Sorgfalt malte er die Tipis, deren Höhe von der Größe der Familie und der Bedeutung innerhalb des Stammes abhing. Andere Künstler wie z. B. Catlin malten alle Tipis identisch, ganz gleich, wie sie konstruiert waren.
Aber nicht nur Bodmers Bilder stellten bedeutende Dokumente dar, sondern auch Maximilians Aufzeichnungen. Auch Catlins Notizen über das Leben der Mandan wurden zu unschätzbaren ethnologischen Dokumenten, nachdem der Stamm durch die Pockenepidemie von 1837 vollkommen ausgestorben war. Maximilians Aufzeichnungen leisteten Ähnliches für den Stamm der Blackfeet, deren Bevölkerungszahl durch die gleiche Krankheit um 50 % gesunken war.
Während ihres Aufenthalts im Fort wurde Maximilians Reisegruppe Zeuge des Überfalls der Assiniboin und Cree am 28. August 1833 auf das Dorf der Blackfeet, das in unmittelbarer Nähe des Forts lag. Es gab nur ein kurzes Gefecht, da die Blackfeet zahlenmäßig ihren Angreifern überlegen waren und diese mit Unterstützung von Kanonenfeuer aus dem Fort wieder verjagen konnten. Möglicherweise haben sogar Maximilian und Bodmer bei der Verteidigung des Forts geholfen. Als die Assi-

220-221 Aquarell eines Indianerkrieges unter dem Titel „Fort McKenzie, 28. August 1833“ *Als Indianer der Cree und Assiniboin das Lager der Blackfeet außerhalb des Forts angriffen, halfen Maximilian und Pelzhandelsangestellte von den Palisaden aus, den Angriff abzuwehren. Die Situation der Indianer wird dem Betrachter vom indianischen Dorf aus vor Augen geführt, obwohl Bodmer im Hintergrund oben auf dem Schutzwall zu sehen ist. Maximilian beschrieb die Situation folgendermaßen: „Bei Tagesanbruch wurden wir von Gewehrschüssen aufgeweckt und Doucette kam in unsere Zimmer und schrie: „Stehen Sie auf! Wir müssen kämpfen!“ Wir standen hastig auf, zogen uns an und luden unsere Gewehre. Als wir in den Hof des Forts kamen, waren alle in Bewegung, manche schossen von den Dächern. Als wir auf ein Dach stiegen, sahen wir, dass die ganze Prärie übersät mit Indianern war, die entweder zu Fuß oder auf Pferden unterwegs waren und auf das Fort feuerten. Auf den Hügeln lagen einige verstümmelte Körper. Ungefähr 18 bis 20 Tipis der Blackfeet waren von 600 Assiniboin und Cree überraschend angegriffen worden... Vier Frauen und einige Kinder lagen in der Nähe des Forts tot am Boden, viele andere waren verwundet. Die ungefähr 30 Männer hatten ihre Gewehre leer gefeuert und waren dann zu den Toren des Forts geflohen, wo man sie einließ. Sofort hasteten sie auf die Dächer und begannen, von uns gut unterstützt, auf die Assiniboin zu schießen.“ Die Assiniboin machten klar, dass ihr Angriff den Blackfeet und nicht den Weißen gegolten habe. Obwohl Kommandant David Mitchell daraufhin befahl, das Feuer einzustellen, schossen doch einige weiter und „zehn oder zwölf unserer Leute, unter ihnen auch Doucette und Loretto, verfolgten sie in die Prärie und feuerten in die Reihen der Assiniboin...“*

niboin und Cree schließlich vertrieben worden waren, herrschte heilloses Durcheinander, viele Tote lagen herum. Bodmer malte diese Szene erst nach seiner Rückkehr nach Europa aus dem Gedächtnis, nicht aus seiner subjektiven Position als Zuschauer im Fort, sondern aus einer hypothetischen Position inmitten der kämpfenden Stämme.

Die Schlacht am 28. August verschaffte Bodmer mehr Freiwillige, die ihm Modell stehen wollten als er malen konnte. Ninoch-Kiaiu oder „Distant Bear“ hatte nämlich behauptet, dass Bodmers Porträt ihn vor dem Tod bewahrt habe. Daraufhin waren alle Krieger der Überzeugung, dass sie unbesiegbar seien, wenn sie ein Bild von sich besäßen.

Da der Winter bevorstand und sie außerdem Gefahr liefen, nochmals „von den Assiniboins angegriffen zu werden“, was sie für einige Zeit im Fort gefangen halten würde, entschloss sich Maximilian wieder aufzubrechen und den Missouri flussabwärts zurückzufahren. Der Zimmermann baute ihnen die kleine „Mackinaw“, ein flaches Boot aus hölzernen Planken im Innenhof des Forts, mit dem Maximilian, Bodmer, Dreidoppel, ein erfahrener Angestellter und drei junge frankokanadische Bootsmänner aufbrachen; im Gepäck waren alle Kunstgegenstände, die Maximilian angesammelt hatte, diverse Pflanzenproben und einige Tiere, darunter zwei Bärenjunge in Käfigen und ein zahmer Fuchs. Glücklicherweise konnten sie die 650 Meilen bis nach Fort Union ohne Angriffe von Indianern zurücklegen. Trotz allem war ihre Reise in dem undichten, offenen Boot sehr beschwerlich; schwere Regengüsse vernichteten dabei die gesamte Pflanzensammlung Maximilians. Auf der anderen Seite konnten sie den herrlichen Artenreichtum dieser Gegend, brüllende Elche und die Herbstfärbung beobachten. Auf ihrem Weg flussabwärts machten sie noch einmal in Fort Union Halt, was Bodmer die Gelegenheit gab, mehrere Männer und Frauen der Cree zu malen. Am 11. Oktober brachen Maximilian, Bodmer und mehrere Jäger zur Büffeljagd auf, einem aufheiternden Ereignis, bei dem Bodmer einige schöne Aquarelle erstellte. Bei Sonnenuntergang wurde Maximilian vom Rest der Gruppe getrennt, traf aber bald wieder Bodmer, der in aller Ruhe die Büffeljagd malte. Die Gruppe verbrachte die Nacht, in Büffelfelle gehüllt, in der Prärie. Drei Tage später fiel in

221 oben Pachtuwa-Chta, ein Arikara *Diese interessante Lithografie vermittelt uns einen Eindruck von einem Krieger der Arikara.*

221 unten Fort McKenzie an der Mündung des Maria *Fort McKenzie war die westlichste Außenstation der amerikanischen Pelzhandelsgesellschaft. Das Fort wurde 1832 fertiggestellt und lag 650 Meilen flussaufwärts von Fort Union; für die Reise von Fort Union aus benötigten Maximilian und sein Begleiter auf der „Flora" 34 Tage. Fort McKenzie lag nicht nur mitten im Gebiet der Blackfeet, sondern mitten in einem Gebiet, in dem es immense Spannungen unter den Stämmen gab. Wegen des Krieges zwischen den Blackfeet auf der einen und den Assiniboin und Cree auf der anderen Seite, konnte das Vorhaben des Prinzen, in die Rocky Mountains zu reisen, niemals realisiert werden.*

Fort Union der erste Schnee, die kalten Winterwinde begannen zu blasen. Maximilian wollte, wie Lewis und Clark 30 Jahre zuvor, den Winter mit den Mandan verbringen. Für einen Ethnologen wie ihn gehörten die Mandan zu den interessantesten Gruppen der Indianer, die es in den Plains zu studieren gab. Gegen Mitte des 18. Jahrhunderts begannen einige Pelzhändler mit ihnen zu leben, dabei wurde bemerkt, dass diese Indianer häufig frühzeitig grau wurden und lange weiße Strähnen ihr schwarzes Haar durchzogen. Es ging die Legende, dass sie walisische Nachkommen des legendären Prinz Madoc seien, der im 12. Jahrhundert nach Amerika gesegelt war. Der Prinz jedenfalls war fest entschlossen, die Mandan zu studieren, ganz gleich ob die Legende nun stimmte oder nicht. Zwischen dem 30. Oktober und dem

8. November 1833 reiste die Gruppe in einem größeren Mackinaw-Boot von Fort Union nach Fort Clark. Der Prinz hätte sich keinen schrecklicheren Platz zum Überwintern in den Great Plains aussuchen können als Fort Clark. Das Fort war klein und schlecht gebaut, die Quartiere der Gruppe in sehr schlechtem Zustand. James Kipp, der Leiter des Pelzhandels im Fort hatte eine aus zwei Zimmern bestehende Hütte für die Gruppe bauen lassen. Zwar wurde Lehm zwischen die Balken gestopft, aber er bröckelte nach und nach ab, so dass es stark zog. Der strenge Winter in dieser Gegend konnte einen unzureichend gekleideten Menschen innerhalb von Minuten töten, und der Winter 1833–1834 war außergewöhnlich kalt. Als der Winter einsetzte, maß Maximilian –46° Fahrenheit, das entspricht –43° Celsius. „Nachts war es so kalt, dass wir es nicht wagen konnten, unsere Hände vom Körper zu nehmen aus Angst vor Erfrierungen", schrieb Maximilian in sein Reisetagebuch. Die Gruppe lebte im Fort unter extremen Bedingungen, die Vorräte waren knapp und die Gepflogenheiten ihrer Mitbewohner abstoßend.

Trotz der schlechten Bedingungen in Fort Clark waren Maximilian und Bodmer während ihres Lebens unter den Mandan sehr produktiv. Maximilian notierte Bräuche und Zeremonien der Mandan, während Bodmer diese unermüdlich porträtierte. Beide schlossen viele Freundschaften, vor allem mit den Stammesführern.

Man muss sich trotzdem wundern, wie Bodmer so schöne Bilder malen konnte mit Händen, die vor Kälte schlotterten, mit Farbe, die im Behälter gefror und mit Eis statt Wasser. Bodmer malte auch die Landschaft und Innenansichten der Erdhäuser, was heute von enormer ethnografischer Bedeutung ist. Er fertigte Skizzen der Tänze und Zeremonien an, die später bei der Fertigstellung der Stiche zu großartigen Szenenbildern zusammengefasst wurden. Er malte außerdem die symbolischen Pyramiden aus menschlichen Schädeln und die hohen, mit Federn geschmückten Pfosten in der Nähe des Mandan-Dorfes. Solche Stätten waren von höchster religiöser Bedeutung und Bodmer und Maximilian wollten so viel wie möglich davon kennenlernen.

222 Sih-Chida und Machsi Karehde, zwei Mandan *Sih-Chida war ein indianischer Künstler, den Maximilian und Bodmer unterstützten. Machsi Karehde war einer der berühmtesten Krieger der Mandan.*

223 oben Aquarell: Winter-Dorf der Minnataree *Das Bild zeigt, wie das Leben während der Wintermonate aussah. Links spielen zwei Männer „tchung Kee“, rechts stehen Gruppen von Frauen und Männern in Unterhaltung zusammen.*

223 Mitte Ptihn-Tak-Ochata, Tanz der Mandan-Frauen *Bodmer fing auf diesem Bild einen Eindruck einer Zeremonie von Frauen ein. Früher herrschte die weit verbreitete Meinung, indianische Frauen würden von ihren Männern wie Arbeitstiere oder Sklaven behandelt. Erst in jüngerer Zeit untersuchte man die Stellung der Frau in den verschiedenen indianischen Kulturen und die Bedeutung der speziellen Rituale und Tänze der Frauen.*

Bodmers Bilder hatten auch Einfluss auf die indianische Kunst in dieser Gegend, da die Indianer durch ihn die perspektivische Darstellung entdeckten. Im Allgemeinen war die Herstellung von Kunstgegenständen unter den Geschlechtern aufgeteilt: Frauen stellten geometrische Muster aus den Stacheln von Stachelschweinen und aus Perlen her, womit sie Kleidungsstücke oder andere Gegenstände schmückten. Dagegen war es Sache der Männer ihre Taten in symbolhaften Zeichnungen festzuhalten. Ihre Farben gewannen sie aus Lehm, Gestein, Holzkohle sowie Farbpigmenten aus Tauschgeschäften mit euro-amerikanischen Händlern. Diese Symbole zierten Büffelfelle oder die Tipis der Krieger. Auf den 25-jährigen Mandan Sih-Chida oder auch „Yellow Feather“ übten Bodmers künstlerische Fertigkeiten eine besonders große Anziehungskraft aus. Er bat Bodmer ihm einen Krieger zu zeichnen und einen Vogel auf seinen Schild zu malen. Dies zeigt, dass sich bereits eine Vertrauensbeziehung zwischen den beiden Männern entwickelt hatte, denn diese Schilde besaßen große spirituelle Bedeutung, die leicht durch negative Einflüsse einer anderen Person zerstört werden konnten. Es ist offensichtlich, dass Sih-Chida glaubte, Bodmer selbst besäße spirituelle Macht, die durch seine Kunst auf seinen Schild übertragen werden konnte. Sih-Chida verlangte von Bodmer auch, mit ihm Farben, Papier und Pinsel zu teilen. Mit diesen Materialien fertigte er Bilder von Maximilian, Bodmer, seinen Freunden und ein Selbstporträt an. Auch Mato-Tope, zweiter Häuptling des Stammes der Mandan und gleichzeitig Hauptinformationsquelle für Catlin und Bodmer über die Kultur der Mandan, war von Bodmers Kunst sehr angetan. Mato-Tope malte seine kriegerischen Heldentaten auf Bisonfelle, Kleidung und seine Haut; diese Darstellungen erhielten durch den Einfluss von Catlin (1832) und Bodmer (1833–1834) deutlich perspektivischen Charakter. Als Bodmer die Mandan verließ, war bereits ein neuer Darstellungsstil ent-

223 unten Aquatinta-Druck: Mih-Tutta-Hang-Kush, ein Dorf der Mandan *Dieser Druck entstand in Europa anhand eines unvollendeten Aquarells, das Bodmer im Frühjahr 1834 im Dorf der Mandan gemalt hatte. Die Mandan-Frauen im Vordergrund überqueren den Missouri in einem Bullboot, einer Konstruktion aus Weidenzweigen und einem darüber gespannten Bisonfell, das sehr wenig Tiefgang hatte. Im Hintergrund kann man das Sommerdorf der Mandan über den Klippen gegen den Horizont liegen sehen.*

224 Häuptling der Mandan, ein Mitglied im „Bund der Bison“ *Maximilian und Bodmer waren wie vor ihnen Catlin, Lewis und Clark von der Kultur der Mandan fasziniert. Maximilian notierte, dass die männlichen Mandan im Lauf ihres Lebens sechs verschiedene Bünde durchliefen. Dieses Aquarell zeigt einen der zwei Führer des „Bundes der Bison“, des letzten Bundes, der den höchsten Prestigewert hatte. Die Leitung dieser Gruppe war eine ganz besonders hohe Ehre innerhalb des Stammes und wurde nur einem Mann zugetragen, der sich in außergewöhnlicher Weise im Kampf hervorgetan hatte. Der Mann, der diesem Bund beitrat, war normalerweise ca. 40 Jahre alt und vorher Mitglied in den anderen fünf Bünden für jüngere Männer gewesen. Die Väter mussten ihre Söhne in diesen Bünden in Form von Geschenken einkaufen. Die Gegenstände, die dieser Mann auf dem Bild trägt, besaßen in der Mandan-Kultur unglaubliche Bedeutung: Bisonmaske, Zeremonien-Lanze, an den Mokassins der Männer angebrachte Wolfsschwänze und der Schild mit Symbolen der persönlichen Medizin des Kriegers verliehen der Figur große Bedeutung und mystische Macht. Dieses unvollendete Aquarell diente später als Vorlage für den Aquatinta-Druck des Büffeltanzes.*

standen. Tragischerweise kam Sih-Chida kurz nach Bodmers Abreise bei einer kriegerischen Auseinandersetzung ums Leben und Mato-Tope wurde ein Opfer der Pockenepidemie im Jahr 1837. Maximilian wollte noch unbedingt die Hidatsa besuchen und dort einer Zeremonie beiwohnen und so machte er sich Ende November 1833 zu einem neunstündigen Fußmarsch in eisiger Kälte in Richtung Norden entlang des Flusses auf. Maximilian und Bodmer blieben etliche Tage im Hidatsa-Dorf, machten Notizen und malten. Im Frühjahr 1834 besuchten die Hidatsa das Mandan-Dorf und gaben dadurch Bodmer die Möglichkeit, weitere Zeichnungen und Bilder, teilweise von bedeutenden Persönlichkeiten anzufertigen.

Auch der Hidatsa Aschupsa Masihichsi oder „Chief of the Pointed Horn“ interessierte sich für Bodmers Kunst. Als Bodmer sein Bild fertig gestellt hatte, wollte er es behalten, da er mit einer Gruppe weiterer Krieger zu einem Überfall aufbrechen wollte. Er fürchtete, wenn sein Bild beschädigt werden würde, würde auch er, wo immer er war, verletzt werden. Bodmer weigerte sich jedoch, ihm das Originalbild auszuhändigen oder eine Kopie davon anzufertigen. Der geschickte Ahschupsa gab sich jedoch nicht geschlagen und fertigte als „Revanche“ ein Bild von Bodmer an, das er mit in den Krieg nahm und das, wie Maximilian notierte, ziemlich gut war.
Im April begann das Eis zu schmelzen und so nahm Bodmer am 18. April

225 Aquatinta-Druck: „Büffeltanz der Mandan-Indianer“ *Bodmer arrangierte dieses ungeheuer lebhafte Bild in Europa; es ist ein Ergebnis dessen, was Bodmer und Maximilian über die Kultur der Mandan gelernt haben. Maximilian schrieb über dieses Ereignis am Mittag des 22. Dezember 1833: „Wir hörten die Trommeln der Indianer und eine Menschenmenge versammelte sich im Fort. An ihrer Spitze standen 14 Männer aus dem „Bund der Bison“, die sich von den anderen durch ihre fremdartigen Kostüme abhoben… Sie hatten sich fest in ihre Umhänge eingehüllt, trugen Lanzen, die mit Federn geschmückt waren, bemalte Kleidung, Perlen etc., die meisten hatten Fuchsschwänze an ihren Knöcheln. Einige Männer schlugen die Trommeln, während sich die anderen zu einem Kreis formierten und das Brüllen der Bullen imitierten. Nachdem sie eine Weile getanzt hatten, brachte man ihnen Tabak; daraufhin gingen sie zum Dorf im Wald, das weiter flussabwärts lag und legten ihre Verkleidung ab.“*

226 Skalp-Tanz der Hidatsa *Bodmer und Maximilian wurden am 11. Februar 1834 Zeugen dieses faszinierenden Tanzes bei Fort Clark. Frauen hatten sich bei diesem Tanz wie Männer gekleidet, Kriegshemden angezogen, Kriegsbemalung aufgelegt und trugen Waffen. Dieser Tanz gab den Frauen die Gelegenheit, die Taten der tapferen Krieger des Stammes zu feiern. An dem Stab links ist eine ausgestopfte Elster angebracht, an der ein Skalp befestigt ist. Die Figuren rechts im Bild sind Männer, die die Musik zu diesem Tanz machen. Maximilian schrieb, dass „gegen zwei Uhr Frauen der Manitari mit vielen Kindern und einigen Mandan ankamen. 18 Frauen, die sich zu einer Zweier-Reihe geformt hatten, betraten nun in angemessenem, langsamen Tempo den Hof des Forts. Sieben Männer aus dem „Bund der törichten Hunde", die ihre Gesichter schwarz, schwarz-weiß gestreift und mit etwas rot bemalt hatten, machten Musik; drei als Trommler und vier als ‚schischikue'... Die Frauen stellten sich zu einem Halbkreis auf, an dessen linken Flügel sich die Musiker anschlossen. Jetzt begannen sie mit einem heterogenen Lärm, schlugen die Trommeln, rasselten mit den ‚schischikue' und kreischten so laut sie konnten. Die Frauen begannen zu tanzen und wackelten wie Enten in kleinen Schritten. Nach einer Weile hielten sie inne, fingen dann wieder an und tanzten weitere 20 Minuten. Der Direktor des Forts packte jetzt Tabak, Spiegel und Messer aus den Läden der Gesellschaft aus und warf sie in die Mitte des Kreises. Daraufhin tanzten die Frauen noch eine kurze Zeit und die Musiker formten sich zu einer Einheit und hielten ihre Instrumente in die Mitte. Dies war der Abschluss der Festivität, die ganze Gruppe kehrte in das Mandan-Dorf im Wald zurück.*

Abschied von seinen indianischen Freunden. Der Prinz, der mittlerweile auf Grund der schlechten Ernährung in Fort Clark an Skorbut litt, musste auf das Boot getragen werden, das die Reisenden nach St. Louis bringen sollte. Sechs Wochen später sahen sie den Turm der mittlerweile fertig gestellten Kathedrale von St. Louis vor sich aufragen. Maximilian war allerdings sehr enttäuscht, als er hörte, dass viele von Bodmers hervorragenden Bildern auf der Rückfahrt nach St. Louis durch einen Brand auf der „Assiniboin" vernichtet worden waren. Trotz dieses Verlustes gab es jedoch noch genügend Bilder, um eine bedeutende Sammlung zusammenzustellen.

Am 3. Juni brachen Maximilian, Bodmer und Dreidoppel von St. Louis auf und erreichten den Osten über New Harmony, den Ohio-Fluss und den Ohio-Kanal entlang des Scioto; mit einem Dampfschiff fuhren sie entlang der Küste des Eriesees nach Buffalo, New York und zu den Niagarafällen, die Bodmer malte. Während der ganzen Reise dokumentierte Maximilian Flora, Fauna und geophysische Charakteristika der jeweiligen Gebiete und sammelte Musterexemplare von Pflanzen. Von Buffalo aus reisten sie über den Eriekanal und den Hudson River nach New York City. Von dort brachen sie am 16. Juli 1834 nach Europa auf; insgesamt hatten sie über zwei Jahre in Amerika verbracht.

Sie kamen am 8. August 1834 im französischen Le Havre an und reisten von dort nach Deutschland weiter. Keiner von ihnen kam jemals wieder nach Amerika. Maximilian verfasste ein Buch unter Verwendung seines Tagebuches, das er während seiner Reise sorgfältig gehütet hatte. Aber es war ein schwieriges Unterfangen und schon bald stellte er fest, dass die Reise nach Nordamerika nicht mit dem Erfolg der Brasilien-Reise von 1815–1817 verglichen werden konnte. Bodmers Bilder stellten den eigentlichen Erfolg der Unternehmung dar, nicht seine Aufzeichnungen und Reiseandenken, die keinen neuen wissenschaftlichen Beitrag erbrachten. Da kein Verlag Interesse an diesem Werk zeigte, finanzierte Maximilian die Veröffentlichung selbst. Er

227 rechts Mahchsi-Nihka, ein Mandan
Mahchsi-Nihka war taubstumm; trotzdem war er ein stolzer Krieger und guter Jäger. Er versorgte Maximilian und Bodmer während des langen und kalten Winters in Fort Clark mit Fleisch. Stolz posierte er für dieses Porträt in Kriegsbemalung und -kleidung. Ein anderer Mandan spottete jedoch über das Bild und behauptete, Bodmer hätte alle anderen in ihrer besten Kleidung und nicht in der Kriegskleidung gemalt, was Mahchsi-Nihka furchtbar aufregte. Maximilian schrieb über den weiteren Verlauf dieser Begebenheit: „Wir versuchten ihn zu beruhigen, indem wir ihm versicherten, dass wir ihn in der ganzen Welt als wahren Krieger bekannt machen wollten. Bodmer suchte jedoch nach einem anderen Ausweg: Er malte schnell und heimlich eine Kopie dieses Bildes; dieses zeigte er ihm, zerriss es vor seinen Augen und warf es in Gegenwart der anderen Indianer ins Feuer. Dies hatte den gewünschten Effekt, er ging vollkommen zufrieden weg.“ Auf dem verbleibenden Bild hält Mahchsi-Nihka eine Kriegskeule mit tödlichen Spitzen in der Hand. Die Spieße in seinem Haar sollen an die Wunden erinnern, die ihm im Kampf zugefügt wurden.

bat Bodmer darum, die Erstellung der 81 Aquatintadrucke von seinen Bildern zu überwachen. Da alle Drucke handkoloriert wurden, ist jeder einzelne der Atlanten ein Unikat.
1836 reiste Bodmer nach Paris, wo er die Erstellung der Druckplatten seines Werkes leitete und eine Ausstellung organisierte, in der erstmals Bilder amerikanischer Indianer und authentische Szenen aus dem Westen gezeigt wurden. Leider wurde die Ausstellung nicht gut besucht und auch die Fertigstellung des Buches und der Drucke bereitete Schwierigkeiten. Bodmer, dem Maximilian eine Beteiligung am Gewinn des Buches versprochen hatte, stellte 20 Künstler an, um an den Stichen zu arbeiten, aber es ging nur langsam voran. Er warb auch für den Verkauf des Buches in England und Frankreich, aber Bodmer war kein Geschäftsmann und vergeudete das Geld, das ihm Maximilian zahlte, und erledigte dabei noch nicht einmal seine Pflichten.
Jahre vergingen und die Veröffentlichung des Buches zog sich hin. Bodmer hatte mittlerweile auch private Probleme: sein Vater starb 1839 und die Trauer darüber machte ihn zeitweilig krank; sein Bruder Rudolf wurde von psychischen Störungen aufgezehrt und starb schließlich 1841. Bodmer wurde zu einem frustrierten Künstler mit wenig Geld. Er versuchte Maximilian, als dieser nach den überfälligen Stichen fragte, mit knappen Antwortbriefen unter moralischen Druck zu setzen. Die „Reise durch Nordamerika“ wurde nach ihrer Fertigstellung ein teueres Buch, das sich schlecht verkaufte. Nur 1000 Exemplare in drei Sprachen wurden gedruckt. 1839 wurde es in Deutschland, 1841 in Frankreich und 1843 in England veröffentlicht. Wie McKenneys und Halls „Indian Tribes of North America“ (Indianische Stämme Nordamerikas) und Catlins „Letters and Notes“ (Briefe und Notizen) wurde auch dieses Buch nur für Wohlhabende und Institutionen, nicht aber für den Durchschnittsbürger erschwinglich.
Bodmer hatte keinen Erfolg mit diesem Buch, nicht einmal, als er Catlins indianische Ausstellung, die in London und Paris ein Erfolg war, in eine Werbekampagne einbezog, konnte er die

228 links Massika, ein Sauk *Bodmer fing in St. Louis an, Bilder von Indianern des Westens zu malen. Massika gehörte zu einer Gruppe Sauk und Fox, die im Frühjahr 1833 nach St. Louis gekommen waren, da sie um die Freilassung des im Gefängnis sitzenden Black Hawk bitten wollten. Die ungewöhnliche Bemalung auf den Wangen verleiht ihm ein beängstigendes Aussehen, obwohl dies nicht der Wirklichkeit entspricht. Seine Ohren sind überreich mit Muschelperlen verziert, die man manchmal auch „wampum" nannte. Prinz Maximilian zeigte ein sehr starkes Interesse an den ersten Indianern, denen sie begegneten und schrieb zahlreiche Notizen über sie in sein Reisetagebuch.*

Verkaufszahlen steigern. Er tat dies nur, um endlich einen Gewinn zu erzielen, denn sowohl er als auch Maximilian verachteten im Grunde Catlins künstlerisches Werk. 1847 übergab Bodmer die Stiche der Familie Wied, die eine billigere Version von Bodmers Bildern unter dem Titel „Nordamerika in Bildern" veröffentlichte. Aber auch dieses Buch wurde ein Misserfolg.

Als Künstler geriet Bodmer nach dem Debakel der Buchveröffentlichung zusehends in Schwierigkeiten. Er war auf der Suche nach Inspiration, schlug jedoch Angebote, exotische Plätze zu bereisen aus und malte die gleichen friedlichen Szenen des Rheinlandes, die Gegenstand seiner Bilder vor der Amerikareise gewesen waren. Er bettelte Maximilian um Geld an, damit er weiter malen und Unterricht nehmen konnte und Maximilian gewährte ihm oft diese Unterstützung. 1849 schloss sich Bodmer zwei jungen Künstlern an, Jean-Francois Millet und Charles Jacques, und zog nach Barbizon, das mitten in den Wäldern von Fontainebleau außerhalb von Paris liegt. Bodmer fing an, die Wälder in Öl zu malen, bekam endlich wieder Anerkennung und erhielt in einem Pariser Salon 1850 einen zweiten Preis. Die Kontakte zu seinem alten Mäzen nahmen langsam ab. 1865 arbeitete er ein letztes Mal mit Maximilian zusammen, nachdem dieser einen Katalog über nordamerikanische Reptilien und Amphibien erstellt hatte, in dem auch sieben Stiche von Bodmer enthalten waren. Maximilian starb am 3. Februar 1867, 84-jährig, auf seinem Gut Neuwied.

Währenddessen schloss sich Bodmer den unkonventionellen Künstlerkreisen in Barbizon an und wurde in den dortigen Tavernen bekannt. Viele Jahre lebte er mit der Deutschen Anna-Maria-Magdalena Pfeiffer zusammen, mit der er drei uneheliche Söhne hatte. Aber dieses Leben verlor schnell an Glanz und er zog sich mehr und mehr zurück. Seine Gedanken kehrten zu den glanzvollen Tagen seines Aufenthaltes in Nordamerika zurück, während auf seinen Bildern nur europäische Wälder und Tierszenen zu sehen waren. Zu einem Freund sagte er einmal: „In Europa habe ich Bekannte, aber dort drüben hatte ich Freunde". Die Tage, in denen er mit den Indianern lebte, zählten sicher zu seinen glücklichsten, trotz einiger Unfälle, bitterkalter Temperaturen und der Entbehrungen während des Winters in Fort Clark. Es ist sicher, dass Bodmer, mit Ausnahme Prinz Maximilians, niemals Menschen begegnet ist, die so selbstlos und großzügig wie die Indianer waren.

1867 wurde Bodmer von der französischen Ehrenlegion ausgezeichnet, er heiratete Anna-Maria und unterrichtete seine Söhne in der Malerei, die es darin allerdings niemals zu etwas brachten. Manchmal arbeitete er mit Millet zusammen, aber im Lauf der Jahre brachen die Kontakte zu Familie, Freunden und anderen Künstlern ab. In den 60er, 70er und 80er Jahren des 19. Jahrhunderts

***228 rechts* Wakusasse, ein Fox** *Auch Wakusasse trat an William Clark heran, um für die Freilassung von Black Hawk zu bitten. Er trägt einen Hirschschwanz an seiner Skalplocke und Muschelperlen in seinen Ohren. Maximilian schrieb über die Sauk und Fox: „Sie waren unerschrockene, muskulöse, gut gebaute, häufig etwas größere Männer mit breiten Schultern. Der Gesichtsausdruck der Männer ist sehr charakteristisch und markant; die Backenknochen stehen hervor, der Unterkiefer ist breit und kantig, die dunkelbraunen Augen sind lebhaft und feurig... Die Sauk und Fox haben ihr Haar bis auf einen kleinen Haarbusch am Hinterkopf rasiert; der Großteil dieses Haarbusches wurde ganz kurz wie bei einer Haarbürste geschnitten, das Ende lief jedoch als kurzer Zopf aus, an dem der Hauptkopfschmuck, ein Hirschschwanz vom noch jungfräulichen Bullen angebracht wurde. Die weißen Schwanzhaare wurden rot gefärbt, die schwarzen ließ man."*

war er ein bekannter Zeichner vornehmlich sentimentaler Tierszenen in verschiedenen Zeitschriften und Büchern. Er hatte keine Schüler und verarmte im Alter zusehends. Er zog nach Paris, wo ihn Taubheit, schlechte Gesundheit und Sehschwäche von der Arbeit abhielten. Er starb am 30. Oktober 1893 im Alter von 86 Jahren, enttäuscht darüber, dass er die künstlerischen Erwartungen, die in jungen Jahren in ihn gesetzt wurden, nicht erfüllen konnte. Er wurde schnell vergessen, doch sein Werk hat ihn überdauert. Nach der Erstellung der Stiche für das Buch Maximilians im Jahr 1841, wurden alle 427 originalen Aquarelle und Skizzen in Schloss Neuwied gelagert, wo sie über ein Jahrhundert unberührt blieben. Nach dem Ende des 2. Weltkrieges untersuchten die Angestellten des Deutschen Museums Schloss Neuwied und stießen dabei auf Bodmers Meisterstücke. Da sie die Bedeutung des Werkes erkannten, stellten sie Teile davon in den 50er Jahren in Deutschland und in den Vereinigten Staaten aus. 1959 veräußerten die Erben Prinz Maximilians die vollständige Sammlung an den Kunsthändler M. Knoedler und die

***229 links* Massika, ein Sauk** *Dieses Bild stellt Massika, einen der ersten Indianer, die Prinz Maximilian gesehen hat, dar: „Wir gingen nicht auf sie zu, bis sie im Haus waren; der erste Anblick überraschte mich keineswegs und überzeugte mich, dass sie eine große Ähnlichkeit mit den brasilianischen Indianern hatten, sodass ich nicht zögern würde, sie der gleichen Rasse zuzuordnen."*

***229 rechts* Wakusasse, ein Fox** *Dies ist eine Lithografie, die anhand einer Zeichnung eines Fox-Kriegers von Bodmer angefertigt wurde.*

230 links Noapeh, ein Assiniboin *Noapehs wunderschöne Kleidung war Anlass für diese farbenprächtige und detaillierte Lithografie. Bodmers außerordentliche Fähigkeit, zu beobachten und kulturelle Merkmale detailliert wiederzugeben, machten Lithografien wie diese möglich.*

230 rechts Psihdja-Sahpa, ein Yankton-Sioux *Diese Lithografie von Psihdja-Sahpa wurde anhand eines Aquarelles in Europa erstellt. Am 25. Mai schrieb Maximilian folgendes über die Dakota Sioux: „Alle Dakota im Missouri-Gebiet sind Jäger ebenso wie die meisten im Mississippi-Gebiet. Während ihrer Streifzüge leben sie in tragbaren Lederzelten. Diese Indianer besitzen viele Pferde und Hunde, letztere dienen ihnen häufig als Nahrung. Die Dakota am Missouri waren früher im Gegensatz zu heute erbitterte Gegner der Weißen mit Ausnahme der Yankton. Sie haben einen guten Charakter und leben in dauerhaftem Frieden mit den Weißen."*

231 Pehriska-Ruhpa, ein Hidatsa *Diese Lithografie ist ein gutes Beispiel dafür, wie sich Bilder veränderten, wenn sie auf ein anderes Medium übertragen wurden. Es hat nicht mehr die Lebendigkeit und Spontaneität des originalen Aquarells. Er scheint eher im Tanz innezuhalten als weiterzutanzen. Viele Details des Originalbildes sind beim Übertragen verloren gegangen. Die Bedeutung des Tanzes und der Zeremonie, die Bewegung der speziellen Kleidung und des Kopfschmuckes kommen jedoch in der Lithografie besser zum Ausdruck.*

Stadt New York City, von der es die Northern Gas Company (heute InterNorth, Inc.) 1962 kaufte. Inter North erwarb auch Maximilians Tagebücher, Briefe, die Erstausgabe der „Reise durch Amerika" und die für die Atlanten verwendeten Kupferplatten. Heute ist Bodmers Werk eine Dauerleihgabe an das Joslyn Art Museum in Omaha im Staat Nebraska. Zusätzlich besitzt die Newberry-Bücherei in Chicago eine Sammlung von 40 Aquarellen und Skizzen, die zur Erstellung der Atlanten verwendet worden waren. Nahezu alle Aquarelle und Skizzen Bodmers, die während der zweijährigen Nordamerika-Reise entstanden, wurden 1984 vom Joslyn Art Museum unter dem Titel „Karl Bodmer's America" veröffentlicht. Bodmers Aquarelle sind wahrscheinlich die präzisesten Arbeiten, die von Indianern im 19. Jahrhundert angefertigt wurden. Aufmerksam stellte er jedes Detail dar wie Perlenketten, persönliche Symbole, Kleidung, kriegerisches Zubehör und Gesichtsausdruck und ließ dadurch diese Porträts zu Zeugnissen einer untergegangenen Welt werden. Es nimmt nicht Wunder, dass Bodmers Gedanken sich in der Isolation der letzten Phase seines Lebens wieder den Indianern der Plains zuwendeten, die er in Nordamerika kennengelernt hatte. Und obwohl Bodmers Werk zunächst in Vergessenheit geriet, begannen Ethnologen und Wissenschaftler des 20. Jahrhunderts diese Arbeiten wegen ihrer fotografisch realistischen Darstellungsweise und Detailgenauigkeit wieder zu schätzen. Unwissentlich hinterließ Karl Bodmer Indianern wie Nicht-Indianern, die an der Kultur dieser faszinierenden Menschen vor der Vernichtung durch die Europäer interessiert sind, ein Erbe von unschätzbarem Wert. Sein im Westen Amerikas entstandenes künstlerisches Werk war nicht nur Höhepunkt seines eigenen Lebens, es gilt mittlerweile schlechthin als Meisterwerk der Darstellung amerikanischer Indianer.

232 Ho-Ta-Ma, ein Ponca *Ho-Ta-Ma wurde am 31. Mai 1833 in Fort Pierre gemalt. Er lebte mit einer Gruppe Lakota in der Nähe des Forts. Er trägt ein Büffelfell und hat ungewöhnlich ungepflegtes Haar, das er mit Lederbändern zusammenhält.*

233 Lager der Ponca *Am 11. Mai 1833 gingen drei Ponca an Bord der „Yellow Stone“ und ließen sich bis zu ihrem Lager, das sie am 12. Mai erreichten, mitnehmen. Die Tipis sind im Hintergrund zu sehen, viele Ponca halten sich am Ufer auf. Die Ponca waren ein kleiner Stamm, der Beziehungen zu den Omaha pflegte und in der Nähe des „Heiligen Pfeifensteinbruches“ in Minnesota lebte. Um 1830 wurden sie in das Gebiet des Missouri in der Nähe der Grenze von Nebraska und Süd-Dakota umgesiedelt. Sie lebten in permanenten Dörfern und ernährten sich hauptsächlich von landwirtschaftlichen Produkten; nur saisonal gingen sie zur Jagd.*

234 Psihdja-Sahpa, ein Yankton-Sioux
Psihdja-Sahpa, ein Krieger der Yankton-Sioux wurde im Januar 1834 in Fort Clark gemalt. Trotz der bitteren Kälte, die in Bodmers Studio in Fort Clark herrschte, sitzt Psihdja-Sahpa mit entblößtem Oberkörper Modell, um seine persönlichen Symbole zu zeigen. Seine Ohren und sein Haar sind mit Glasperlen verziert.

235 Wahktageli, ein Häuptling der Yankton-Sioux *Wahktageli oder „Großer Soldat" wurde am 25. Mai 1833 in der Sioux-Verwaltung gemalt. Er war über 1,80 m groß und zu diesem Zeitpunkt ca. 60 Jahre alt. Er trug farbenprächtige Kleidung und einen auffallenden Kopfschmuck. „Dieser bestand aus langen Raubvogelfedern, die symbolisch für seine Taten im Krieg standen, in erster Linie für die Feinde, die er getötet hatte. Diese wurden mit roten Bändern horizontal befestigt. An seinen Ohren hingen lange blaue Glasperlenketten und um seinen Hals hing die große silberne Friedensmedaille der Vereinigten Staaten. Seine Lederleggings sind mit dunklen Kreuzen und Streifen bemalt und sehr schön mit breiten Streifen aus gelben, roten und blauen Ornamenten bestickt, die aus gefärbten Stachelschwein-Stacheln bestanden", schrieb der Prinz. Wahktageli hält einen Pfeifentomahawk, ein begehrtes, von den Weißen hergestelltes Handelsobjekt in seiner Hand. Bevor Prinz Maximilian abreiste, schenkte ihm Wahktageli dieses Gewand und eröffnete damit Maximilians Sammlung indianischer Kunstgegenstände.*

236 Lager der Sioux *Diese Szene zeigt die ideale Wohnungslösung für das Leben in den Great Plains: Das Tipi war ideal für die Lebensweise der Plains-Indianer, es war beweglich, warm, gemütlich und hatte einen guten Rauchabzug für das Feuer in der Mitte. Im Gegensatz zu Catlins Tipis, weisen die von Bodmer gemalten individuelle Merkmale auf. Bodmers außerordentliches malerisches Können vermochte es, Szenen nahezu fotografisch genau abzubilden. Die Öffnungen der Tipis liegen im Osten; im Westen, aus dem in erster Linie der Wind bläst, werden sie zusätzlich unterstützt. Die Spitze jedes Tipis ist rußgeschwärzt. Die Tipis weisen die typische Größe von ungefähr 4,5 m auf, die von einer Frau alleine auf- und abgebaut werden konnte. Wenn ein Mann sich höheres Ansehen erworben und zwei Frauen hatte, konnte es sein, dass er in ein gut 5 m großes Zelt zog. Größere Tipis waren den Häuptlingen vorbehalten, die darin Besprechungen und Versammlungen abhielten. Es gab nur wenige große Tipis, da diese sperrig und schwierig zu transportieren waren. Moderne Tipis sind häufig größer als 5 m, da diese aus Segeltuch und nicht aus Büffelleder hergestellt und somit leichter aufzubauen sind. Diese Sioux-Indianerin verwendet ein Kratzeisen aus Elchhorn, um die Haare von einem Büffelfell zu entfernen und für das Gerben vorzubereiten. Ein Mann mit einem Gewehr kommt gerade hinter einem Tipi hervor, zwei Hunde beobachten das Geschehen und ein kleines Kind spielt am Eingang des Tipis.*

237 links Wah-Menitu, ein Teton-Sioux
Wah-Menitu oder „Spirit in the Water" war laut Maximilian ein fröhlicher, gesprächiger Mann „mit einem so unglaublich großen Appetit, dass er alles verschlang, was die anderen übrig gelassen hatten." Während seiner Porträtsitzungen im Juni 1833 in Fort Pierre gab ihm Bodmer zinnoberrote Farbe, damit er sich sein Gesicht bemalen konnte. Die Federn, die in seinem Haar stecken, symbolisieren die Leistungen, die er im Krieg erbracht hatte. Obwohl er während der Sitzungen nur eine Feder trug, „hätte er das Recht gehabt drei zu tragen"; diese fügte Bodmer dem Bild später bei. Über die verschiedenen Leistungen im Krieg schrieb Maximilian folgendes: „Wer im Angesicht des Feindes einen ermordeten oder einen lebenden Feind berührte, durfte sich für diese Tat eine Feder horizontal ins Haar stecken. Dies galt als herausragende Leistung, da schon viele allein bei dem Versuch getötet wurden. Wer einen Feind mit der bloßen Hand getötet hatte, durfte sich eine Feder senkrecht ins Haar stecken; wurde der Feind mit einer Muskete getötet, steckte man sich ein kleines Stückchen Holz als Symbol für einen Ladestock ins Haar." Maximilian schrieb, dass „Wah-Menitu die Nacht über an Bord der ‚Assiniboin' blieb und dort ohne Hemmungen sang, redete und scherzte; er schien sich selbst zu genießen."

237 rechts Chan-Cha-Uia-Teuin, eine Teton-Sioux *Bodmer malte diese Lakota-Indianerin am 1. Juni 1833. Sie trug ein wunderschönes Gewand, das Prinz Maximilian ihr später abkaufte. Das Kleid, das Chan-Cha-Uia-Teuin unter ihrem Umhang trug, war mit weißen und blauen Handels-Perlen verziert; „die Metallknöpfe waren poliert; das Kleid war wie gewöhnlich mit Fransen eingefasst, um die Blei gewickelt war, das bei jeder Bewegung bimmelte." Die Übersetzung ihres Namens bedeutet „Frau des Crow-Stammes". Vielleicht war sie eine Gefangene; Gefangene wurden häufig von ihren Entführern in ihren eigenen Stamm und dort in eine Familie aufgenommen, in der ein Kind entführt oder ermordet worden war.*

238 Medizin-Symbol der Assiniboin
Maximilian und Bodmer sahen diese Steinpyramide 1833 in der Nähe von Fort Union. Der Prinz notierte dazu: „Auf den höchsten Punkten und in bestimmten Abständen auf dieser Hügelkette standen einzelne steinerne Symbole, Granitblöcke oder andere große Steine, auf deren höchsten Punkt die Assiniboin einen Bisonschädel angebracht hatten. Die Indianer erzählten uns, dass diese Stellen Bisons anlocken und somit für eine erfolgreiche Jagd sorgen sollten." Die Assiniboin gehörten um 1600 noch zu den Yankton-Sioux in Minnesota, brachen jedoch mit ihrem eigenen Stamm und zogen in die Gebiete Manitoba und Saskatchewan. Sie entwickelten sich zu halbnomadischen Jägern und führten das typische Leben der Plains-Indianer. Die Assiniboin hörten auf, Keramik herzustellen und begannen ihr Fleisch im Magen eines Bisons zu kochen. Der Magen wurde an einem Dreifuß aufgehängt, dann wurden Steine an einem nahegelegenen Feuer erhitzt, zu dem Magen getragen und in diesen mit der Suppe oder dem Eintopf hineingelegt und damit die Temperatur bis zum Kochen gebracht. Viele Plains-Stämme kochten auf diese Art und Weise. Die Assiniboin erhielten ihren Namen jedoch von dieser Technik, denn er bedeutet auch ‚Die mit Steinen kochen'."

239 Gerüstgrab der Assiniboin *Dieses Bild zeigt eine Begräbnisstätte der Assiniboin im Vordergrund. Solchen Plätzen kam eine immense Bedeutung zu und sie wurden deshalb normalerweise von Indianern gemieden. Daher hielten sie auch das starke Interesse von Maximilian und Bodmer für ziemlich ungewöhnlich. Maximilian berichtete, dass „ein Körper bereits auf den Boden gefallen und von Wölfen zerfleischt worden war... Herr Bodmer malte den Baum, unter dem ein Rosenbusch in voller Blüte stand, ganz exakt; die wohlduftenden Blüten verschleierten die melancholische Szenerie, in der man an seine menschliche Vergänglichkeit erinnert wird."*

240 oben Krieger der Assiniboin *Bodmer porträtierte diesen jungen Mann, als ob er im Freien stehen würde; im Hintergrund sind Tipis zu erkennen. Der Name des Mannes ist nicht bekannt; er trägt ein außerordentlich schönes Hemd; der ernste Gesichtsausdruck lässt ihn real erscheinen. Es ist durchaus interessant, dass Bodmer, im Gegensatz zu King und Catlin, die Erlaubnis erhielt, auch in der Stammeshierarchie niedriger Stehende malen zu dürfen und nicht nur herausragende Krieger oder Häuptlinge.*

240 unten Gefangenes Mädchen der Blackfeet *Dieses Mädchen der Blackfeet war eine Gefangene und wuchs bei den Assiniboin auf. Bodmer malte diese unbekannte Indianerin im Oktober 1833 in Fort Union.*

240-241 Lager der Assiniboin *Am 30. Juni 1833 schlug eine kleine Gruppe Assiniboin ihr Lager außerhalb von Fort Union auf; Bodmer malte diese Szene. Das größte Zelt, das dominierend in der Mitte stand und für den Häuptling bestimmt war, war mit Bärenbildern bemalt. Bodmer stellte die Tipis so dar, dass ihre individuellen Häute zu erkennen sind. Die Tipis bestanden aus mehreren Bisonhäuten, die mit Sehnen zusammengenäht wurden; für ein 14 Fuß (ca. 4,6 m) großes Zelt wurden normalerweise Häute von 14 Tieren benötigt, ein 16 Fuß (5,3 m) großes benötigte 16 Häute. Im Zelt konnten noch neun oder zehn Häute befestigt werden, damit das Tipi besser warm gehalten und die Rauchabzugsklappen im obersten Teil des Tipis verbessert werden konnten. Die Assiniboin errichteten eine dreipfählige Basis, an die ein Gerüst aus Kiefern-Pfählen angelehnt wurde. Nun wurde die Zeltdecke von der hinteren (West-) Seite nach vorne gelegt und über dem Eingang im Osten mit kleinen Holzpflöcken zusammengesteckt, was man auf dem Bild sehr schön erkennen kann. Bodmers malerisches Können lässt das Stangengerüst unter der Bisonhaut durch die Schattierung sehr schön erkennen. Die Stellung der „Ohren-Klappen“ konnte den Wetterbedingungen angepasst werden, indem man die Stangen, die an diesen angebracht waren, auf der Rückseite des Tipis kreuzte. Die Ohrenklappen, eine geniale Erfindung der Indianer, wurde im Zeltinneren zur Rauchregulierung verwendet. Das unbedeckte Zelt links des Hauptzeltes besteht aus drei Hunde-Travois. Jedes Stangenpaar hat eine geknüpfte Trage in der Mitte. Hunde verwendete man dazu, die Habseligkeiten einer Familie von einem Platz zum nächsten zu transportieren. Bevor die Indianer Pferde kannten, ermöglichte ihnen der Einsatz von Hunden eine gewisse Mobilität.*

242 Pitatapiu, ein Assiniboin *Dieses Bild ist bedeutend, weil Pitatapiu eine Bogenlanze, einen Gegenstand von höchster zeremonieller Bedeutung in der Hand hält. Bogen und Lanze durften nur von den hervorragendsten Kriegern eines Stammes getragen werden. Pitatapiu präsentiert auch seinen Schild stolz, „an dem ein kleines, gut verpacktes Päckchen hing, in dem sich seine persönliche Medizin oder ein Pferdediebstahl-Amulett befand, das er sehr stark anpries." Der Schild, der wahrscheinlich wichtigste Ausrüstungsgegenstand für einen Krieger der Plains, war mit seinen persönlichen Farben und Symbolen bemalt. „Sein Haar hing wie eine Löwenmähne herab, speziell über seine Augen, so dass man diese kaum sehen konnte. Über jedem Auge hatte er eine Muschel in einer Haarsträhne befestigt... Der Griff seiner Peitsche war aus Holz, in das Löcher wie bei einer Flöte geschnitzt worden waren", schrieb Maximilian. Maximilian bemerkte, dass die Assiniboin die Wärme in Prinz Maximilians und Bodmers Zimmer genossen und so „saßen immer einige bei uns und rauchten ihre Pfeifen".*

243 links Noapeh, ein Assiniboin *Die meisten Porträts, die King, Catlin und Bodmer von Indianern malten, zeigen diese in ihrem besten Gewand. Dies ist auch bei diesem Bild der Fall. Noapeh trägt unter seinem Büffelumhang ein schönes Kriegshemd, das mit schönen Perlenarbeiten, einem komplizierten Muster aus Stacheln, Malereien und menschlichem Haar verziert ist. Sein ungewöhnlicher Kopfschmuck besteht aus Antilopenhörnern, die rasiert und geglättet wurden, bis sie schwarz und glänzend wurden. Zwischen den beiden Hörnern wurde ein Kamm aus gekürzten Federn befestigt. Noapeh oder „Soldatentruppe" stand am 28. Juni 1833 in Fort Union für dieses Porträt Modell.*

243 rechts Pteh-Skah, ein Assiniboin *Dieser Häuptling wurde im Oktober 1833 in Fort Union gemalt. Sein Name bedeutet „Weiße Büffel-Kuh". Er trägt eine Bärenklauenkette, einen wunderschön bemalten Mantel und hat sein Haar mit rotem Ton bemalt. „Seine charakteristischsten Merkmale waren seine lange Nase, sein mit Ton beschmiertes Haar und sein Sommerumhang, der in den verschiedensten Farben bemalt war. Dieser Häuptling hatte den Ruf, dass man sich auf ihn ruhigen Gewissens verlassen könne. Als das Bild fertig war, erhielt er ein kleines Geschenk", berichtete Maximilian.*

244 links Mexkemauastan, ein Häuptling der Atsina *Die Passagiere an Bord der „Flora" hatten immer etwas Angst vor Mexkemauastan. Ein Jahr zuvor hatte er gedroht, den Leiter von Fort McKenzie zu erschießen, zudem forderten seine Leute Geschenke von den Weißen; daher hielt man ihn für eine Person, die eine potenzielle Gefahr darstellte. Mexkemauastan trug sein Gewehr und seinen Bogen in Hüllen. Da er ein Medizinmann und im Besitz einer heiligen Pfeife war, schnitt er sein Haar nie, sondern türmte es auf seinem Kopf zu diesem charakteristischen Knoten auf. Die Pelzhandelsgesellschaft transportierte ihn und einen anderen Krieger am 5. August 1833 flussaufwärts in ihr Dorf.*

244 rechts Unbekannter Mann *Früher glaubte man, dieser Mann sei ein Krieger der Piegan-Blackfeet. Anhand der Dekoration auf seinem Umhang glaubt man jedoch mittlerweile, dass er ein Atsina ist.*

245 Unbekannter Mann *Bodmer hielt diesen Mann für einen „Piegan-Medizinmann", obwohl er viel Ähnlichkeit mit dem Atsina-Medizinmann hat.*

K. Bodmer. 1833.

246 Pioch-Kiaiu, ein Piegan Blackfeet *Sein Gesicht ist mit blauer und roter Farbe beschmiert, seine Nase und sein Kinn treten im Profil stark hervor. Pioch-Kiaiu gehörte zu den Überlebenden des Angriffs der Assiniboin auf das Lager der Blackfeet am 21. August 1833. Er behauptete, dass das Bild, das Bodmer von ihm gemalt habe, ihn vor Verletzungen bewahrt habe. Dies hatte zur Folge, dass alle von Bodmer gemalt werden wollten. Maximilian beschrieb Pioch-Kiaiu folgendermaßen: „Er war ein beherrschter, freundlicher Mann... Er gab mir einige Aufzeichnungen seines Stammes und versuchte mir einige Worte, die sehr schwierig auszusprechen waren, in ihrer Sprache beizubringen."*

247 links Tatsicki-Stomick, ein Häuptling der Piegan-Blackfeet *Tatsicki-Stomick oder „Mittlerer Bulle" war Häuptling der Piegan-Blackfeet. Er bemalte sein Gesicht mit blauen und roten Farben. Er trug für dieses Porträt ein sehr einfaches Hemd mit schmalen Streifen aus Perlen.*

247 rechts Natoie-Poochsen, ein Piegan Blackfeet *Natoie-Poochsen war ein Onkel von Pioch-Kiaiu und trauerte. Er hatte sein Haar abgeschnitten und Haar und Gesicht als Zeichen der Trauer mit weißem Ton beschmiert. Sein Name bedeutet „Wort des Lebens".*

248 *Makuie-Poka, ein Piegan-Blackfeet*

Makuie-Poka oder „Kind des Wolfes", war der Sohn von Homach-Ksachkum, einem von den Blackfeet adoptierten Kootenai, und einer Blackfeet. Makuie-Poka trägt ein wunderbares Gewand, Ringe aus Messing an seinen Fingern, reichlich mit Glasperlenschmuck dekorierte Kleider, Haarschmuck aus Perlen, eine Bärenklauenkette und einen Fächer aus Federn. Sein Gesicht hat er fein bemalt.

***249 links* Ein Piegan-Blackfeet** *Sein Name ist uns nicht überliefert, seine Taten sind jedoch an seinem schönen weißen Umhang aus Elchleder abzulesen. Kriegstrupps, Pferdehufe, Bogen, Gewehre und blutende Feinde erzählen uns Geschichten seiner Tapferkeit. Der Mann raucht eine charakteristische Zeremonienpfeife der Blackfeet.*

***249 rechts* Packkaab-Sachkoma-Poh, ein Piegan-Blackfeet** *Dieser Mann wurde in Fort McKenzie gemalt, trägt einen Umhang und hält einen modischen Fächer in seiner Hand.*

250-251 Hotokaueh-Hoh, ein Piegan-Blackfeet *„Head of the Buffalo Skin“ hat eine heilige Medizinpfeife in der Hand, einer der heiligsten Gegenstände seines Stammes. Man hielt heilige Pfeifen für Quellen großer Macht; deshalb durften diese Pfeifen nur von den vertrauenswürdigsten und bedeutendsten Persönlichkeiten des Stammes besessen werden. Diese Pfeife ist mit vielen Federn verschiedenster Vogelarten, mit Stoffen und Perlen verziert. Während Bodmer dieses Porträt am 12. August malte, erschoss ein Blood einen anderen Indianer namens Martin in einem Nebenzimmer von Fort McKenzie. Der Blackfeet behauptete, dass dies ein Unfall gewesen sei; er konnte gerade noch der Rache durch andere Blackfeet entkommen; Pioch-Kiaiu vertrieb ihn aus dem Fort und er kam unverletzt davon.*

251 Mehkskehme-Sukahs, ein Häuptling der Piegan-Blackfeet *Mehkskehme-Sukahs oder „Eisernes Hemd" war bei der Ankunft der „Flora" in Fort McKenzie zugegen. Er trägt Tarnkleidung, die mit Messingknöpfen und Streifen aus blauen Glasperlen verziert ist.*

251 rechts Kiasax, ein Piegan-Blackfeet *Handel zwischen den Stämmen wird in den meisten historischen Texten nicht besprochen. Sie beschäftigen sich mehr mit dem Handel zwischen Europäern und Indianern. Dieses Bild gibt jedoch einige Aufschlüsse über die Handelsbeziehungen der Indianer untereinander: Kiasax trägt eine Decke der Navajo aus dem Südwesten und ein spanisches Silberkreuz aus demselben Gebiet. Kiasax war ein faszinierender und ungewöhnlicher Mann. Er hatte eine Hidatsa geheiratet und lebte mit ihr am Knife River. 1833 reiste er mit der „Assiniboin" flussaufwärts bis nach Fort Union, weil er seine Verwandten wiedersehen wollte. Die Spannungen zwischen den Stämmen veranlassten ihn jedoch, wieder abzureisen. Sein Freund, der sich entschieden hatte zu bleiben, wurde von einem Krieger der Cree getötet. Das Auffälligste an ihm ist der lange Zopf.*

252 links Homach-Ksachkum, ein Kootenai-Blackfeet *In Gegensatz zu seinem Sohn Makuie-Poka ist Homach-Ksachkum hier sehr einfach gekleidet. Er war ein anerkannter Führer der Blackfeet, obwohl er ein gebürtiger Kootenai war.*

252 rechts Stomick-Sosack, ein Häuptling der Blood-Blackfeet *Catlin hatte Stomick-Sosack ein Jahr zuvor gemalt und ihn „Rückenfett des Büffelbullen" genannt. Bodmer malte den Häuptling jedoch ganz anders und Maximilian übersetzte seinen Namen mit „Versteck des Büffels". Stomick-Sosack trägt eine Jefferson-Friedensmedaille. Obwohl dies die Rückseite der Medaille ist, ist dies eindeutig zu belegen: Auf der Rückseite sind zwei schüttelnde Hände und die Inschrift „Frieden und Freundschaft" abgebildet. Diese Rückseite war von 1801 bis 1850 gebräuchlich. Jeffersons Friedensmedaillen waren ungewöhnlich, da dies die einzigen Friedensmedaillen waren, die nicht aus massivem Silber waren, sondern aus zwei dünnen Silberplättchen, die die Vorder- und Rückseite bildeten und zusammengesetzt in der Mitte einen Hohlraum freiließen.*

253 Ihkas-Kinne, ein Häuptling der Siksika-Blackfeet *Dieser Häuptling trägt eine Stola aus Otterpelz und einen Umhang, den die Bevölkerung in den Bergen als Jacke verwendete. Die Stola ist reichlich geschmückt mit Muscheln, Zinn und Silberplättchen. Ihkas-Kinne besaß außerdem ein Hemd, das mit Spiegelfragmenten besetzt war; diese Kleidungsstücke geben uns Aufschlüsse über seinen persönlichen Geschmack und Stil. Maximilian berichtete zudem, dass er alleine eine Pferdeherde nach Fort McKenzie zurückbrachte, die eine andere Gruppe Blackfeet gestohlen hatte.*

254 links oben* *Eine Shoshoni *Die Shoshoni oder „Schlangen-Indianer" lebten in den Bergen von Idaho und Wyoming. Diese Frau war vielleicht eine Gefangene der Blackfeet gewesen. Sie hatte schließlich einen Angestellten der Pelzhandelsgesellschaft namens Marcereau geheiratet. Dieses Porträt entstand am 6. September 1833, zwei Wochen nach der Geburt ihres Kindes. Die Geburt eines Kindes war bei vielen indianischen Stämmen eine ganz private Angelegenheit, die ohne Hilfe von Freunden, der Familie oder des Ehemannes durchgeführt wurde. Die Mutter gebar das Kind in einer aufrecht-hockenden Stellung. Von ihr wurde erwartet, dass sie noch am selben Tag ihre alltäglichen Pflichten übernahm und sich außerdem um das Kind kümmerte. Die meisten Stämme der Plains praktizierten Geburtenkontrolle, nicht um die Größe der Bevölkerung zu regulieren, sondern damit eine Frau sich nicht um mehr als ein Kleinkind kümmern musste. Eltern versuchten, Kinder im Sieben-Jahres-Rhythmus zu bekommen; Abstinenz diente dabei als Mittel der Geburtenkontrolle.*

254 rechts oben Piah-Sukah-Ketuit, ein Cree *„Sprechender Donner" war als Jäger für die amerikanische Pelzhandelsgesellschaft in Fort Union angestellt. Er trägt eine Bärenklauenkette und ein silbernes Medaillon. „Herr Bodmer malte ein sehr gutes Porträt dieses Cree in seiner traditionellen Kleidung...", schrieb Prinz Maximilian.*

254 unten Eine Cree *Diese Cree war die Frau von Deschamps, einem bei der Pelzhandelsgesellschaft angestellten Jäger. Sie hatte eine Tätowierung am Kinn und unglaublich schwere und große Ohrringe. Bodmer hielt die Ohrringe für so interessant, dass er eine Detailstudie im rechten oberen Bildeck anfertigte. Die Porträts dieser Cree entstanden im Oktober 1833.*

255 Pachtuwa-Chta, ein Arikara *Die Arikara wurden von den Weißen gefürchtet, weil sie Anfang des 19. Jahrhunderts den Euro-Amerikanern immerwährende Rache geschworen hatten. Dieser Mann war ein Freund von Mato-Tope und besuchte das Dorf der Mandan im März 1834. Prinz Maximilian schrieb: „Pachtuwa-Chta war ein gutaussehender Mann, aber dies bedeutete ihm nichts. Es wurde erzählt, dass er viele Weiße getötet hatte." Dieser stolze Krieger trägt ein wunderschönes, mit verschiedenen Mustern bemaltes Büffelfell und mit Perlen reich verzierte Leggings und Mokassins. In seiner Armbeuge liegt eine rote Kriegskeule in Form eines „Gewehrs". Als Gegenleistung für dieses Bild bat Pachtuwa-Chta um ein Bärenbild, das Maximilian malte; Bodmer fügte den waldigen Hintergrund hinzu.*

256 Unbekannter Mann *Dieser unbekannte Mann könnte entweder ein Mandan oder ein Hidatsa sein. Er trägt silberne Armbänder und eine Adler-Knochen-Pfeife um seinen Hals.*

257 Pehriska-Ruhpa, ein Hidatsa *Pehriska-Ruhpa gehörte dem „Hundebund" an. Er stand Bodmer 1834 für dieses Bild Porträt. Dieser spezielle Kopfschmuck war für Tänze gedacht, schwarze und weiße Federn neigten sich nach vorne, braune Truthahnfedern waren hinten angebracht und in der Mitte war ein roter Federbusch. Pehriska-Ruhpa trägt eine Rassel aus kleinen Hufen, die an Perlenschnüren hängen. Maximilian schrieb am 14. März 1834 über ihn: „Wenn eine Porträtsitzung vorüber war, nahm er seinen pompösen Federschmuck ab und rieb ihn zweimal auf jeder Seite seines Kopfes, eine Schutz- und Vorsichtsmaßnahme, die er niemals unterließ." Dieses Bild gehört zu den schönsten Porträts Bodmers und vermittelt gleichzeitig einen Eindruck über das Aussehen der Indianer des Westens.*

K. Bodmer

258 Pehriska-Ruhpa, ein Hidatsa *Hier trägt Pehriska-Ruhpa, dessen Name „Zwei Raben" bedeutet, einen Umhang aus Bisonleder und eine Bärenklauenkette. Er hält eine riesige, überreich verzierte Zeremonienpfeife in der Hand. Die mit Perlen dekorierten Mokassins wurden vom Künstler so in Szene gesetzt, dass sie auch nach über 100 Jahren noch zu bewundern sind.*

259 Addih-Hiddisch, ein Häuptling der Hidatsa *Addih-Hiddisch's Körper war nicht bemalt, sondern mit geometrischen Mustern an Hals, Armen und Oberkörper tätowiert. Er war ein großer Krieger und Häuptling des Dorfes der Awachawi. Er trägt einen euro-amerikanischen Hut und eine Friedensmedaille um den Hals. In seiner Hand hält er einen eingehandelten Tomahawk, an dem eine Skalplocke befestigt ist.*

260 Awascho-Dickfas, ein Hidatsa *Dies ist ein interessantes Rückenporträt, auf dem man die detaillierte Bemalung des schönen Bison-Umhangs erkennen kann. Die Bedeutung der Symbole erklärte Awascho-Dickfas Prinz Maximilian: Das im Kreis angeordnete Muster symbolisiert Wolfsspuren, der schwarze Kreis in der Mitte die Behausung des Wolfes. Der Name Awascho-Dickfas bedeutet „Schwalbe mit dem weißen Bauch".*

261 links Birohka, ein Hidatsa *Birohkas Hut ist aus dem Leder des seltenen und heiligen weißen Bisons hergestellt. Sein Umhang ist mit Kreismustern bemalt, die als Symbole des Feder-Kopfschmucks gelten. Dies wiederum bedeutet, dass er innerhalb seines Stammes sehr angesehen war.*

261 rechts Abschupsa Masihichsi, ein Hidatsa *Dies ist der Krieger, der sein Bild von Bodmer einforderte, um es mit in den Kampf zu nehmen. Da Bodmer diesem Wunsch nicht entsprach, malte Abschupsa Masihichsi im Gegenzug ein Porträt von Bodmer, das er behalten durfte. Auf dem Bild hält er eine gewehrförmige Kriegskeule in der Hand, die mit Möbelbeschlägen aus Messing verziert war.*

263 Mato-Tope, ein Häuptling der Mandan *Dieses zweite Porträt von Mato-Tope zeigt diesen ohne Bekleidung und in Kriegsbemalung. Die Federn sollen an spezielle Taten und Wunden in vergangenen Schlachten erinnern, seine Kriegsbemalung ist fertig und sein Lieblingstomahawk ist bereit. Die gelbe Hand auf seinem Oberkörper symbolisiert, dass er in anderen Kriegen Gefangene genommen hat. Die horizontalen Linien auf seinem Arm und die Adlerfedern symbolisieren große Taten, die er vollbracht hat. Die geteilte Truthahnfeder steht für eine im Kampf erhaltene Wunde; die gelb gefärbten Eulenfedern bedeuten, dass er dem „Hundebund" angehört. Die sechs bemalten, hölzernen Spieße symbolisieren Verletzungen durch Kugeln, die dieser große Krieger erhalten hat. Während des Winters 1833/34 freundeten sich Mato-Tope und Bodmer an. Bodmer schenkte dem Mandan Papier, Stifte und Wasserfarben. Drei Jahre nachdem dieses Porträt entstanden ist, wurde Mato-Tope oberster Häuptling seines Stammes. Später raffte eine Pockenepidemie einen Großteil der Mandan dahin; nur 125 von einstmals 1600 Stammesangehörigen überlebten. Viele Quellen berichten, dass Mato-Tope auch an den Pocken starb. Catlin behauptete jedoch, Mato-Tope habe sich aus Trauer über den Tod seiner Familienangehörigen zu Tode gehungert. Mato-Topes Sohn und Namensvetter übernahm seine Position als Häuptling. Dieser führte 1845 sein Volk nach Fort Berthold, wo eine Reservation für die verbleibenden Mandan, Hidatsa und Arikara eingerichtet wurde, in der sie heute noch leben.*

262 Mato-Tope, ein Häuptling der Mandan *Mato-Tope war ein begeisterter Künstler, der viel von Bodmer und Catlin lernte. Catlin, der ihn „Mah-ta-toh-pa" nannte, malte 1832 zwei Porträts von ihm. Dieses Porträt von Bodmer zeigt Mato-Tope einmal mehr in seinen besten Kleidern, sein Gesicht kunstvoll bemalt. Sein Kopfschmuck aus Adlerfedern ist beeindruckend. In der Hand hält er eine spezielle Lanze, mit der er normalerweise Angehörige der Arikara umbrachte, von denen sein Bruder getötet worden war. Die Skalpe der Arikara schmücken die Lanze knapp unterhalb der Spitze. An Mato-Topes Federschmuck ist auch ein hölzernes Messer angebracht, das symbolisiert, dass er in einem Mann-gegen-Mann-Kampf einem Cheyenne ein Messer abgenommen hat. Maximilian schrieb, dass Mato-Tope zu ihren „häufigsten Besuchern zählte; er brachte seine Frau und einen hübschen kleinen Jungen mit, dem er den Namen Mato-Berocka, das bedeutet ‚Männlicher Bär' gegeben hatte. Er hatte auch seine rot und schwarz bemalte Medizintrommel dabei, die er in unserem Zimmer aufhängte und damit Herrn Bodmer aufforderte, diese zu zeichnen."*

264 *Mandeh-Pahchu, ein Mandan*
Mandeh-Pahchu, der Bruder von Mahchsi-Karehde legte für dieses Bild all seinen Schmuck an Haar, Ohren und Hals sind mit Perlen und Muscheln geschmückt. Er hält eine Flöte, das wichtigste nicht-zeremonielle Instrument in Händen. Flöten wurden hauptsächlich von jungen Männern verwendet, um den Mädchen, denen sie den Hof machten, Liebeslieder zu spielen. Maximilian berichtete, dass Mandeh-Pahchu seine Flöte gegen seine Pfeife eintauschte.

Die Mandan waren auch an Maximilians Spieldose interessiert, da sie glaubten, ein kleiner Mann spiele in deren Innerem Musik.

264-265 Inneres eines Erdhauses *Eines der aus ethnologischer und historischer Sicht bedeutendsten Bilder, die Bodmer malte, war dieses Aquarell des Inneren eines Erdhauses. Es vermittelt einen einmaligen Eindruck über ihre Kultur. Lanzen, Paddel und Kriegsschild sind rechts im Bild, während gewebte Körbe und Keramik links zu sehen sind. Die Größe eines solchen Baus kann man anhand der Pferde linker Hand erkennen, die ihren Stall innerhalb des Erdhauses hatten. Eine Familie mit 6 bis 16 manchmal sogar bis 30 Mitgliedern lebte in einem solchen Erdhaus. Dieses wurde zwischen sieben und zwölf Jahren bewohnt, bis wieder ein neues gebaut werden musste. „In der Mitte der Hütte ist ein rundes Loch gegraben, über dem der Kessel hängt. Diese Feuerstelle oder Herd wurde häufig mit Steinen eingefasst. Die Holzscheite werden beim Anzünden sternförmig über den Herd gelegt, so dass sie sich in der Mitte treffen und bis zum äußeren Rand reichen. Brennt das Feuer, so werden die Scheite von außen nach innen in dem Maße nachgeschoben, wie sie abbrennen. Die Indianer mögen keine großen Feuer. Die Bewohner lagern sich um das Feuer auf niedrigen Korbsitzen, die mit Büffel- oder Bärenfell überzogen sind... Die Betten, große mit Häuten oder Fellen bespannte quadratische Kästen, stehen an den Seitenwänden der Hütte. Sie haben einen quadratischen Eingang und sind groß genug für mehrere Personen, die sehr bequem auf Fellen oder Decken liegen können." Im Bereich des Feuerloches mit der darüberliegenden Rauchabzugsöffnung erkennt man eine Rückenlehne aus Weidengeflecht zwischen zwei sitzenden Personen. Insgesamt befinden sich zwei Männer, ein Junge, eine Frau, ein Mädchen und zwei Hunde in dem Haus, das Dipauch gehörte. Er war ein älterer Mann, der Prinz Maximilian die Kultur seines Stammes erklärte. Die meisten Mandan-Männer hatten eine Frau, manche jedoch hatten bis zu vier Frauen. Eine derartige Familie einschließlich etwaiger bereits erwachsener Söhne mit deren Frauen und Kindern hätte beispielsweise solch ein Erdhaus bewohnt.*

266 oben Kultstätte der Mandan *Ein ähnlicher Zirkel aus Totenschädeln wurde von George Catlin 1832 gemalt. Verstorbene Angehörige wurden von den Mandan als Bündel eingepackt und auf Holzgerüste außerhalb des Dorfes gelegt. Nachdem sich die sterblichen Überreste zersetzt hatten, wurden die Knochen begraben und die Totenköpfe in einem Zirkel aufgereiht. Die Büffelschädel und Opferstangen sollten die Stätte schützen. Täglich pilgerten Frauen aus dem Dorf zu diesen Kultstätten um den Verstorbenen Essen zu bringen. Auf diese Weise waren die Toten weiterhin ein fester Bestandteil im Tagesablauf eines Dorfes.*

266 unten Sih-Sa, ein Mandan *Sih-Sa, oder „Red Feather" war Jäger und brachte häufig Wild nach Fort Clark. Auf seinem Rücken hängt ein wunderschöner Köcher.*

267 Mandan Heiligtum *Prinz Maximilian entschlüsselte die Bedeutung der mit Tierfellen geschmückten Pfähle, wie sie auf diesem Aquarell von Karl Bodmer abgebildet sind. Die beiden Stangen symbolisieren den „Gott des Lebens", „den Großen Geist" oder „Schöpfer" und „Die Alte Unsterbliche Frau". Sie repräsentieren die Lebensgrundlage der Mandan in Form von Mais und Bison. Im Hintergrund erkennt man einige Holzgerüste, auf denen die Mandan ihre Verstorbenen vorübergehend zu bestatten pflegten.*

C. Bodmer 1833.

268 Upsichta, ein Mandan *Upsichta war in ein warmes Büffelfell gehüllt; damit er sein Aussehen jederzeit kontrollieren konnte, hatte er an seinem Fächer aus Adlerfedern einen Spiegel angebracht. Sein Name bedeutete „Große Schwärze", den er durch die Tötung von drei Assiniboin in einer Schlacht erhalten hatte.*

269 Mahchsi-Karehde, ein Mandan *„Fliegender Kriegsadler" war einer der berühmtesten Krieger der Mandan; er gehörte auch einer kleinen Gruppe an, die für die Regelung der Stammesangelegenheiten zuständig war. Er war etwas über 1,80 m groß und von der Adlerfeder in seinem Haar bis zum Wolfsschwanz an seinen Mokassins ein Krieger der Plains. Eine große Bärenklauenkette und ein Fächer aus Adlerfedern vervollständigen diesen Gesamteindruck.*

270-271 Mih-Tutta-Hang-Kusch, Dorf der Mandan *Dieses exzellente Landschaftsbild zeigt das Sommerdorf der Mandan jenseits des gefrorenen Missouri und den Palisadenzaun des nahegelegenen Fort Clark. In Fort Clark verbrachten Maximilian und Bodmer den Winter 1833/34. Das Winterdorf der Mandan lag in der bewaldeten Senke unterhalb der Felsabbrüche, in Notzeiten jedoch konnte das besser zu verteidigende Sommerdorf das ganze Jahr über bewohnt werden. In dieser Szene transportieren Indianerinnen Feuerholz über den gefrorenen Missouri, während die Männer Wache standen. Das Sommerdorf der Mandan lag auf einer hoch gelegenen Halbinsel, deren drei Seiten steil zum Missouri hin abfielen. Das Dorf bestand aus ungefähr 65 Erdhäusern und einigen Nebengebäuden.*

270 unten Produkte des Handwerks *Einige Gebrauchsgegenstände der Indianer: eine hölzerne Kriegskeule, eine Schöpfkelle aus Horn und ein Schneeschuh.*

271 oben Köcher mit Pfeilen und Bogen *Der Köcher stammt von den Crow und der Bogen von den Mandan oder Hidatsa. Dieses Aquarell kann auch in Europa anhand von Bodmers Sammlung entstanden sein.*

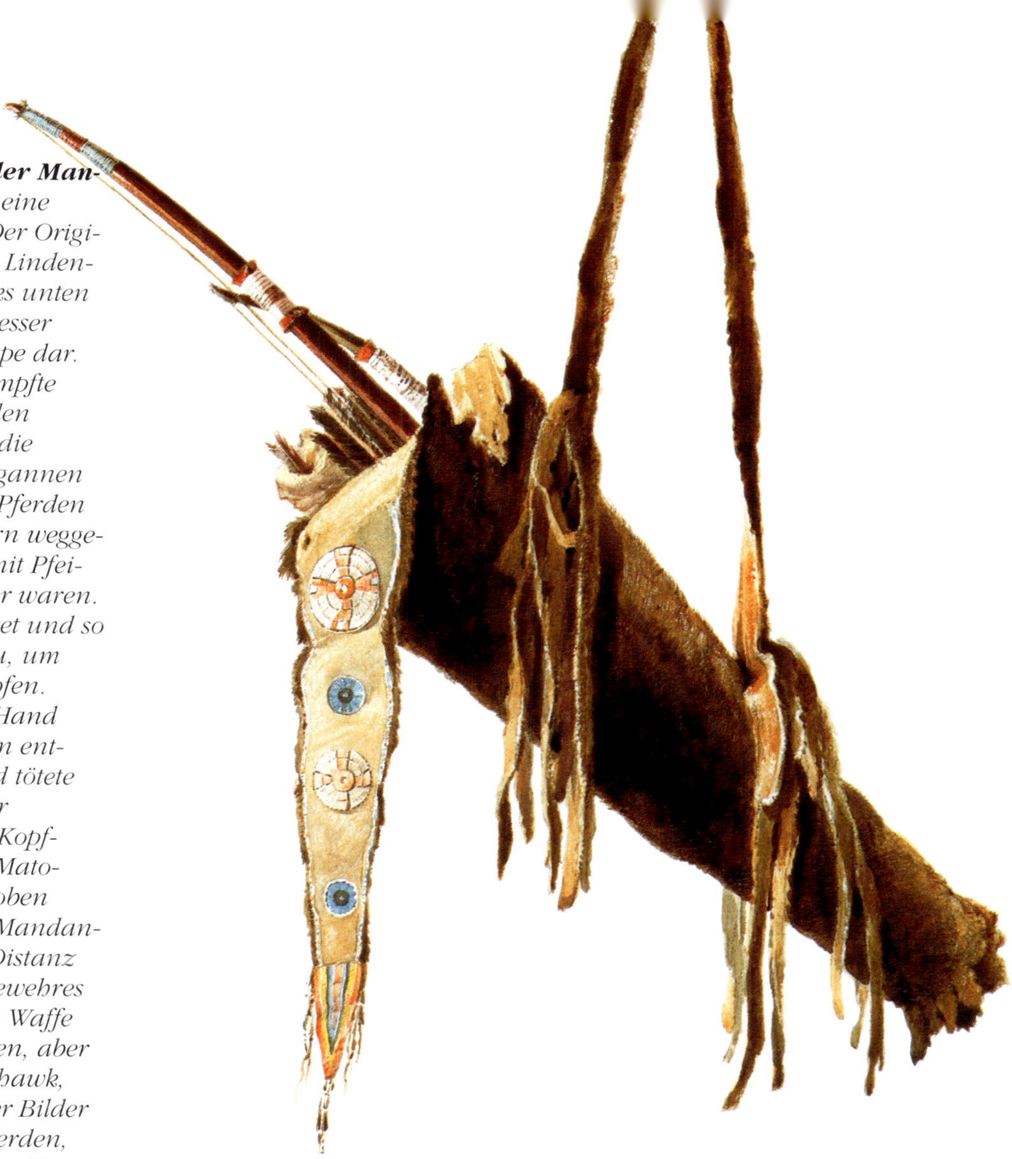

271 unten Bisonleder-Umhang der Mandan *Dieser Bisonleder-Umhang ist eine Kopie des Musters von Mato-Tope. Der Original-Umhang befindet sich heute im Linden-Museum in Stuttgart. Die Szene links unten stellt den Angriff eines mit einem Messer bewaffneten Cheyenne auf Mato-Tope dar. In seiner berühmtesten Schlacht kämpfte Mato-Tope im Einzelgefecht gegen den Häuptling der Cheyenne, während die Schlacht um sie herum tobte. Sie begannen mit Gewehren und griffen sich auf Pferden an. Nachdem Mato-Topes Pulverhorn weggeschossen worden war, feuerten sie mit Pfeilen aufeinander, bis ihre Köcher leer waren. Mato-Topes Pferd wurde dabei getötet und so rannte er nun auf den Cheyenne zu, um ihn von Mann zu Mann zu bekämpfen. Mato-Tope wurde zwei Mal an der Hand aufgeschlitzt und blutete stark, dann entwaffnete er jedoch seinen Feind und tötete ihn mit seinem Messer. Dieses Messer schnitzte er in Holz und trug es als Kopfschmuck. Eine weitere Episode, die Mato-Tope Maximilian erzählte, ist links oben abgebildet: Ein Assiniboin, der das Mandan-Dorf angriff, feuerte aus kürzester Distanz auf Mato-Tope; aber der Lauf des Gewehres explodierte. Der Assiniboin warf die Waffe auf den Boden und wollte wegrennen, aber Mato-Tope tötete ihn mit dem Tomahawk, den er in der Hand hielt. Jedes dieser Bilder kann in dieser Weise interpretiert werden, jedes stellt eine Heldentat des Kriegers Mato-Tope dar.*

272-273 Hundeschlitten der Mandan
Diese Gruppe Mandan transportieren Haushaltsgegenstände auf Hundeschlitten über das Eis. Da die Mandan häufig schon im Februar oder März wieder in ihr Sommerdorf zogen, könnte diese Szene Teil des saisonalen Umzuges zwischen den beiden Dörfern sein. Hunde wurden häufig zu solcherlei Dienstleistungen herangezogen. Am 9. Februar 1834 notierte Maximilian: „Die Einwohner von Ruhptare waren schon alle von ihrem Winter- in das Sommerquartier gezogen. Sie waren besorgt, dass das Eis früh brechen würde und das Wasser des Missouri um einiges steigen würde."

K. Bodmer 1834

Jeder der hier vorgestellten Künstler wurde bereits im Zusammenhang mit dem historischen Kontext tiefergehend in anderen Werken vorgestellt. Ohne das grundlegende Werk des Ethnologen John C. Ewers vom Smithsonien Institut wäre eine Würdigung der historischen Bedeutung dieser Kunstwerke nicht möglich. Herausragend in Bezug auf Informationen über die Beziehungen zwischen den nordamerikanischen Indianern und den Euro-Amerikanern, besonders im Zeitraum der Zwangsumsiedelungen, ist die Arbeit von Francis Paul Prucha. Seine Bücher *The Great Father. The U.S. Government and the American Indian, American Indian Policy in the Formative Years,* und *Documents of U.S. Indian Policy* bieten ausführliches Material. Die grundlegende Arbeit über Thomas McKenney schrieb Herman J. Viola: *Thomas L. McKenney, Architect of America's Early Indian Policy: 1816-1830.* Andrew F. Cosentinos Buch *The Paintings of Charles Bird King (1785-1862)* bietet die gründlichsten Informationen über das Lebenswerk dieses Künstlers einschließlich der Gemälde, die sich nicht mit dem indianischen Thema beschäftigen. William Treuttners *Natural Man Observed. A Study of Catlin's Indian Gallery* ist die umfassendste Studie über Catlin. Sie enthält eine kompletten Katalog von 400 Werken. Die beste Würdigung Karl Bodmers bietet der ausgezeichnete Katalog des Joslyn Art Museums *Karl Bodmer's America.* Die Originalschriften von Maximilian, Catlin und McKenney sind ebenfalls in modernen Nachdrucken erhältlich. Weitere spezifische Literatur, die für die Erstellung dieses Buches benutzt wurde, ist im folgenden aufgelistet.

Einleitung: Drei Künstler im Amerikanischen Westen

Anderson, Gary Clayton and Alan R. Woolworth (eds.): Through Dakota Eyes: Narrative Accounts of the Minnesota Indian War of 1862, St. Paul, Minnesota Historical Society Press, 1988

Black Hawk, An Autobiography, Donald Jackson (ed.): Urbana and Chicago, University of Illinois Press, 1955

Debo, Angie: A History of the Indians of the United States Norman, University of Oklahoma Press, 1970

Ehle, John: Trail of Tears. The Rise and Fall of the Cherokee Nation, New York, Doubleday, 1988

Filler, Louis (ed.): The Removal of the Cherokee Nation. Manifest Destiny or National Dishonor? [Original documents relating to the removal of the Cherokee] Malabar, Florida, Robert E. Kriegar Publishing Company, 1962; nachgedruckt 1988

Foreman, Grant: The Five Civilized Tribes: Cherokee, Chickasaw, Choctaw, Creek, Seminole, Norman, Oklahoma, University of Oklahoma Press, 1989

Goetzmann, William H.: Army Exploration in the American West, 1803-1863, New Haven, Yale University Press, 1959

Jensen, Richard E., R, Eli Paul, und John E. Carter: Eyewitness at Wounded Knee Lincoln, Nebraska, University of Nebraska Press, 1991

Linethal, Edward T.: Sacred Ground. Americans and Their Battlefields, Urbana, University of Illinois Press, 1991

Nabokov, Peter, ed.: Native American Testimony. A Chronicle of Indian-White Relations From Prophecy To The Present, 1492-1992, New York, Viking Penguin, 1991

Prucha, Francis Paul: The Sword of the Republic. The United States Army on the Frontier, 1783-1846, Lincoln, University of Nebraska Press, 1986

Walter, James R.: Lakota Belief and Ritual (ed. by DeMallie and Jahner) Lincoln, University of Nebraska Press, 1991

Charles Bird King: Porträts für die Annalen

Cosentino, Andrew F.: The Paintings of Charles Bird King (1785-1862) Washington, D.C., National Collection of Fine Arts, Smithsonian Institution Press, 1977

Dunlop, William: History of the Rise and Progress of the Arts of Design in the United States, 3 Bde., 1834, Nachdruck 1965, hrsg. v. Alexander Wykoff; New York, Benjamin Bloom, 1965

Elliot, Jonathan: Historical Sketches of the Ten Miles Square Forming the District of Columbia Washington, D.C., J. Elliot, Jr., 1830

Ewers, John C.: Artists of the Old West, Garden City, New York, Chanticleer Press, Doubleday, 1965; 1973

Horan, James D.: The McKenney-Hall Portrait Gallery of American Indians, New York, Crown Publications, 1972

McKenney, Thomas L.: Memoirs, Official and Personal Lincoln, University of Nebraska Press, 1973

Prucha, Francis Paul: Sword of the Republic: The United States Army on the Frontier, 1783-1846, Lincoln, University of Nebraska Press, 1969

Viola, Herman J.: Thomas L. McKenney, Architect of America's Early Indian Policy: 1816-1830, Chicago, Swallow Press, 1974

Viola, Herman J.: Diplomats in Buckskins, Washington: Smithsonian Institution Press, 1971

George Catlin: Lasst die Indianer nicht in Vergessenheit geraten

Berkhofer, Robert F., Jr.: The White Man's Indian, New York, Vintage Books, 1978

Catlin, George: Letters and Notes on the Manners, Customs, and Condition of the North American Indians, 2 Bde., London, 1841, Nachdruck Dover Publications, New York, 1963

Catlin, George: Catlin's Notes of Eight Years' Travels and Residence in Europe, With His American Indian Collection, 2 Bde, London, 1848

Catlin, George: Life Amongst the Indians, A Book for Youth, New York, 1867; London, Lampson Low, Son & Co., 1861

Catlin, George: O-Kee-Pa: A Religious Ceremony London, 1867; Nachdruck Yale University Press, New Haven, Connecticut, 1967.

Cooper, James Fenimore: The Prairie, New York, Signet Classic/New American Library reprint, 1962

Dippie, Brian: Catlin and His Contemporaries. The Politics of Patronage, Norman Oklahoma, University of Oklahoma Press, 1990

Donaldson, Thomas: „The George Catlin Indian Gallery", in: the Annual Report of the Smithsonian Institution, 1885, Part 5, Washington, D.C., 1886

Ewers, John C.: Artists of the Old West, Garden City, New York, Doubleday and Company, 1965

Haberly, Loyd: Pursuit of the Horizon. A Life of George Catlin. Painter and recorder of the American Indian, New York, Macmillan Co., 1948.

Halpin, Marjorie: Catlin's Indian Gallery. The George Catlin Paintings in the United States National Museum Washington, D.C., Smithsonian Institution Press, 1965

Honour, Hugh: The European Vision of America, a catalogue for an exhibit at the Cleveland Museum of Art, 1975, Number 298

Matthiessen, Peter (ed.): George Catlin's North American Indians, Penguin Books, 1989

McCracken, Harold: George Catlin and the Old Frontier New York, Dial Press, 1959

Roehm, Marjorie: Catlin. The Letters of George Catlin and His Family, Berkeley, California, 1966

Sellars, Charles: Coleman, Charles Willson Peale, New York, 1969

Troccoli, Joan Carpenter: First Artist of the West. George Catlin Paintings and Watercolors From the Collection of the Gilcrease Museum Tulsa Oklahoma, Gilcrease Museum, 1993

Truettner, William H.: Natural Man Observed. A Study of Catlin's Indian Gallery Washington, D.C., Smithsonian Institution Press, 1979

Karl Bodmer: Indianer waren meine Freunde

Ewers, John C.: Artists of the Old West, Garden City, New York, Chanticleer Press, Doubleday, 1965, 1973

Ewers, John C.: „An Appreciation of Karl Bodmer's Pictures of Indians" in: Views of a Vanishing Frontier, Omaha, Joslyn Art Museum, 1984

Goetzmann, William H.: The West of the Imagination, New York und London, W.W. Norton, 1986

Joslyn Art Museum: Karl Bodmer's America, Lincoln, University of Nebraska Press, 1984

Maximilian, Prinz zu Wied: Travels in the Interior of North America, 1832-34, in: Early Western Travels, 1748-1846, hrsg. v. Reuben Gold Thwaites, Vols. 22-24; Cleveland, Arthur H. Clark Company, 1906, Nachdruck 1966

Rossi, Paul A. und David C. Hunt: The Art of the Old West. The Collection of the Gilcrease Museum New York, Promontory Press, 1981

Thomas, Davis und Karen Ronnefeldt: People of the First Man. Life Among the Plains Indians in Their Final Days of Glory, New York, E.P. Dutton, 1976

1 links Black Hawk, Öl auf Holz von Charles Bird King, ca. 1833. © The Warner Collection of the Gulf States Paper Corporation, Tuscaloosa, Alabama
1 rechts Unbekannter Mann, Aquarell auf Papier von Karl Bodmer. © Jocelyn Art Museum.
2-3 Bison- und Elchherden, Lithografie nach Karl Bodmer. © Library of Congress, Washington
2 oben links Ho-Ta Ma, ein Ponca, Aquarell und Bleistift auf Papier von Karl Bodmer. © Jocelyn Art Museum.
2 unten links Mato-Tope, Mandan-Häuptling, Aquarell von Karl Bodmer. © Jocelyn Art Museum.
2 unten rechts Piah-Sukah-Kettut, ein Cree, Aquarell und Bleistift auf Papier von Karl Bodmer. © Jocelyn Art Museum.
3 oben links Pehriska-Ruhpa, Aquarell und Bleistift auf Papier von Karl Bodmer. © Jocelyn Art Museum.
3 unten links Unbekannter Mann, Aquarell und Bleistift auf Papier von Karl Bodmer. © Jocelyn Art Museum.
3 rechts Psihdja-Sappa, Yankton-Sioux, Aquarell und Bleistift auf Papier von Karl Bodmer. © Jocelyn Art Museum.
4-5 Büffeltanz und Okipa-Zeremonie der Mandan, George Catlin, 1832. © National Museum of American Art, Washington, DC/Art Resource, NY
6 oben links Moa-Na-Hon-Ga, ein Iowa-Häuptling, Lithografie nach Charles Bird King. © P.C.
6-7 Ein junger Omaha, War Eagle, Little Missouri und Pawnees, Öl auf Leinwand von Charles Bird King. © Western Museum of Ethnography
8 oben links Tai-O-Mah, ein Musquakee-Krieger, Lithografie nach Charles Bird King. © P.C.
8-9 Ein Blackfeet zu Pferde, Lithografie nach Karl Bodmer. © Library of Congress, Washington
10-11 Tanz der Mandan, Lithografie nach einem Aquarell von Karl Bodmer © Library of Congress, Washington
11 unten Bärentanz, Lithografie nach George Catlin. © Library of Congress, Washington
12 oben links Payta-Kootha, Lithografie nach Charles Bird King. © P.C.
Wakusasse, Lihografie nach Karl Bodmer. © Library of Congress, Washington
Der Hund, Lakota, Öl auf Leinwand von George Catlin, 1832. © National Museum of American Art, Washington, DC/Art Resource, NY
12 unten links Charles Bird King, Selbstporträt. © Redwood Library and Athenaeum, Newport, Rhode Island
12 rechts Porträt von Thomas Lorraine McKenney. © Library of Congress, Washington
13 links Selbstporträt George Catlins, Öl auf Leinwand, 1824. © Collection of Gilcrease Museum, Tulsa
13 rechts Portrait Karl Bodmers von Loys Delteil, 1850. © New York Public Library
14 oben Porträt Thomas Jeffersons. © Mary Evans Picture Library
14 unten Fotografie von Frederick Jackson Turner. © Corbis-Bettmann
14-15 Fort Union, Lithografie nach einem Aquarell von Karl Bodmer. © Library of Congress, Washington
15 rechts Aquarell der Bellevue Agency Post von Karl Bodmer. © Library of Congress, Washington
15 unten Der Jäger Russel, Aquarell von Karl Bodmer. © Library of Congress, Washington
16 links Porträts von Lewis and Clark von Charles Wilson Peale. © Indipendence National Historical Park
16 rechts Lewis and Clark treffen Indianer am Unterlauf des Columbia, Gemälde von Charles Russell, 1905. © Fototeca Storica Nazionale
17 Pet-A-Le-Shar-Ro, ein Pawnee Häuptling, lithograph by Charles Bird King. © P.C.
18 Po-Ca-Hon-Tas, Lithografie von Charles Bird King. © P.C.
19 Tah-Ro-Hon, ein Iowa-Krieger, Lithografie von Charles Bird King. © P.C.
20 oben James Fenimore Cooper, Stich nach dem Originalgemälde von Chappel. © Corbis-Bettmann
20 unten Zwei Ballspieler, Lithografie nach Catlins Original. © Library of Congress, Washington
20-21 Büffeljagd im Gebiet der Hidatsa, Lithografie von George Catlin, 1832-33. © National Museum on American Art, Washington, DC/Art Resource
22 oben Indianer greifen ein mit Pelzen beladenes Boot an. © Corbis Bettmann
22 unten 1837 Treffen der Trapper, Gemälde von Alfred Jacob Miller. © University of Wyoming, American Heritage Center, Laramie
22-23 Washinga Sahba's Grab auf den Blackbird Hills, Lithografie nach Karl Bodmer. © Library of Congress, Washington
23 unten Auf dem Weg zum Chimney Rock, Gemälde von William Henry Jackson. © Scotts Bluff National Monument, National Park Service, United States Department of the Interior, Gering, Nebraska
24 oben Totengerüst eines Häuptlings der Sioux, nach Karl Bodmer. © Library of Congress, Washington
24-25 Skalp-Tanz der Minatarees, Adaption eines Aquarells von Karl Bodmer. © Library of Congress, Washington
25 oben Lager der Piegan-Blackfeet, Aquarell von Karl Bodmer. © Library of Congress, Washington
25 unten Lager der Ponca am Ufer des Missouri, Aquarell von Karl Bodmer. © Library of Congress, Washington
26 Die Braut des Trappers, Gemälde von Alfred Jacob Miller. © Jocelyn Art Museum.
27 oben Die Taufe von Pocahontas in Jamestown, Virginia, Gemälde von John G. Chapman, 1613. © Architekt des Kapitols
27 Mitte links Lehrer der Mohawk, eine Fibel für Mohawk-Kinder, Gemälde von Daniel Claus, London, 1786. © Metropolitan Toronto Reference Library
27 Mitte links John Eliot unter den Ureinwohnern Nordamerikas. © P.C.
27 unten Stirnseite von Eliot's Bibel. © Boston Athenaeum
28 links Porträt William Henry Harrisons von Rembrandt Peale, c.1814. © National Portrait Gallery, Smithsonian Institution/Art Resource, NY
29 Nordamerikanische Indianer, Lithografie nach George Catlin. © Library of Congress, Washington
30 oben 1827 Landkarte von Nordamerika. © Mary Evans Picture Library
30 unten Porträt von James Monroe, Stich nach einem Gemälde von Chappel. © Corbis-Bettmann
31 links William Clarks Friedensvertrag von 1816 mit den Indianern. © Nebraska State Historical Society Museum Collections, 1563
31 rechts Andrew Jackson, Gemälde von Ralph Earl Eleaser Whiteside. © National Portrait Gallery, Smithsonian Institution/Art Resource, NY
32 links Ma-Ka-Tai-Me-She-Kia-Kiak, oder Black Hawk, Lithografie von Charles Bird King. © P.C.
32 rechts Tens-Kwau-Ta-Waw, der Prophet, Lithografie von Charles Bird King. © P.C.
33 Keokuk, Lithografie von Charles Bird King. © P.C.
34 links Die Schlacht von Bad Axe, Lithografie, 1832. © The New York Public Library
34 rechts Kai-Pol-E-Quah, Lithografie von Charles Bird King. © P.C.
35 Ioway, Öl auf Leinwand von George Catlin, 1832. © National Museum of American Art, Washington DC/Art Resource, NY
36 oben William H. Harrisons Wahlkampfband von 1840. © Corbis-Bettmann
36-37 Die Schlacht von Tippecanoe, Gemälde von P.S Duval. © Indiana Historical Society
36 unten William Weatherford, der Creek, ergibt sich Andrew Jackson nach der Schlacht von Horseshoe, März oder April 1814. © Corbis Bettman
37 Mitte links McIntosh, Lithografie nach Charles Bird King. © P.C.
37 oben und Mitte rechts Se-Quo-Yah, Lithografie von Charles Bird King. © P.C.
37 unten Me-Na-Wa, Lithografie nach Charles Bird King. © P.C.
38 Trail of Tears, Gemälde von Robert Lindneux. © Woolaroc Museum Bartlesville, Oklahoma
38-39 Karte über die Umsiedlung der Indianer © P.C.
39 oben John Ross, Lithografie nach Charles Bird King. © P.C.
39 unten Major Ridge, Lithografie nach Charles Bird King. © P.C.
40 oben rechts Foke-Luste-Hajo, Lithografie nach Charles Bird King. © P.C.
40 oben links Chittee Yoholo, Lithografie nach Charles Bird King. © P.C.
40 unten Seminolen-Indianer greifen eine Blockhütte an, Gemälde, 1840. © Corbis-Bettman
41 links Osceola, Lithografie nach Charles Bird King. © P.C.
42 oben Old Bear, Öl auf Leinwand von George Catlin, 1832. © National Museum of American Art, Washington DC/Art Resource, NY
42 unten Schneeschuh-Tanz nach dem ersten Schneefall, George Catlin, 1835-37. © National Museum of American Art, Washington DC/Art Resource, NY
42-43 Ojibway umschiffen die Fälle von St. Anthony, Öl auf Leinwand nach George Catlin. © National Museum of American Art, Washington DC/Art Resource, NY
44 Tel-Maz-Ha-Za, Öl auf Leinwand von George Catlin, 1834. © National Museum of American Art, Washington DC/Art Resource, NY
45 Der sein Haar zusammenbindet, Öl auf Leinwand von George Catlin, 1832. © National Museum of American Art, Washington DC/Art Resource, NY
46 Iron Horn, Öl auf Leinwand von George Catlin, 1832. © National Museum of American Art, Washington DC/Art Resource, NY
47 No Horns on His Head, Öl auf Leinwand by George Catlin, 1832. © National Museum of American Art, Washington DC/Art Resource, NY
48-49 Grizzlybären greifen Indianer auf deren Pferden an, Lithografie von George Catlin, 1832-33. © National Museum of American Art, Washington DC/Art Resource, NY
50 oben No-Way-Ke-Su-Ga, Lithografie nach Charles Bird King. © P.C.
50 unten Selbstporträt von Charles Bird King, 1815. © Redwood Library and Athenaeum
51 Black Hawk, Öl auf Holz von Charles Bird King, c. 1833. © The Warner Collection of the Gulf States Paper Corporation, Tuscaloosa, Alabama
52 links No-Tin (Wind), Kreidezeichnung von Charles Bird King. © Courtesy Kramer Gallery, Minneapolis, Minnesota, USA/ Sotheby's
52 rechts Peechekir (Buffalo), Kreidezeichnung von Charles Bird King. © Courtesy Kramer Gallery, Minneapolis, Minnesota, USA/ Sotheby's
53 Mon-Chonsia, Lithografie nach Charles Bird King. © P.C.
54 Shau-Hau-Napo-Tinia, Lithografie nach Charles Bird King. © P.C.
55 Chon-Mon-I-Case, Lithografie nach Charles Bird King. © P.C.
56 Eine Ojibway mit Kind, Lithografie nach Charles Bird King. © P.C.
57 Tshusick, Lithografie nach Charles Bird King. © P.C.
58 Pow-A-Sheek, Lithografie nach Charles Bird King. © P.C.
59 Pow-A-Sheek, Ölgemälde von Charles Bird King. © Gerald Peters Gallery
60 oben Peah-Mas-Kah, Gemälde von Charles Bird King. © Eiteljorg Museum of American Indians and Western Art
60 unten Peah-Mas-Kah, Lithografie nach Charles Bird King. © P.C.
61 oben Push-Ma-Ta-Ha, Lithografie nach Charles Bird King. © P.C.
61 unten Push-Ma-Ta-Ha, Öl auf Leinwand von Charles Bird King. © The Warner Collection of

Gulf State Paper Corporation, Tuscaloosa, AL, USA
62 Keokuk, Öl auf Leinwand von Charles Bird King. © Gerald Peters Gallery
63 Ma-Has-Kah, Öl auf Leinwand von Charles Bird King. © Collection of Gilcrease Museum, Tulsa
64 Moa Na Honga, Öl auf Leinwand von Charles Bird King. © Collection of Gilcrease Museum, Tulsa
65 Petalesharro, Öl auf Leinwand von Charles Bird King. © Collection of Gilcrease Museum, Tulsa
66 Waneta, Öl auf Leinwand von Charles Bird King. © Gerald Peters Gallery
67 links Shaumonekusse (Prairie Wolf), Öl auf Leinwand von Charles Bird King. © Collection of Gilcrease Museum, Tulsa
67 rechts Ne Son A Quoit, Öl auf Leinwand von Charles Bird King. © J. N. Bartfield Galleries
68 links Hayne-Hudjihini, Öl auf Leinwand von Charles Bird King. © Collection of Gilcrease Museum, Tulsa
68 rechts Ong Pa Ton Ga, Öl auf Leinwand von Charles Bird King. © Collection of Gilcrease Museum, Tulsa
69 Rant Che Wai Me, Öl auf Leinwand von Charles Bird King. © Collection of Gilcrease Museum, Tulsa
70 links Joseph Polis, Öl auf Leinwand von Charles Bird King. © Collection of Gilcrease Museum, Tulsa
70 oben rechts David Vann, Öl auf Leinwand von Charles Bird King. © Collection of Gilcrease Museum, Tulsa
70 unten rechts John W. Quinney, Öl auf Leinwand von Charles Bird King. © Collection of Gilcrease Museum, Tulsa
71 Der Prophet, Öl auf Leinwand von Charles Bird King. © Collection of Gilcrease Museum, Tulsa
72 oben Rant Che Wai Me, Lithografie von Charles Bird King. © P.C.
72 unten Der junge Ma-Has-Kah, Lithografie nach Charles Bird King. © P.C.
73 Naw-Kaw, Lithografie nach Charles Bird King. © P.C.
74 links Lap-Pa-Win-Soe, Lithografie nach Charles Bird King. © P.C.
74 rechts Waa-Top-E-Not, Lithografie nach Charles Bird King. © P.C.
75 Kee-She-Waa, Lithografie nach Charles Bird King. © P.C.
76 oben Nah-Et-Luc-Hopie, Lithografie nach Charles Bird King. © P.C.
76 unten Timpoochee Barnard, Lithografie nach Charles Bird King. © P.C.
77 oben Tulcee-Mathla, Lithografie nach Charles Bird King. © P.C.
77 unten Thayendanega, Lithografie nach Charles Bird King. © P.C.
78 Wakechai, Lithografie nach Charles Bird King. © P.C.
79 links Mo-Hon-Go, eine Osage, Lithografie nach Charles Bird King. © P.C.
79 rechts Tish-Co-Han, Lithografie nach Charles Bird King. © P.C.
80 rechts Ahyouwaighs, Lithografie nach Charles Bird King. © P.C.
80 links Red Jacket, Lithografie nach Charles Bird King. © P.C.
81 Ki-On-Twog-Ky or Cornplanter, Lithografie nach Charles Bird King. © P.C.
82 Yaholo-Micco, Lithografie nach Charles Bird King. © P.C.
83 oben Paddy-Carr, Lithografie nach Charles Bird King. © P.C.
83 unten Mistippee, Lithografie nach Charles Bird King. © P.C.
84 top Ledagie, Lithografie nach Charles Bird King. © P.C.
84 unten Itcho-Tustinnuggee, Lithografie nach Charles Bird King. © P.C.
85 Se-Loc-Ta, Lithografie nach Charles Bird King. © P.C.
86 unten Spring Frog, Lithografie nach Charles Bird King. © P.C.
86 oben Tah-Chee, Lithografie nach Charles Bird King. © P.C.
87 oben David Vann, Lithografie nach Charles Bird King. © P.C.
87 unten John Ridge, Lithografie nach Charles Bird King. © P.C.
88 links Yaha-Hajo, Lithografie nach Charles Bird King. © P.C.
88 rechts Tuko-See-Mathla, Lithografie nach Charles Bird King. © P.C.
89 links Micanopy, Lithografie nach Charles Bird King. © P.C.
89 rechts Nea-Math-La, Lithografie nach Charles Bird King. © P.C.
90 Payta-Kootha, Lithografie nach Charles Bird King. © P.C.
91 oben links Kish-Kal-Wa, Lithografie nach Charles Bird King. © P.C.
91 oben rechts Ca-Ta-He-Cas-Sa-Black Hoof, Lithografie nach Charles Bird King. © P.C.
91 unten Qua-Ta-Wa-Pea, Lithografie nach Charles Bird King. © P.C.
92 Okee-Makee-Quid, Lithografie nach Charles Bird King. © P.C.
93 oben Shin-Ga-Ba-W'Ossin, Lithografie nach Charles Bird King. © P.C.
93 unten J-Aw-Beance, Lithografie nach Charles Bird King. © P.C.
94 Eine Chippewa Witwe, Lithografie nach Charles Bird King. © P.C.
95 Frau und Kind der Chippewa, Lithografie nach Charles Bird King. © P.C.
96 oben Pee-che-Kir, Lithografie nach Charles Bird King. © P.C.
96 unten Wesh-Cubb, Lithografie nach Charles Bird King. © P.C.
97 oben No-Tin, Lithografie nach Charles Bird King. © P.C.
97 unten Wa-Em-Boesh-Kaa, Lithografie nach Charles Bird King. © P.C.
98 links Amiskquew, Lithografie nach Charles Bird King. © P.C.
98 rechts Mar-Ko-Me-Te, Lithografie nach Charles Bird King. © P.C.
99 oben Wa-Baun-See, Lithografie nach Charles Bird King. © P.C.
99 unten Me-Te-A, Lithografie nach Charles Bird King. © P.C.
100 Tai-O-Mah, Lithografie nach Charles Bird King. © P.C.
101 Wa-Pel-La, Lithografie nach Charles Bird King. © P.C.
102 Kee-She-Waa, Lithografie nach Charles Bird King. © P.C.
103 Ne-Sou-A-Quoit, Lithografie nach Charles Bird King. © P.C.
104 Kish-Ke-Kosh, Lithografie nach Charles Bird King. © P.C.
105 Ap-Pa-Noo-Se, Lithografie nach Charles Bird King. © P.C.
106 oben A-Mis-Quam, Lithografie nach Charles Bird King. © P.C.
106 unten Hoo-Wan-Ne-Ka, Lithografie nach Charles Bird King. © P.C.
107 oben Tshi-Zun-Hau-Kau, Lithografie nach Charles Bird King. © P.C.
107 unten Ein Winnebago, Lithografie nach Charles Bird King. © P.C.
108 Chono-Ca-Pe, Lithografie nach Charles Bird King. © P.C.
109 No-Way-Ke-Su-Ga, Lithografie nach Charles Bird King. © P.C.
110 Not-Chi-Mi-Ne, Lithografie nach Charles Bird King. © P.C.
111 Ne-O-Mon-Ne, Lithografie nach Charles Bird King. © P.C.
112 Moa-Na-Hon-Ga, Lithografie nach Charles Bird King. © P.C.
113 Ma-Has-Kah, Lithografie nach Charles Bird King. © P.C.
114 Shar-I-Tar-Ish, Lithografie nach Charles Bird King. © P.C.
115 Pes-Ke-Le-Cha-Co, Lithografie nach Charles Bird King. © P.C.
116 oben To-Ka-Cou, Lithografie nach Charles Bird King. © P.C.
116 unten Esh-Ta-Hum-Leah, Lithografie nach Charles Bird King. © P.C.
117 Wa-Na-Ta, Lithografie nach Charles Bird King. © P.C.
118 links Zeitungsannonce von „Catlin's Indian Gallery" Washington, April 1838. © Library of Congress, Washington
118 oben rechts Karibu, Öl auf Leinwand von George Catlin, 1836. © National Museum of American Art, Washington DC/Art Resource, NY
118 oben links Strong Wind, Öl auf Leinwand von George Catlin, 1834. © National Museum of American Art, Washington DC/Art Resource, NY
118 unten rechts Mouse-Colored Feather, Öl auf Leinwand von George Catlin, 1832. © National Museum of American Art, Washington DC/Art Resource, NY
119 Porträt George Catlins von William Fisk, 1849. © National Portrait Gallery, Smithsonian Institution/Art Resource, NY
120-121 Eine Gruppe Ojibway in London, George Catlin, 1844. © Collection of Gilcrease Museum, Tulsa
122 Tchung-Kee, ein Spiel der Mandan, 1832-33, Öl auf Leinwand von George Catlin, 1832-33. © National Museum of American Art, Washington DC/Art Resource, NY
122-123 Rat der Sioux, Öl auf Leinwand von George Catlin. © Collection of Gilcrease Museum, Tulsa
124 Strong Wind, Öl auf Leinwand von George Catlin, 1834. © National Museum of American Art, Washington DC/ Art Resource, NY
125 „Der zwei auf einen Streich tötet", Öl auf Leinwand von George Catlin, 1832. © National Museum of American Art, Washington DC/Art Resource, NY
126 One Horn, Öl auf Leinwand von George Catlin, 1832. © National Museum of American Art, Washington, DC/Art Resource, NY
127 Der Wolf, Öl auf Leinwand von George Catlin, 1832. Geschenk von Mrs. Joseph Harrison, Jr. © National Museum of American Art, Washington DC/Art Resource, NY
128 oben Porträt William Clarks von George Catlin, 1832. © National Portrait Gallery, Smithsonian Istitution/Art Resource
128 unten Cock Turkey wiederholt sein Gebet, Öl auf Leinwand von George Catlin, 1831. © National Museum of American Art, Washington DC/Art Resource, NY
128-129 William Clarks Landkarte des Westens, 1805-1838. © Yale Collection of Western Americana, Beinecke Rare Books & Manuscript Library
129 „Wolf auf dem Hügel", Öl auf Leinwand von George Catlin, 1832. © National Museum of American Art, Washington DC/Art Resource, NY
130 Rabbit's Skin Leggings, ein Krieger, Öl auf Leinwand von George Catlin, 1832. © National Museum of American Art, Washington DC/Art Resource, NY
130-131 Karte der Reiserouten George Catlins, 1830-1837. © P.C.
131 St. Louis, 1832-1833. © National Museum of American Art, Washington DC/Art Resource, NY
132-133 Die Erdhäuser des Arikara-Dorfes, Öl auf Leinwand von George Catlin, 1832. © National Museum of American Art, Washington DC/Art Resource, NY
133 Umzug einer Gruppe von Sioux, Öl auf Leinwand von George Catlin, 1837-1839. © National Museum of American Art, Washington DC/Art Resource, NY
134 links Bisonjagd mit Wolfshautmaske, Öl auf Leinwand von George Catlin, 1832-33. © National Museum of American Art, Washington DC/Art Resource, NY
134-135 Bisonjagd mit Bogen und Lanzen, Öl auf Leinwand von George Catlin, 1832-33. © National Museum of American Art, Washington DC/Art Resource, NY
135 Bisonjagd, Ein einsamer Tod, Öl auf Leinwand von George Catlin, 1832-33. © National Museum of American Art, Washington DC/Art Resource, NY
136 Smoked Shield, Öl auf Leinwand von George Catlin, 1834-35. © National Museum of American Art, Washington, DC/Art Resource, NY
136-137 Hundefest der Sioux, National Museum of American Art, Öl auf Leinwand von George Catlin. © Washington DC/Art Resource, NY
138-139 Reiterisches Können der Comanchen, Öl auf Leinwand von Charles Bird King, 1834-35.

© National Museum of American Art, Washington, DC/Art Resource, NY
139 Little Spaniard, Öl auf Leinwand von George Catlin, 1834. © National Museum of American Art, Washington, DC/Art Resource, NY
140 links Tenskwatawa, Öl auf Leinwand von George Catlin, 1830. © National Museum of American Art, Washington DC/Art Resource, NY
140 rechts Chee-A-Ka-Tchee, Öl auf Leinwand von George Catlin, 1835-36. © National Museum of American Art, Washington DC/Art Resource, NY
141 Nottoway, Öl auf Leinwand von George Catlin, 1835-36. © National Museum of American Art, Washington, DC/Art Resource, NY
142 Mah-Ta-Toh-Pa, Öl auf Leinwand von George Catlin, 1832. © National Museum of American Art, Washington, DC/Art Resource, NY
143 oben Mah-Ta-Toh-Pa, Öl auf Leinwand von George Catlin, 1832. © National Museum of American Art, Washington, DC/Art Resource, NY
143 unten Selbstporträt Catlins während des Malens von Mah-Ta-Toh-Pa, Öl auf Karton. © Paul Mellon Collection. Board of Trustees, National Gallery of Art, Washington
144 „Der Hund", Öl auf Leinwand von George Catlin, 1832. © National Museum of American Art, Washington, DC/Art Resource, NY
145 „Zwei Krähen", Öl auf Leinwand von George Catlin, 1832. © National Museum of American Art, Washington, DC/Art Resource, NY
146 Eine Ojibway mit Kind, Öl auf Leinwand von George Catlin, 1835. © National Museum of American Art, Washington, DC/Art Resource, NY
147 Tcow-Ee-Put-O-Kaw, Öl auf Leinwand von George Catlin, 1834. © National Museum of American Art, Washington, DC/Art Resource, NY
148-149 Comanchen treffen die Dragoner, Öl auf Leinwand von George Catlin, 1834-1835. National Museum of American Art, Washington DC/Art Resource, NY
149 „Roter Donner", Öl auf Leinwand von George Catlin, 1832. Geschenk von Mrs. Joseph Harrison, Jr. © National Museum of American Art, Washington DC/Art Resource, NY
150 „Der die Osage tötet", Öl auf Leinwand von George Catlin, 1832. © National Museum of American Art, Washington DC/Art Resource, NY
151 Black Hawk, Öl auf Leinwand von George Catlin, 1832. © National Museum of American Art, Washington, DC/Art Resource, NY
152 Keokuk auf einem Pferd, Öl auf Leinwand von George Catlin, 1835. © National Museum of American Art, Washington DC/Art Resource, NY
153 Keokuk, Öl auf Leinwand von George Catlin, 1835. © National Museum of American Art, Washington, DC/Art Resource, NY
154 links Der „Heilige Pfeifensteinbruch" auf dem Coteau des Prairies, Öl auf Leinwand von George Catlin, 1836-1837. © National Museum of American Art, Washington, DC/Art Resource, NY
154 rechts „Cheyenne", Öl auf Leinwand von George Catlin, 1832. © National Museum of American Art, Washington DC/Art Resource, NY
155 „Double Walker", ein Omaha, Öl auf Leinwand von George Catlin, 1832. © National Museum of American Art, Washington, DC/Art Resource, NY
156 Osceola, Öl auf Leinwand von George Catlin, 1838. © National Museum of American Art, Washington DC/Art Resource, NY
157 The Cloud, Öl auf Leinwand von George Catlin. © National Museum of American Art, Washington DC/Art Resource, NY
158 „Das Licht", Öl auf Leinwand von George Catlin, 1831. © National Museum of American Art, Washington, DC/Art Resource, NY
159 „Das Licht", Öl auf Leinwand von George Catlin, 1837-39. © National Museum of American Art, Washington DC/Art Resource, NY
160-161 Ballspiel der Choctaw - Ball Down, Öl auf Leinwand von George Catlin, 1834-35. © National Museum of American Art, Washington DC/Art Resource, NY
161 „He Drinks the Juice of the Dress", Öl auf Leinwand von George Catlin, 1834. © National Museum of American Art, Washington DC/Art Resource, NY
162 „Kleiner Wolf", Öl auf Leinwand von George Catlin, 1844. © National Museum of American Art, Washington, DC/Art Resource, NY
163 „No English", Öl auf Leinwand von George Catlin, 1830. © National Museum of American Art, Washington, DC/Art Resource, NY
164-165 Kampf zwischen den Sioux und den Sauk und Fox, Öl auf Leinwand von George Catlin, 1846-48. © National Museum of American Art, Washington, DC/Art Resource, NY
166 „Der hinten Augen hat", Öl auf Leinwand von George Catlin, 1831. © National Museum of American Art, Washington, DC/Art Resource, NY
167 links „Grizzly Bear", Öl auf Leinwand von George Catlin, 1831. © National Museum of American Art, Washington DC/Art Resource, NY
167 rechts „Bread", Öl auf Leinwand von George Catlin, 1831. © National Museum of American Art, Washington DC/Art Resource, NY
168-169 „Pferdehäuptling", Öl auf Leinwand von George Catlin, 1832. © National Museum of American Art, Washington, DC/Art Resource, NY
169 oben „Vogel der in den Krieg zieht", Öl auf Leinwand von George Catlin. © National Museum of American Art, Washington DC/Art Resource, NY
169 unten „Tapferer Häuptling", Öl auf Leinwand von George Catlin, 1832. © Museum of American Art, Washington DC/Art Resource, NY
170 „Büffel-Bulle", Öl auf Leinwand von George Catlin, 1832. © National Museum of American Art, Washington DC/Art Resource, NY
171 „Großer Elch", Öl auf Leinwand von George Catlin, 1832. © National Museum of American Art, Washington DC/Art Resource, NY
172 oben Beratung der Sioux, Öl auf Leinwand von George Catlin, 1832-1837. © National Museum of American Art, Washington DC/Art Resource, NY
172-173 Selbstgeißelung während einer Sioux-Zeremonie, Öl auf Leinwand von George Catlin, 1835-1837. © National Museum of American Art, Washington, DC/Art Resource, NY
173 „Schwarzer Fels", Öl auf Leinwand von George Catlin, 1832. © National Museum of American Art, Washington DC/Art Resource, NY
174-175 Skalptanz, Öl auf Leinwand von George Catlin, 1835-1837. © National Museum of American Art, Washington, DC/Art Resource, NY
175 Kriegstanz, Öl auf Leinwand George Catlin, 1845-1848. Geschenk von Mrs. Joseph Harrison, Jr. © National Museum of American Art, Washington DC/Art Resource, NY
176-177 Bisonjagd der Sioux auf Schneeschuhen, Öl auf Leinwand von George Catlin. Ohne Datum. © National Museum of American Art, Washington DC/Art Resource, NY
177 Bisonjagd im Winter, Öl auf Leinwand von George Catlin, 1832-1833. © National Museum of American Art, Washington, DC/Art Resource, NY
178 „Rippe des Adlers", Öl auf Leinwand von George Catlin, 1832. © National Museum of American Art, Washington, DC/Art Resource, NY
179 Medizinmann, Öl auf Leinwand von George Catlin, 1832. © National Museum of American Art, Washington DC/Art Resource, NY
180 „Fetter Rücken des Büffels", Öl auf Leinwand von George Catlin, 1832. © National Museum of American Art, Washington DC/Art Resource, NY
181 „Weißer Büffel", Öl auf Leinwand von George Catlin, 1832. © National Museum of American Art, Washington, DC/Art Resource, NY
182-183 „Brick Kilns" Erdpyramiden, Öl auf Leinwand von George Catlin, 1832. © National Museum of American Art, Washington DC/Art Resource, NY
183 oben links „Thighs", Öl auf Leinwand von George Catlin, 1834. © National Museum of American Art, Washington DC/Art Resource, NY
183 rechts „The Six", Öl auf Leinwand von George Catlin, 1832. © National Museum of American Art, Washington DC/Art Resource, NY
184 „Häuptling Wolf", 1832, Öl auf Leinwand von George Catlin. © National Museum of American Art, Washington DC/Art Resource, NY
185 „Mint", Ein Mädchen der Mandan, Öl auf Leinwand von George Catlin, 1832. © National Museum of American Art, Washington DC/Art Resource, NY
186-187 Eine Gruppe von Kriegern der Mandan bei der Beratung, Öl auf Leinwand von George Catlin, 1832. © National Museum of American Art, Washington DC/Art Resource, NY
187 oben „Archery"-Spiel der Mandan, Öl auf Leinwand von George Catlin, 1835-1837. © National Museum of American Art, Washington DC/Art Resource, NY
187 unten Ein Mandan skalpiert einen Feind, Öl auf Leinwand von George Catlin, 1835-1837. © National Museum of American Art, Washington DC/Art Resource, NY
188-189 Bitte um Regen bei den Mandan, Öl auf Leinwand von George Catlin, 1837-1839. © National Museum of American Art, Washington DC/Art Resource, NY
189 Inneres der Unterkunft eines Medizinmannes, Okipa-Zeremonie, Öl auf Leinwand von George Catlin, 1832. © National Museum of American Art, Washington DC/Art Resource, NY
190 Tal-Lee, ein Osage, Öl auf Leinwand von George Catlin, 1834. © National Museum of American Art, Washington, DC/Art Resource, NY
191 links Wa-Ho-Beck-Ee, Öl auf Leinwand von George Catlin, 1834. © National Museum of American Art, Washington, DC/Art Resource, NY
191 rechts Clermont, Öl auf Leinwand von George Catlin, 1834. © National Museum of American Art, Washington, DC/Art Resource, NY
192 „Der einen Wolf trägt", Öl auf Leinwand von George Catlin, 1834. © National Museum of American Art, Washington DC/Art Resource, NY
193 Berittene Krieger der Comanchen, Öl auf Leinwand von George Catlin, 1834-1837. © National Museum of American Art, Washington DC/Art Resource, NY
194-195 Dorf der Comanchen, Frauen bei der Fellbearbeitung und beim Fleischtrocknen, Öl auf Leinwand von George Catlin, 1834-35. © National Museum of American Art, Washington DC/Art Resource, NY
194 oben Tipi der Comanchen aus Büffelhaut, Öl auf Leinwand von George Catlin, 1834-35. © National Museum of American Art, Washington DC/Art Resource, NY
195 „Bogen und Köcher", Öl auf Leinwand von George Catlin, 1834. © National Museum of American Art, Washington DC/Art Resource, NY
196-197 „Tabak", Öl auf Leinwand von George Catlin, 1832. © National Museum of American Art, Washington, DC/Art Resource, NY
197 „Blaue Medizin", Öl auf Leinwand von George Catlin, 1835. © National Museum of American Art, Washington, DC/Art Resource, NY
198-199 Blick auf den St. Peters-Fluss, Sioux-Indianer bei der Verfolgung eines Hirsches , Öl auf Leinwand von George Catlin, 1836-37. © National Museum of American Art, Washington, DC/Art Resource, NY
199 oben „Großer Adler", Öl auf Leinwand von George Catlin, 1835. © National Museum of American Art, Washington DC/Art Resource, NY
199 unten Sonnenanbeter der Sioux an den „Roten Felsblöcken", Öl auf Leinwand von George Catlin. © National Museum of American Art, Washington DC/Art Resource, NY
200-201 Vor einem Präriefeuer fliehende indianische Familie, 1846-48, Öl auf Leinwand von George Catlin. © National Museum of American Art, Washington DC/Art Resource, NY
202 oben Porträt Karl Bodmers, Bleistiftskizze von Loys Delteil, 1894. © Jocelyn Art Museum.
202-203 Der Missouri, Aquarell auf Papier von Karl Bodmer. © Jocelyn Art Museum.
203 links Paesesick-Kaskutau, ein Assiniboin, Aquarell und Bleistift auf Papier von Karl Bodmer. © Jocelyn Art Museum.
203 rechts Sih-Chida, ein Mandan, Aquarell auf Papier von Karl Bodmer. © Jocelyn Art Museum.
204-205 Landkarte des Gebietes, in dem Prinz Maximilian und Karl Bodmer reisten. © Alecto Historical Editions, London
205 rechts Porträt Prinz Maximilians zu Wied, von Johann Heinrich Richter, 1828. © mit freundlicher Genehmigung von Prinz Friedrich Wilhelm/Jocelyn Art Museum.
206-207 Das Dampfschiff „Yellow Stone", Aquarell auf Papier von Karl Bodmer. © Jocelyn Art Museum.

206 Mündung des Big Sioux River, Aquarell und Bleistift auf Papier von Karl Bodmer. © Jocelyn Art Museum.
207 oben Blick über den Missouri in der Nähe von Fort Leavenworth, Aquarell und Bleistift auf Papier von Karl Bodmer. © Jocelyn Art Museum.
208 Studie eines Elchs, Aquarell, Tinte und Bleistift auf Papier von Karl Bodmer. © Jocelyn Art Museum.
208-209 Weiße Schlösser am Missouri, Aquarell auf Papier von Karl Bodmer. © Jocelyn Art Museum.
209 unten Nodaway Island, Aquarell auf Papier von Karl Bodmer. © Jocelyn Art Museum.
210 Bisonkopf, Aquarell und Tinte auf Papier von Karl Bodmer. © Jocelyn Art Museum.
210-211 Landschaft mit Bisonherde im oberen Missourigebiet, Aquarell auf Papier von Karl Bodmer. © Jocelyn Art Museum.
212 Ungewöhnliche Erhebungen am oberen Missouri, Aquarell auf Papier von Karl Bodmer. © Jocelyn Art Museum.
212-213 Blick auf die Felswände, Aquarell auf Papier von Karl Bodmer. © Jocelyn Art Museum.
213 unten Felsformationen im oberen Gebiet des Missouri, Aquarell auf Papier von Karl Bodmer. © Jocelyn Art Museum.
214 links Ein Abend-Biwak, Aquarell auf Papier von Karl Bodmer. © Jocelyn Art Museum.
214-215 Lager der „Gros Ventres of the Prairies" am Oberlauf des Missouri, Lithografie nach Karl Bodmer. © Library of Congress, Washington
215 oben Grizzlybärenjagd, Lithografie nach Karl Bodmer. © Library of Congress, Washington
216 right Eine Cree, Aquarell und Bleistift auf Papier von Karl Bodmer. © Jocelyn Art Museum.
216 links Eine Frau der Piegan-Blackfeet, Aquarell und Bleistift auf Papier von Karl Bodmer. © Jocelyn Art Museum.
216-217 Abend-Biwak am Missouri, Aquarell auf Papier von Karl Bodmer. © Jocelyn Art Museum.
218 oben Eine indianische Frau, Aquarell und Bleistift auf Papier von Karl Bodmer. © Jocelyn Art Museum.
218 unten Ninoch-Kiaiu, Aquarell auf Papier von Karl Bodmer. © Jocelyn Art Museum.
218-219 Die Reisenden treffen Minatarree-Indianer in der Nähe von Fort Clark, Lithografie nach Karl Bodmer. © Library of Congress, Washington
220-221 Fort McKenzie, 28. August 1833, Lithografie nach Karl Bodmer. © Library of Congress, Washington
221 oben Pachtuwa-Chta, Aquarell auf Papier von Karl Bodmer. © Jocelyn Art Museum.
221 unten Fort Mckenzie an der Mündung des Maria, Aquarell und Bleistift auf Papier von Karl Bodmer. © Jocelyn Art Museum.
222 Sih-Chida und Mahchsi Karehde, Aquarell und Bleistift auf Papier von Karl Bodmer. © Jocelyn Art Museum.
223 oben Winter-Dorf der Minataree, Lithografie nach Karl Bodmer. © Library of Congress, Washington
223 Mitte Ptihn-Tak-Ochata, Tanz der Mandan-Frauen, Lithografie nach Karl Bodmer. © Library of Congress, Washington
223 unten Mih-Tutta-Hang Kusch, ein Dorf der Mandan, Lithografie nach Karl Bodmer. © Library of Congress, Washington
224 Häuptling der Mandan, ein Mitglied im „Bund der Bison", Aquarell und Bleistift auf Papier von Karl Bodmer. © Jocelyn Art Museum.
225 Büffeltanz der Mandan-Indianer, Lithografie nach Karl Bodmer. © Library of Congress, Washington
226 Skalptanz der Hidatsa, Aquarell und Bleistift auf Papier von Karl Bodmer. © Jocelyn Art Museum.
227 rechts Mahchsi-Nihka, Aquarell, Tinte und Bleistift auf Papier von Karl Bodmer. © Jocelyn Art Museum.
228 links Massika, Aquarell auf Papier von Karl Bodmer. © Jocelyn Art Museum.
228 rechts Wakusasse, Aquarell und Bleistift auf Papier von Karl Bodmer. © Jocelyn Art Museum.
229 links Massika, Lithografie nach Karl Bodmer. © Library of Congress, Washington
229 rechts Wakusasse, Lithografie nach Karl Bodmer. © Library of Congress, Washington
230 links Noapeh, Aquarell und Bleistift auf Papier von Karl Bodmer. © Jocelyn Art Museum.
230 rechts Psihdja-Sahpa, Lithografie Karl Bodmer. © Library of Congress, Washington
231 Pehriska-Ruhpa, Lithografie nach Karl Bodmer. © Library of Congress, Washington
232 Ho-Ta Ma, Aquarell und Bleistift auf Papier von Karl Bodmer. © Jocelyn Art Museum.
233 Lager der Ponca, Aquarell auf Papier von Karl Bodmer. © Jocelyn Art Museum.
234 Psihdja-Sahpa, Aquarell auf Papier von Karl Bodmer. © Jocelyn Art Museum.
235 Wahktageli, Aquarell und Bleistift auf Papier von Karl Bodmer. © Jocelyn Art Museum.
236 Lager der Sioux, Aquarell auf Papier von Karl Bodmer. © Jocelyn Art Museum.
237 links Wah-Menitu, Aquarell auf Papier von Karl Bodmer. © Jocelyn Art Museum.
237 rechts Chan-Cha-Uia-Teuin, Aquarell und Bleistift auf Papier von Karl Bodmer. © Jocelyn Art Museum.
238 Medizin-Symbol der Assiniboin, Aquarell auf Papier von Karl Bodmer. © Jocelyn Art Museum.
239 Gerüstgrab der Assiniboin, Aquarell auf Papier von Karl Bodmer. © Jocelyn Art Museum.
240 oben Krieger der Assiniboin, Aquarell und Bleistift auf Papier von Karl Bodmer. © Jocelyn Art Museum.
240 unten Gefangenes Mädchen der Blackfeet, Aquarell auf Papier von Karl Bodmer. © Jocelyn Art Museum.
240-241 Lager der Assiniboin, Aquarell auf Papier von Karl Bodmer. © Jocelyn Art Museum.
242 Pitatapiu, ein Assiniboin, Aquarell und Bleistift auf Papier von Karl Bodmer. © Jocelyn Art Museum.
243 links Noapeh, ein Assiniboin, Aquarell und Bleistift auf Papier von Karl Bodmer. © Jocelyn Art Museum.
243 rechts Pteh-Skah, Aquarell und Bleistift auf Papier von Karl Bodmer. © Jocelyn Art Museum.
244 links Mexkemauastan, Aquarell auf Papier von Karl Bodmer. © Jocelyn Art Museum.
244 rechts Unbekannter Mann, Aquarell und Bleistift auf Papier von Karl Bodmer. © Jocelyn Art Museum.
245 Unbekannter Mann, Aquarell auf Papier von Karl Bodmer. © Jocelyn Art Museum.
246 Pioch-Kiaiu, Aquarell auf Papier von Karl Bodmer. © Jocelyn Art Museum.
247 links Tatsicki-Stomick, Aquarell auf Papier von Karl Bodmer. © Jocelyn Art Museum.
247 rechts Natoie Poochsen, Aquarell auf Papier von Karl Bodmer. © Jocelyn Art Museum.
248 Makuie-Poka, Aquarell auf Papier von Karl Bodmer. © Jocelyn Art Museum.
249 links Ein Piegan-Blackfeet, Aquarell und Bleistift auf Papier von Karl Bodmer. © Jocelyn Art Museum.
249 rechts Packkaab-Sachkoma-Poh, Aquarell und Bleistift auf Papier von Karl Bodmer. © Jocelyn Art Museum.
250-251 Hotokaueh-Hoh, Aquarell und Bleistift auf Papier von Karl Bodmer. © Jocelyn Art Museum.
251 links Mehkskehme-Sukahs, Aquarell, Tinte und Bleistift auf Papier von Karl Bodmer. © Jocelyn Art Museum.
251 rechts Kiasax, Aquarell auf Papier von Karl Bodmer. © Jocelyn Art Museum.
252 links Homach-Ksachkum, Aquarell und Bleistift auf Papier von Karl Bodmer. © Jocelyn Art Museum.
252 rechts Stomick-Sosack, Aquarell und Bleistift auf Papier von Karl Bodmer. © Jocelyn Art Museum.
253 Ihkas-Kinne, Aquarell und Bleistift auf Papier von Karl Bodmer. © Jocelyn Art Museum.
254 links oben Eine Shoshoni, Aquarell auf Papier von Karl Bodmer. © Jocelyn Art Museum.
254 rechts oben Piah-Sukah-Ketutt, Aquarell und Bleistift auf Papier von Karl Bodmer. © Jocelyn Art Museum.
254 unten Eine Cree, Aquarell und Bleistift auf Papier von Karl Bodmer. © Jocelyn Art Museum.
255 Pachtuwa-Chta, Aquarell auf Papier von Karl Bodmer. © Jocelyn Art Museum.
256 Unbekannter Mann, Aquarell und Bleistift auf Papier von Karl Bodmer. © Jocelyn Art Museum.
257 Pehriska-Ruhpa, Aquarell und Bleistift auf Papier von Karl Bodmer. © Jocelyn Art Museum.
258 Pehriska-Ruhpa, Aquarell auf Papier von Karl Bodmer. © Jocelyn Art Museum.
259 Addih-Hiddisch, Aquarell auf Papier von Karl Bodmer. © Jocelyn Art Museum.
260 Awascho-Dickfas, Aquarell und Bleistift auf Papier von Karl Bodmer. © Jocelyn Art Museum.
261 links Birohka, Aquarell und Bleistift auf Papier von Karl Bodmer. © Jocelyn Art Museum.
261 rechts Ahschupsa Masihichsi, Aquarell auf Papier von Karl Bodmer. © Jocelyn Art Museum.
262 Mato-Tope, Aquarell auf Papier von Karl Bodmer. © Jocelyn Art Museum.
263 Mato-Tope, Aquarell auf Papier von Karl Bodmer. © Jocelyn Art Museum.
264 Mandeh-Pahchu, Aquarell und Bleistift auf Papier von Karl Bodmer. © Jocelyn Art Museum.
264-265 Inneres eines Erdhauses, Aquarell und Tinte auf Papier von Karl Bodmer. © Jocelyn Art Museum.
266 oben Kultstätte der Mandan, Aquarell und Bleistift auf Papier von Karl Bodmer. © Jocelyn Art Museum.
266 unten Sih-Sa, Aquarell auf Papier von Karl Bodmer. © Jocelyn Art Museum.
267 Mandan Heiligtum, Aquarell auf Papier von Karl Bodmer. © Jocelyn Art Museum.
268 Upsichta, ein Mandan, Aquarell auf Papier von Karl Bodmer. © Jocelyn Art Museum.
269 Mahchsi-Karehde, Aquarell und Bleistift auf Papier von Karl Bodmer. © Jocelyn Art Museum.
270-271 Mih-Tutta-Hang-Kusch, Dorf der Mandan, Aquarell auf Papier von Karl Bodmer. © Jocelyn Art Museum.
270 unten Produkte des Handwerks, Aquarell und Bleistift auf Papier von Karl Bodmer. © Jocelyn Art Museum.
271 oben Köcher mit Pfeilen und Bogen, Aquarell und Bleistift auf Papier von Karl Bodmer. © Jocelyn Art Museum.
271 unten Bisonleder-Umhang der Mandan, Aquarell auf Papier von Karl Bodmer. © Jocelyn Art Museum.
272-273 Hundeschlitten der Mandan, Aquarell und Tinte auf Papier von Karl Bodmer. © Jocelyn Art Museum.
280 Produkte des Handwerks, Lithografie nach Karl Bodmer. © Library of Congress, Washington

P.C. bedeutet Private Sammlung